U0043284

THE LEVELLING

What's Next After Globalization

多極世界衝擊

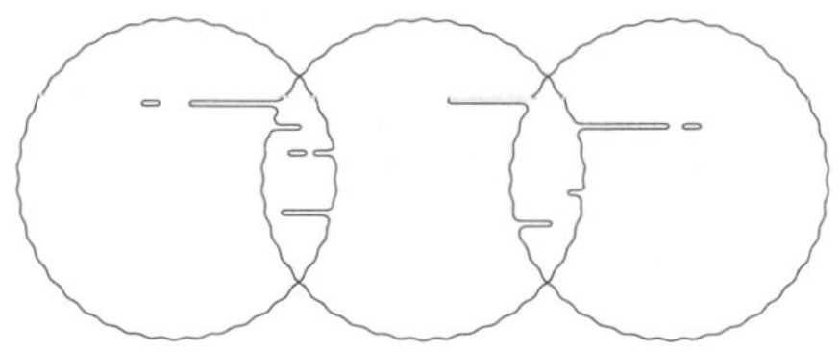

Michael O'Sullivan
麥可・歐蘇利文

李斯毅、劉維人、廖崇佑、楊文斌 譯

獻給米爾娜

目次

導讀

後全球化時代的多極平衡態勢與小國因應策略

吳啟禎
經濟民主連合經濟組召集人／英國倫敦大學亞非學院經濟學博士

先說一件我本身經歷過的相關軼事。幾年前國內有家出版社想出一本翻譯書，主題是批判全球化與自由貿易論述，熟識的編輯找我幫忙校對與寫導讀。當時川普已經當選美國總統，我研判全球化已經走到盡頭，建議暫止該書的出版計畫，因為接下來讀者需要的，是針對「後全球化」國際局勢的可能發展分析。

《多極世界衝擊》正是我所深切期盼的一本書！這本書在國外首發約半年時間便在國內問世，我有幸能夠先睹為快。從警覺到趣味到擁抱到尊敬折服，閱讀過程中我歷經了如鮮明四季般的心理過程。過去為期三、四十年激烈的全球化運動，已經將各種政治、經濟、社會、科技、金融、外交等面向要素全攬和在一起，編織出一個錯綜複雜、混亂難解的時代面貌，超越傳統學院單一學科側重特定領域的知識框架所能理解，因此作者特別花篇幅（第三章）解釋方法論的問題：為什麼大量的學術研究，無法察覺時代已經來到歷史轉折點？為什麼絕大多數的主流經濟學家畢生所鑽研的數學模型，不僅無法代表真實世界的經濟運作，反而成為造成系統失靈與錯誤政策的來源？以及，為什麼跨領域研究與「發展經濟學」（研究國家如何發展的經濟學門，特別重視歷史制度與政治社會面向），是理解現實乃至提出有效解方的較佳知識工具？

作為一位發展經濟學者，我對於這項論點深有感觸。於是我開始思考，什麼樣的出身背景、學術訓練與工作歷練，可以淬煉出作者麥可・歐蘇利文（Michael O'Sullivan）於《多極世界衝擊》裡所呈現的知識深廣度與時勢敏感性？我認為他的獨特性是三種特殊身分的結合：首先，歐蘇利文受過英國完整的學術訓練，尤其是古典政治經濟學與歐洲歷史的部分，使其行文處處引古喻今，流露出深厚的人文底蘊與價值關懷。其次是歐蘇利文取得經濟學博士學位後先是到美國普林斯頓大學任教，旋即發現志趣不合，轉至歐洲金融業擔任投資策略分析師工作。這項工作讓他不僅得以進入全球化的最暗黑核心：金融領域，同時也讓他必須跨越至當代政治分析；加上工作所需必須周遊列國，有充分機會體察各地發展實況，掌握全球政經動態。

第三，歐蘇利文是土生土長的愛爾蘭人。如果說英國孤懸於歐洲大陸之外，地緣因素使得親歐陸或者親美之間的拉扯一直是英國政治的一大張力，那麼愛爾蘭的歷史、地緣與規模更是敏感。島國位於大不列顛島西側，歷史上長期隸屬於英國，直到一九四九年宣布成立共和國退出大英國協。人口高峰在一八四五年發生大饑荒前夕來到八百萬人，饑荒發生時因英國政府處置失當（堅持維持原有的糧食貿易政策），使得愛爾蘭人口因死亡與外移而銳減近四分之一，現今人口仍未能超過五百萬。全球化時代，愛爾蘭採取低稅率政策，吸引許多外資前來駐點，作為插足歐盟市場的根據地，因此經濟成長一度非常耀眼，但隨後即飽受金融風暴與房地產泡沫化之苦。換言之，祖國的歷史經驗與當代處境讓作者對於地緣政治經濟格外敏銳。

就地緣政治經濟而言，臺灣所處的斷層帶更是高度敏感，夾擊在中美日的戰略博弈之間，因此我們對於《多極世界衝擊》一書的切入點——全球化運動結束，國際局勢進入典範移轉的大變局——已充分領略。事實上從我們自身的經驗出發，或許可以更有效地掌握全球化歷程與自我終結的機制：由大量臺商西進所打造的兩岸分工生產體系，所服務的主要對象其實是美國消費者，然而後者因此而享受到的低價商品，卻是以工作流失為代價。此結構有兩個特色，首先，最大的受益者是進行外包策略、有效利用全球生產鏈的美國跨國企業，例如蘋果電腦、Nike、Walmart等。美國電子產業原本在一九八〇年代被日本壓制得奄奄一息，但是藉由將硬體產能交給臺灣廠商代工，並且「半強迫」後者外移至中國以進一步壓低成本，因而敗部復活。

在這個策略下的第二項特色呈現在中美貿易數字。美國表面上承受了巨額貿易逆差，但正如商業策士吉爾博伊（George J. Gilboy）在〈中國奇蹟背後的迷思〉（二〇〇四年發表於《外交事務》期刊）一文中所分析，在龐大的美中貿易赤字底下，最大受益者其實是美國自己的跨國企業。不難理解，以蘋果手機為例，中國是蘋果手機的最終組裝站（感謝臺商），美國光是從中國進口一隻手機便要掛帳貿易赤字數百美元，但中國只賺取約一美元的工資。此外，中國還因此累積了龐大的美元外匯部位，拉高了自己內部泡沫化風險與總體經濟管理的困難。

然而跨國企業獲利，不等於美國整體利益。如果沒有妥善的分配機制與完善的社會福利制度，經濟體內部不同部門會因為自由貿易與全球化而加劇彼此間的利益衝突。光是在千禧年後的十年間，美國製造業就流失了一千萬個工作機會，本書分析（第二章）也指出，這些工作大多流失到中國去。受到影響最大的區域（東南部幾個州），除了出現工資下降與失業率增加之外，選民投票行為也出現大幅變化。

全球化運動，擴大各國內部的經濟不平等，造成政治動盪，但我非常同意本書作者一個論點是：「不平等與全球化之間的連繫只有一小部分，因為不平等現象的發生有許多不同的因素……在大多數的情況下，其根源來自國家選擇的社會政治政策……」嫻熟經濟分析的人都知道，即使接受自由貿易理論的分析（當然是建立在很多假設之上），全球化能夠為所有參與國家帶來更大經濟利益，然而那個利益在不同國家之間，以及國家內部不同部門之間的分配，已經超越經濟學理分析範圍而進入政治社會領域，沒有任何經濟機制可以說明該如何妥善處理與分配。再者，根據比較利益原則而進行的分工與貿易，所帶來的好處屬短期靜態性質。當貿易條件發生改變時，原本的正面效益極可能變成負面衝擊。這是為什麼作者再三強調，必須找出有助於提升長期生產力的「有機經濟成長配方」。（第六章）

換言之，全球化異常考驗政府的治理能力與公民社會的品質。作者宣稱「自由民主」的普世價值破滅，也指出「社會民主」國家的表現令人驚豔，我個人同意這些觀察，只可惜作者未能仔細交代這兩者的區別，容我稍作補充說明。所謂的「自由民主」體制，其實必須拆開成「自由市場＋政治民主」，也就是這類型民主國家崇尚市場機能至自由放任的程度（又名「自由市場基本教義派」），以英美國家為代表。也正因為如此，歷史上兩次全球化運動，分別由英國與美國為主要推手。問題在於：這兩個國家的強盛都是由製造業所支撐，但是進入全球化階段後，毫無例外地轉向「紳士資本主義」（紳士，意指穿著高尚的銀行家）。背後原因有兩大因素，一是強大製造業席捲全球市場所賺取的驚人財富，必須委由金融業尋求更多投資機會；二是金融菁英與政治菁英擁有共同階級經驗，檯面下社交關係緊密。二〇〇八年的全球金融海嘯，始作俑者是華爾街菁英，然而進行紓困的，是政界人士。這種時候，「自由民主」國家平常極力標榜的市場機能至上、財政紀律與小政府原則，就會以金融投資業「大到不能倒」為理由全部拋諸腦後。

紓困銀行之後，緊接著祭出的就是量化寬鬆（Quantitative Easing, QE）政策，說穿了就是央行印鈔票塞滿整個銀行體系，同時壓低利率，希望銀行努力將錢給貸放出去，以刺激投資與景氣。為什麼這時候貨幣手段會優先於財政手段？這要感謝央行所享有的「專業獨立」地位，可直接跳過議會民主的牽制／審議（但如果相信央行可以不受政治干預的朋友，建議看看川普的推特與聯邦準備系統反應）。作者指出QE其實無異於「金融嗎啡」（第七章），藥效不僅短促，更加深不平等，理由是徒然推升了金融資產與不動產的價格（所以讓持有者更富有），而無助於實體經濟。實體經濟的景氣復甦必須仰賴有效需求，近年來「國際勞工組織」（ILO）與「經濟合作暨發展組織」（OECD）聯合倡議各國政府應該採取「加薪帶動成長」（wage-led growth）策略，用意就是藉由改善分配正義（更多公司利潤轉為工作薪資，而非股東利益）來提振消費力道。

金融資本主義的一大現象就是高階經理人的薪酬高達基層員工的數百倍，以及財富高度集中於少數人手上，加上金權政治與火旺的遊說產業，構成了「榨取式經濟」型態，而且榨取對象除人類社會，還有自然生態環境，造成地球暖化的空前危機（作者同意這問題事實上要比本書核心議題來得更緊急重大，其解方建議見第九章）。榨取結構下的多數人生活面對的是工作貧窮、高失業風險與微薄退休金，引發政治反撲，這是美國川普上臺的背景。移民與中國因素很容易被政治人物操弄，其實是代罪羔羊；選民往往被貼上「民粹」的汙名化標籤，擺盪在不同政黨之間，最後對政治與主流政黨失去信任，促成極端政黨出現。

表面上的因果關係是由經濟腐敗蔓延到政治場域，造成選民對民主體制失去信心。然而作者指出，還是有少數例外，尤其是丹麥人與荷蘭人。無獨有偶，全球化時代中，這兩個國家的勞動體制改革最為成功，打造了所謂的「彈性安全」，在鬆綁過去的勞動保護的同時，逆向地提高了社會團結程度，以「平等式資本主義」（Egalitarian Capitalism）體制獨樹一幟。

在我眼裡，這就是全球化的真相：社會民主國家以平等為核心價值，強調唯有國家積極介入，建構完善的社會福利，方能保障每個人擁有發展機會的自由。作者指出，「幸福的來源之一，是人民擁有穩定的家庭生活……此外，社會必須平等而博愛……用博愛與平等的角度來看，北歐國家與阿爾卑斯國家都因為社會結構與福利制度完善，而在幸福程度上名列前茅。」（第六章）事實上，社會民主國家所厲行的政策傳統，正是本書作者所極力倡議的「有機經濟成長」：將人類發展當成是經濟成長的中心支柱，致力投資在教育、醫療、科技研發等無形基礎建設，讓制度、法治、人力資本成為國家發展的核心。因為生活安全受到良好保障，所以這類型國家的人民反而最具有創新精神，利用全球化打造出經濟繁榮。

作者主張這些成功發展的小國，應該聯合起來組成正式團體g20，以抗衡由大國聯盟G20所主宰的國際秩序，因為g20在經濟動能與政策革新上領先大國，且面對比如像環境破壞、貪腐、軍事干預等議題時，會有比較公正的立場。（第九章）

喜歡以古喻今的作者，以古羅馬帝國的興衰歷程對國際強權提出警告。古羅馬主宰全球約五百年，迄今無人可比，但之所以瓦解，是因為「公領域的領袖不再在乎公民德行，不再為國家或人民的公共利益而努力」。

> 富強的國家未必擁有強大的軍事力量或龐大的國內生產總值；反而常有促進人類發展、抵抗經濟衝擊、建立穩定社會之類的能力。一個國家富強或有彈性，表示它能夠理解並減緩外部的衝擊、具備永續成長的經濟框架、擁有促進社會穩定與人類發展的政策方針。國家的實力不只是一套政策，而是一種思維方式或政策文化。

一個貫穿本書分析但作者選擇保持隱晦的主軸是：「決定國家發展成就的核心因素，在於能否形成一個實踐永續價值的道德主體。」上段書中引言，值得所有關心臺灣與人類發展願景的朋友，共同來深入探討。

一　平衡

英國脫歐、川普、喧鬧與分裂

這個世界的結構正在改變，是無可否認的事實。然而我們沒有看出這幾年發生的重大事件會帶來什麼影響——比方說，唐納．川普當選美國總統、英國脫離歐盟、墨西哥與義大利產生新政府。這些事件象徵著舊秩序的粉碎，就好像引爆器或共產主義垮臺後日漸變大的破壞錘，準備摧毀這個世界的體系。

《多極世界衝擊》一書闡述我們世界、社會與經濟的重心正如何轉變，以及介紹這些變化所造成的混亂局面，並且提供幫助這個脫序世界打造全新結構的意見。我撰寫這本書的時候，英國、中國、美國和巴西等國家都曾針對未來的不確定性和各種現行制度的崩壞進行辯論，許多人認為他們的國家偏離了發展之途，還有更多人認為他們前方的道路充滿不確定性。

我寫這本書是想提供一些框架和想法，以便為政治現況、政策制定與經濟成長注入新生命。這些框架和想法並不是什麼神奇子彈，我只是把關注焦點放在最重要的基本問題上，例如：如何讓社會安定，以及如何透澈思考二十一世紀的重要政治議題，包括無形基礎建設在促進經濟成長的過程中扮演什麼角色、國際組織的消亡、中央銀行權力的崛起、基因工程的法律問題等。無論你身在中國的上海、智利的聖地牙哥，還是瑞典的斯德哥爾摩，我們所處的世界都早已和以前截然不同。比方說，透過社群媒體進行人際互動，是以前根本不存在的模式。在經濟上，中央銀行以前從來不曾對世界經濟施展如此龐大的影響力。在市場面，美國以往曾經是穩定新興市場的權威者與創造者，無論透過國際貨幣基金組織（ＩＭＦ）或者美國財政部的力量，但如今卻變成新興市場反覆波動的挑唆者。正如人們所言：時代已經不同。

人們也能感覺到，世界各國的興衰似乎再度進入循環期，就像過去四百年，我們又開始努力解決基本問題，例如：社會大眾的生活品質、人權的平等，以及民主的推動。因此我們可以從歷史中學習，以將現今的辯論引導至正確方向。歷史也為危言聳聽的人提供可用的素材，讓他們有憑有據地警告世人：這個世界在不久之後將重返一九三〇年代的大蕭條——雖然這聽起來早已是陳腔濫調。

歷史書籍中的許多故事告訴我們（或誤導我們）這個社會接下來可能發生什麼事，其中我對於十七世紀中葉和當時的重大事件最感興趣：以《西發里亞和約》❶終結的三十年戰爭❷，讓民族國家的觀念得以興起，法律和制度也因而建立，並開始獲得世人敬重。

民主體制及接續產生的大眾民主概念，首先出現在英國，隨後也在美國和法國萌芽。我的祖國愛爾蘭深受英、美、法這三個大西洋強國的影響，因此與這三個國家之間的關係決定了我國大多數的歷史發展。我這輩子都是在愛爾蘭、英國、美國、法國和瑞士等地來來回回，自然比較關心這個地區的國家與傳統。共和政體的觀念就像一條線，串起這四個面對大西洋的國家。簡單來

❶ 譯注：《西發里亞和約》（Peace of Westphalia）是指一六四八年五月至十月間在西發里亞地區簽訂的一系列條約，以終結歐洲歷史上將近八百萬人喪生的動盪時期。學者普遍認為，《西發里亞和約》的簽訂，代表基於西發里亞主權概念的現代國際系統開始運作。

❷ 譯注：三十年戰爭（一六一八年至一六四八年）是由神聖羅馬帝國的內戰演變而成的大型戰爭。這場戰爭以波希米亞人反抗哈布斯堡家族統治為開端，最後哈布斯堡家族戰敗並簽訂《西發里亞和約》，戰事才得以告終。

說，所謂的共和政體就是由人民管理國家，而且人人平等。不過，除此之外，我認為還需要有強而有力的制度和法律。

這種觀念在二十一世紀仍深具力量。在法國，「共和」的潮流依然強大顯著。在美國，開國元老創建的三權分立制度也仍持續運作，而且意義重大。美國的開國元勛之一亞歷山大・漢彌爾頓（Alexander Hamilton），稍後將於本書中擔任特別嘉賓。

美國革命與法國革命為民主注入了生氣，也象徵世人對共和政體的理解，但共和的種子其實早在上一個世紀，也就是十七世紀中葉，就已經播下種子。這顆有如埋藏在英國歷史中的寶石——也就是本書的書名[3]——是我們今日可用來修復政治、經濟與金融的良好基礎。本書稍後將會有完整的討論，而且還會提到古老的教堂、遺失的手稿，以及歷史的陰謀。這些聽起來可能很有作家丹・布朗（Dan Brown）的風格。

我寫這本書的靈感，來自我沿著泰晤士河慢跑的時光。我慢跑時常常經過普特尼區的聖瑪麗教堂。因為我聽說過一六四七年的普特尼辯論[4]，於是某天我決定暫緩跑步，走進這座教堂，並到教堂的增建物參觀關於普特尼辯論的相關展覽。普特尼辯論被認為是英國歷史上最重要的時刻之一，也是打造現代憲政民主的熔爐。在這場辯論舉行前的一年多，英王查理一世在英國內戰中戰敗，由奧利弗・克倫威爾（Oliver Cromwell）率領的新模範軍獲得勝利——這場內戰的起因，來對雙方對英格蘭的治理有不同的理念。政府官員與克倫威爾率領的新模範軍（由老百姓組成）於戰後進行辯論，商討查理一世入獄後英格蘭制定憲法的相關事宜。

參與這系列辯論的最大團體為平衡派（Levellers），他們提出平等與憲政民主的論點，並將這些論點稱為「人民協定」（Agreements of the People）。這份協定是憲政民主制度首次贏得人心的文件，至今仍讓人深具共鳴。由於現在的民主制度備受抨擊，我們應該從平衡派身上尋求改進的靈感。

歐洲主權債務危機（eurozone crisis）發生期間及其後，歐洲各國陸續出現政治垮臺，加上二〇一六年美國總統大選選情越演越烈，我的腦子裡就一直想起普特尼辯論和為其催生的平衡派。在我第一次閱讀到有關平衡派的書籍文章中，包括了歷史學家暨牛津大學貝利奧爾學院前院長克里斯多福・希爾（Christopher Hill）所撰寫的《世界翻轉了》（*The World Turned Upside Down*）。在這本書中，希爾提到十七世紀中期英格蘭的激進派政治團體開始嶄露頭角，因為他們在民主體制形成的過程中扮演重要的角色。現在許多國家的人民都強烈渴望擁有更令人滿意的政治選擇以及更均衡發展的經濟環境，我們很難不把平衡派當時的要求拿來與現今這些渴求做比較。

平衡派的故事與他們制定的協定，值得我們找出來撣撣灰塵並重新審視。他們的目標、他們的心情，以及激發他們的力量，皆與我們現在所處的世界息息相關，並且對於後續因應及調和從當前國際政治經濟秩序滲透而出的各種變化，也提供了一個適當的起點。他們的貢獻，是在老百姓和代表並管理人民的政府官員之間制定一份契約。但是現在的我們卻感受不到這種契約的落實。

❸ 編注：此處指原文書名《The Levelling》（平衡化）。

❹ 譯注：普特尼辯論（Putney Debates）是新模範軍成員所進行的一系列討論——內容關於英國新憲法的制定。

事實上，當今人們認為他們與政治家、政府、制度之間的契約，以及政治家、政府與制度彼此之間的潛在契約，都正逐漸瓦解。過去三十年的秩序逐漸崩壞，這個世界已經持續遭受一連串怪事、謎團與不斷攀升的緊張局勢所糾纏，問題橫跨政治、經濟、金融和地緣政治等各個領域。舉例來說，在經濟方面，美國面臨低生產力、高淨利率、不冷不熱的薪資增長率；同一時期，在例如法國和西班牙等國家，負債率都破了紀錄，利率也下降至好幾個世紀以來的新低點。財富創造和財富不均的現象都攀登至歷史上的最高點，但許多企業領袖和政治家似乎都不關心這種矛盾現象。這種情況在歷史上非常罕見，而且可能會有社會危機、政治危機與經濟危機緊隨在後。當然，這讓我想起一九二〇年代後期的經濟大恐慌。

除此之外，現在比政府更強大的中央銀行擁有龐大資產，它們購買這些資產是為了避免全球金融危機這種副作用發生，但當它們放掉這些資產時，金融市場將產生更急遽的變化，脆弱的金融體系也會更不穩固。

在政治方面的問題，包括英國脫離歐盟、川普當選美國總統、歐洲出現開始干擾傳統政黨與政治的新興政黨（主要為右翼）。激進政治興起的情況，正逐漸蔓延至新興國家，其中最明顯的是巴西。選民的反覆無常、對現有政黨不感興趣，以及對政治不信任，這些現象都已上升至第二次世界大戰以來的最高點。更嚴重的是，民主政治體制似乎已經達到顛峰，有盛極而衰的趨勢，現在有越來越多國家正轉向強人政治，比較禮貌的說法是，它們正朝著「指導式民主」❺前進。其他國家也不再把民主視為進步與發展路線圖中不可或缺的部分。

在地緣政治方面，各國興起與衰落的速度正在加快。在德國總理梅克爾對歐洲政治的統治即將結束之際，馬克宏在法國總統大選勝出，讓法國擁有一位可望領導歐洲的元首。在國際上，美國不再被視為帶頭的老大哥，有些地方甚至認為美國是侵略者。敘利亞已經開始使用化學武器，有人呼籲德國應該持有核武，[1]北韓向日本發射導彈以邁向「解除武裝之途」，網際網路也成為戰爭軍火庫。

如果危機或戰爭來臨

就連較小的國家也無法從這類動盪中倖免，這或許象徵著今日世界各國所面臨的新恐懼和地緣政治威脅。舉例來說，瑞典在二〇一八年五月發行一本名為《如果危機或戰爭來臨》（*If Crisis or War Comes*）的小冊子。[2]自一九六一年憂慮核子戰爭將真正爆發以來，他們不曾採行如此充滿警戒的廣宣手法。[3]發行這本小冊子的目的，是教導瑞典人如何對全面戰爭（包括網路戰爭、政治宣傳攻擊及軍事衝突）、恐怖攻擊與極端氣候變化等情況做出因應。瑞典向來對俄羅斯懷有警戒心，因此他們已提高軍備預算、引進徵兵制度，開始舉行全面性的軍事演習。

❺ 譯注：指導式民主（Managed democracy）被認為是「威權獨裁」（Authoritarian dictatorship）和「軟威權主義」（Soft authoritarianism）的委婉說法。

在歐洲之外，世界其他巨大潮流之一，就是中國夢。[4]中國的目標是重新取得三個世紀以前所享有的經濟與地緣政治力量，並且「使中國再度強盛」。然而，隨著經濟成長減緩、人民開始渴望在社會與政治上擁有更多表現自我的機會，加上美國的菁英分子試圖確認中國在地緣政治的進展狀況，中國在未來五年可能必須面對現實的考驗。以前曾有一段時間，像中國這種新興市場只能乖乖坐著，聽任西方的國家和制度告訴它們應該怎麼做，但是在後全球金融危機的世界裡，西方國家已經不再具有這種資格。

亂七八糟的情況不僅限於經濟和國際關係，比起以往，我們的日常生活也變得更反覆無常：社群媒體澈底改變了我們運用時間與進行社交的方式，而且三分之一的美國人在健康方面都有過度肥胖的問題。從更廣泛的角度來看，聯合國所謂的人類發展指標（例如預期壽命和教育），在某些已開發國家都已停止成長，有些國家甚至出現下降的情況。最嚴重的是，根據正式紀錄，在歷史上最炎熱的十七年之中，有十六年出現在二〇〇〇年之後。

我沒有表達悲觀或製造恐慌的意圖，但未來可能會有更多不同面向的悲劇發生。令人驚訝的是，許多這一類的趨勢往往被人們漠視。他們忽視這種非常深層的暗流——例如政治領袖缺乏政治責任、財富不平等、引發對政治階層極度不滿的社會快速變革、大型企業業主與一般家庭之間的財富差異，以及全球化的減緩*——而且幾乎沒有意識到一般人此刻關注的議題和透過日益扭曲的政治選擇所表達的擔憂。

就像歷史上其他的轉折點一樣，許多政策制定者都認為延續過往的榮耀和幸福，即是前進的唯一方向。許多政治家、學者、政策制定者、企業顧問和作家都依然深信，我們過去十年左右所經歷的全球化，多多少少將以同樣的方式繼續存在，說不定還可能變得更好。

例如，麥肯錫全球研究中心近期的研究報告指出，數位全球化仍往上攀升，金融全球化也呈現穩定的狀態，但是依我看來，金融與科技不久之後都將進入更為分裂的多極世界。舉例來說，中國對網際網路空間的管制越來越嚴格，將使其被隔離於全球的網際網路之外。

許多政治家和評論家依然認為選舉是民粹主義的表現，但他們沒有意識到，一般人對於我們所居住的世界越來越困惑與不安。那些政治家和評論家的共識態度，可以用邱吉爾的一句話來總結：「只要和一般選民進行五分鐘對話，你就能找到反對民主的最佳理由。」光從這一點，就知道以平衡派為例是十分貼切的——因為主要的社會分裂，就是來自菁英分子（權貴）與普通人（平衡派）之間的區別，這一點相當符合當前的政治辯論。

儘管現在有許多結構性的經濟風險存在，但是同樣的自滿心態，也認定金融市場將會蓬勃發展。這種心態還假設自由派的民主秩序將會繼續為新興國家指引方向，因為許多政治家和評論家都深信一切不會有任何改變。

然而本書提出一個不同的觀點，認為我們的世界將進入一個新的時代、一段重要的過渡時期。幾乎各種動力都在引領著世界擺脫全球化，轉向一種多極秩序。這個過程暗藏著許多風

＊我們可以將全球化定義為經濟、市場、國家和文化的日漸相互依存與融合。

險——舉例來說：債務過高、生產力下降、貿易面與軍事面的緊張局勢攀升等。

新時代刺激又具挑戰性的元素，就是嶄新的政治樣板和黨派正在產生，或者需要被我們創造出來。在新時代的世界裡，我們必須找出有機經濟成長的新框架，並且減少人為的刺激——例如負債與中央銀行購置的資產。在這個新興的多極世界中，隨著國家的新結構與新制度迅速形成，許多二十世紀的國際制度都將變得冗贅。

在「平衡」的過程中，英國脫歐和川普當選美國總統是第一批催化劑，未來還會有更多徵兆出現，不容我們忽視。我們正處於一個類似一九八〇年代後期的轉折點，當時許多人只關心共產主義的垮臺，很少人看見全球化這種更為龐大的趨勢即將來臨。在今日的世界，許多事件剛開始時都看似各自獨立，但後來已逐漸形成一種模式，即將打破可能被我們改稱為舊秩序的現行局勢。

一個互相連接的世界

了解經濟、政治、金融和地緣政治領域如何連結與銜接，以形成今日不斷變化的世界，是一項非常重要的課題。過去十年的經濟危機顯示，世界並不是孤立的，某個領域的參與者（例如政治領域）不可能將自己隔離在其他領域（例如金融領域）的影響之外。

這種互相銜接和連結，以各式各樣的奇妙方式發生，科技就是一個很好的例子。舉例來說，透過網路戰爭的興起和所謂的推特外交，讓外交變得複雜化。科技也加速了經濟變革，改變中央銀行對通貨膨脹的看法（亞馬遜網站讓商品的零售價格走低，這種現象可稱為亞馬遜效應）。此外，像臉書這種大型科技公司的成立，以及科技在社會中的普及，都是法律和哲學的新挑戰之一（生物科技的精進則是另一項挑戰）。在金融市場中，新的資料和新的算法交易也正在改變市場運作的方式。

《平衡》將闡述並綜合世界政治、經濟、金融與國際關係正在發生的各項轉變，並指出全球化開始動搖且讓位給多極世界新秩序時，國家和地區之間的相對權力將趨於平穩，隨後還會有新的聯盟出現。

這個時候可能會有讀者表示：這些事情很有趣，但和我有什麼關係？大多數人都認為「全球化」、「量化寬鬆」（QE）、「貿易保護主義」和「國際外交」等術語與他們的日常生活沒有太大的關連，這種心態是可以被諒解的，然而事實正好相反。我們的抵押借款和養老金、我們工作環境的壓力、我們在網路上發表和瀏覽的內容、我們消費的商品與服務的價格和品質——全部都受到上述因素的驅動。比較麻煩的問題是，這些術語都以技術性和抽象性的方式呈現及受到討論，我猜有一部分的原因是為了隱瞞其真正的影響力。

這個問題也顯露出誤用和濫用這些術語的可能性。雖然政治家可能無法藉由呼籲「拓展全球化」來贏得更多選票，但如果他或她主張「向中國討回我們原本的工作」，也許就能夠多得幾票。這世界某些構造變化的科技觀點，與它們對我們生活的影響，中間存在著碩大的鴻溝，氣候變化就是一個例子。我們可以感覺到氣候變化正在發生，但大多數人都不了解其背後複雜的科學原理。這種落差也有助於解釋為什麼有些人非常討厭專家學者不使用淺白的句子表達意見。同樣地，公共事務的商討主旨與社群媒體上的政策討論，有時候也令人吃驚，許多人都不感興趣，甚至一頭霧水。專家與門外漢之間的知識差距，對政治領袖而言也是一項挑戰，因為他們必須努力為兩者搭起橋梁。然而我們真正需要知道的是：在社會中與經濟上運作的力量到底是好是壞？我們對這些力量能夠做些什麼有建設性的事？

從這層意義來看，本書的目標是帶領讀者跳躍至辯論的下個階段，並且提出一些想法和框架，以幫助大家了解：公眾生活在未來十五年將會如何演變、已發展國家和發展中國家的人民真正想要什麼樣的社會，以及他們選出來的政治領袖應該如何實現他們的願望。

最受人們討論的政策斷層之一，就是不平等的問題。廣義來說，意即這個世界區分為局內人和局外人。收入不均的問題以及其對社會和經濟的影響，已經漸漸被大眾所知，然而財富不平等或許是更為嚴重的問題。財富不平等意味著許多人在不動產與資產價格上漲時得不到好處，以致他們的社會地位以及他們所能享有的機會永遠不變（或者他們根本沒有任何機會）。我們現今的生活方式中，有許多面向也被扭曲了，比方說，糖、人工食品和藥物已滲透至我們的日常飲食，改變我們的行為和健康，甚至引發全球肥胖危機（在肥胖率成長最快速的二十個國家中，有八個位於非洲），致使健康衰退。[5]除此之外，高齡化現象與人口問題也將對經濟成長和投資市場產生複雜的影響。老年人口的消費力較低、工作量也較少，明顯拉低經濟成長率，並且加重年輕人的負擔。「銀髮世代」在投資方面也顯得比較保守。

世界陷入混亂

另外還有其他造成「世界陷入混亂」的因素。西方國家似乎正逐漸衰敗，自由民主興起的速度也開始趨於緩慢。全球化的組成——思想、人員和金錢的流動——正在退縮，美國也對其與歐亞間的貿易築起屏障。更糟的是，以前被認為具有助益力的科技，卻在網路空間和新型態的戰爭中形成可怕的威脅，例如無人戰機的發明。

現在，科技、經濟和政治領域都有許多明顯的極端現象，顯示歷史上又一個時代宣告結束，甚至成為歷史上的特殊時期。過去的三十年來，這世界有不錯的成長和進步（科技與人類發展只是其中兩個領域），經濟成長的平均水準遠高於歷史常態，許多新興國家也擺脫貧困，而且沒有重大戰爭發生。然而，接下來的三十年將不會這麼友善和輕鬆。許多政治家、消費者和投資人心存自滿，認為過去三十年的榮景可望再續；他們內化了以往的豐足，認為這一切可以複製重現。

問題不只這些，想像一下：倘若政局混亂，極端主義和波動性成為常態；倘若種族主義變得更公開且更為人接受；倘若肥胖問題、教育問題和藥物依賴等三重危機導致生產力下降；倘若財富不平等的情況持續增長，許多人因為沒有養老金而使得退休生活形同煉獄；倘若保護主義的意識上揚，不僅在貿易領域，各國的思想交流與網際網路接觸也變得更受限制；倘若新興國家因為成長減緩而導致政府變得更加專制、更不屑西方世界，並且在網路審查、軍事冒險主義和基因工程領域變得更具危險創造力。這種全球化的爛結局，在一九一三年也曾經發生過，隨之而來的是世界大戰、經濟蕭條、金融崩壞和政治極端主義抬頭。雖然目前這些災難的發生率仍低，但是只有極少數的消費者、投資人或政治家理解世界變化所產生的長期影響。

未來的四大挑戰

我想提出一個不同的、更具建設性的看法。如果我們想避免威脅我們世界的黑暗降臨，至少必須解決四個問題。每一個問題的解決方案，都代表一種平衡我們世界面臨各種不平衡的方式，並且提供形成未來政治經濟結構基礎的新思維。

第一個問題與政治方面的不滿有關：先有英國退出歐盟，接著有二〇一六年的美國總統大選。歐洲出現許多令人意外的現象，例如德國右翼黨派「德國另類選擇」（Alternative für Deutschland, Afd）興起（但不要忘記左派推行的「站起來」運動）、加泰隆尼亞的獨立運動，另外還有澳大利亞政治的高度更替率（該國政治非常殘酷，十年內換了六位總理）、肯亞和南非等非洲國家的打擊貪腐運動，以及新興國家對於政治更開放的渴求普遍上揚。

投票率下降、選民更加善變、選舉結果似乎難以預測，都是更嚴重的民主危機。將社群媒體當成政治工具的風潮興起，以及隨之而來的選民兩極化，都是潛在的趨勢，如同經濟成長減緩和隨後發生的全球金融危機，對政治具有延遲分裂的影響。這些問題大部分都已經被詳細記載下來，但我們比較不確定的是，應該如何找到有建設性且受到基層支持的解決方案，以化解選民的不滿，並產出更好的政治型態。

這就是我們要學習平衡派的原因。他們是普特尼辯論的關鍵人物，提出現代化的英國新憲法是什麼模樣。值得注意的是，一般男性（甚至還包括女性）因此獲得機會，得以針對比較平等的新政治體系表達意見，這使得普特尼辯論成為歷史和民主發展中最重要的事件之一。

人民協定

平衡派讓許多原本對政治議題與世界大事不感興趣的人產生共鳴。其中一個原因，是因為他們都是普通老百姓、士兵和商人，成員包括男性和女性（在那個年代是非比尋常的事）。議會不與人民溝通，令他們感到憤怒。在當時的世界裡，有錢人（「貴族」）和窮人適用不同的法律規定，社會與經濟方面幾乎沒有公平可言。平衡派與現今大部分的社群媒體辯論不同，他們的目標是提供具建設性的方式實際解決政治問題。他們採用的方法，在現代也能得到認同：他們以小手冊向社會大眾進行遊說，那些小手冊就像我們今日使用的社群媒體。

《人民協定》是平衡派的偉大貢獻。這些協定（其中三項是在一六四七年至一六四九年間提出）闡述平衡派針對政治民主衰退所提出的補救措施。[6]這些協定被認為是制定民主憲法的初次嘗試，要求人民選出的官員應該更常回應選民且更加負責、法律條文應以簡明的英語表達、終結繁重的負債、讓大多數男性享有選舉權、落實宗教自由，以及進行政治與選舉改革。他們並要求終結政治與司法的腐敗現象。

平衡派希望建立起一套政治領袖對人民負責的政治體系。在這個體系下，政治領袖或民意代表願意負責任，而且政治法律環境不會有分配不均的問題。如果我們以平衡派為例，請試想一下：假如我們可以透過社群媒體，讓世界各國達成「二十一世紀的人民協定」（Agreement of the People, Twenty-First Century）；想像它將如何架構出政治領袖的責任；想像它可以透過新的政黨與新的政治人才實踐更積極、更聚焦的政治討論；想像它將有助於構建能指導社會和政府處理債務、貿易、外交和經濟發展問題的原則。

動力盡失

第二個挑戰是經濟成長。自二十一世紀初以來，全球經濟成長已經失去動力，只剩下高額的債務和中央銀行積極地活動以繼續推動經濟。然而，這並不能阻止政治家承諾恢復榮景，或者以更浮誇的方式承諾會讓國家再次強盛，川普政府就是一個例子。川普政府以其經濟模式基礎為由，要求對企業和高收入者大幅減稅，而不是對那些因為科技興起而遭受威脅的工人進行再培訓和再教育。

我的觀點是，各個國家（以及公司）應該把注意力放在穩定且有機的成長——這種成長來自勞動市場的技術基礎、創新和技術、無形基礎設施，以及支撐國家的法律體制等因素。一個真正偉大的國家應該要有彈性，不需要為了經濟成長而去霸凌鄰國。所謂的有機成長也不是憑靠會計技巧捏造債務數字，或者提出導致經濟失衡的所得稅寬減，因為下次經濟衰退時將會出現更大的問題。

事實上，政府必須重新找到長期成長的框架，然而它們卻不願這麼做。重新發現長期成長框架需要制定謹慎且長期的政策，這種政策制定的過程往往不容易以言詞表達。政府該做的不是探究經濟理論或提出新的數學模型，而是建立連貫性的成長框架，以及為政治家和選民提供一個可理解又實際的政策清單。一個國家的成功，不一定要憑藉軍事力量或國內生產總值，而是需要有刺激人類發展、抵禦經濟衝擊和建立穩定社會的本事。想要做到這些，其中一項核心元素就是國家的「無形基礎設施」，也就是「發展人類能力並允許企業活動輕鬆有效成長的一系列因素」。[7]

這些因素在本質上可以分為政治面、法律面或社會經濟面。政治因素包括政治穩定度或國家體制框架的力度。重要的法律因素則包括法律規範、稅收政策以及智慧財產權和物權的保障。社會經濟因素的例子包含研究與開發能力、企業流程或員工培訓及教育。呼籲政府應該更關注教育並以更睿智進步的方式加以落實，在憤世嫉俗者的耳中聽來，只不過是重申大家早已知道的道理，然而事情沒有這麼簡單，因為許多國家都誤會教育的重要性，希臘就是一例。我有許多（幾乎是全部）希臘朋友都是在希臘以外的地方接受高等教育，大部分是在英國南部的大學：倫敦大學城市學院、艾塞克斯大學、牛津大學和倫敦政經學院。希臘人明顯厭惡自己國家的教育制度，最極端的例子，就是討論歐洲主權債務危機發生後希臘未來展望的那兩個人——泛希臘社會主義運動（PASOK）的領導者喬治・巴本德里歐（George Papandreou）與新民主黨領袖安東尼斯・薩馬拉斯（Antonis Samaras）。這兩個人在美國阿默斯特學院（Amherst College）求學時是室友關係。希臘的問題在於教育體系不佳，導致希臘人自信不足，讓許多到國外接受教育的年輕人只想留在國外，不願返回祖國效力。其實這一類的例子比比皆是，以義大利為例，全世界前兩百名的大學中沒有一所義大利的大學，[8]反觀德國有十所大學名列全球前一百名的大學。

相反地，美國某些城市（例如匹茲堡）的成功之處，其中一項就是留住當地優秀大學（例如卡內基美隆大學和匹茲堡大學）的畢業生。隨著希臘終於擺脫歐洲主權債務危機，我認為他們應該（透過歐盟的大力協助）好好檢視中學與大學教育體制的問題，讓希臘學生相信他們可以在國內接受到像在國外一樣好的教育。

教育只是提升有機經濟成長的其中一項重要因素，然而在我們開闢出一條不受阻礙且比較穩定的有機成長道路之前，我希望《多極世界衝擊》這本書能幫忙指出需要率先移除的阻礙與先前危機殘留下來的餘渣。我想到了兩項阻礙和兩個解決方案。我把這兩個解決方案想像成「金融領域的《西發里亞和約》」，它們又組成本書的第三個想法。

兩項阻礙分別是債務問題與中央銀行。這個世界似乎沒有從二〇〇九年的全球金融危機學到教訓，或者說沒有從追溯自鬱金香狂熱❻、南海泡沫事件❼和密西西比泡沫事件❽以來的歷史學到教訓。今日的全球債務水平（全球債務與地區生產總值的比率）比金融危機初期還高，中國、新興市場政府、美國大型企業和部分歐洲國家（即法國）承擔了大部分新債務。這些債務大部分都無助於提升生產力，因為它們不能推動經濟成長；相反地，它們只被用來填補經濟漏洞、推動金融工程，以及拖延時間，而不是為新的投資提供資金。以中國為例，過去五年來，中國用來投資（主要是基礎設施）的一美元（或者一塊人民幣），對其國內生產總值的影響性持續降低。假如利率上升，如同我在撰寫本文時的情況，這種債務的負擔將會壓低經濟活動，並且加劇未來的危機。

自二〇〇九年金融危機以來，債務積累如此驚人的原因之一，是因為中央銀行採行「量化寬鬆」的貨幣政策，也就是中央銀行不斷購買債券和其他有價證券。這對於前幾個世代的中央銀行

---

❻ 譯注：鬱金香狂熱（Tulip Mania）是世界上最早的泡沫經濟事件，一六三七年發生於荷蘭。當時由鄂圖曼土耳其引進的鬱金香球根吸引大眾搶購，使得價格瘋狂飆高，但在泡沫化過後，價格僅剩高峰時期的一％，讓荷蘭各大都市陷入混亂。該事件與英國的南海泡沫事件及法國的密西西比泡沫事件並稱近代歐洲三大泡沫事件。

❼ 譯注：南海泡沫事件（South Sea Bubble）是英國在一七二〇年春天到秋天之間發生的經濟泡沫。事件起因源於南海公司（South Sea Company）透過賄賂政府的方式，向國會提出以南海股票換取國債的計畫，使得南海公司的股票價格由原本的一百二十英鎊左右急升至一千英鎊以上。然而市場上隨即出現不少「泡沫公司」，想趁著南海公司股價上升的同時分一杯羹。為了管制這些不法公司，英國國會通過《泡沫法令》，炒股熱潮因而減退，並連帶導致南海公司股價急挫，不少人血本無歸。

❽ 譯注：密西西比泡沫事件是指一七一七年法國密西西比公司（Compagnie du Mississippi）被當時身兼法國總審計長的商人尚羅（Jean Law）買下，法國政府承諾給他二十五年的壟斷經營權，該公司股票因此由五百里弗爾（Livre）漲到一萬五千里弗爾，但在一七二〇年夏天時，投資人對這間公司的信心大減，結果股價在一年之內又跌回五百里弗爾。

家來說是非常難以想像的。量化寬鬆有如經濟上的嗎啡，只能暫時止痛。藥用嗎啡不能持續提供給患者，也無法治癒癌症、心臟病或其他疾病。然而，中央銀行家對於金融嗎啡的使用似乎有不同的看法。

金融領域的《西發里亞和約》

自二〇〇九年以來，中央銀行一直積極推行量化寬鬆（和「零」利率），以期降低借貸成本、提高公司投資和家庭投資。這雖然可幫助防範金融危機，但是對其他方面沒有任何益處。它無法解決潛在的經濟問題，還會助長人們對低利率及中央銀行採行寬鬆政策的依賴。美國聯邦準備銀行已經停止採行量化寬鬆政策，顯示市場難以消化這樣的做法。

我想提出的刺激變革建議，是一個平衡債務及風險的框架，透過全球會議來擬定債務和風險合約。不幸的是，要政府同意這麼做，唯一的可能是當它們處於惡劣的市場危機，並且面臨嚴重的經濟衰退。

這種會議在歷史上並非前所未見（例如一九二四年和一九五三年同意讓德國減免債務的債務會議），但只會出現在罕見情況，因為它既是警訊，也是對債務膨脹的承認。這種會議將成為多極世界制定基本遊戲規則的一環，如同歷史上《西發里亞和約》（一六四八年）所建立的體系。民族國家可能會因此必須承擔更大的責任，而就現今的情況而言，責任就是要使金融制度更為健全。不過，最重要的目標，是鼓勵風險承擔，而非債務的風險分擔，就像《西發里亞和約》鼓勵各個國家和各個獨立小國承擔政治並認同風險一樣。

這種與金融風險有關的世界性條約，可以依照現有的大環境條約或是核武交易條約來擬訂。根據這項協定，世界主要的中央銀行將同意——或者更確切地說，這些國家的政治領袖將替它們的中央銀行表達同意——只有在預設的特殊市場和經濟壓力下，才能行使量化寬鬆等非常態的措施。結果是市場將會適切地為經濟和政治風險定價，政治家也將因此採取行動，解決這些風險與政策斷層，並且，在必須啟動特殊貨幣政策的時候，效果將更為顯著。

透過禁止量化寬鬆或用途特殊的貨幣工具箱（中央銀行為表達其權力而發明的多項選擇），這種條約將使政治領袖開始理解貨幣保護傘無法適用於每一種威脅的事實，政府因此必須採行更積極主動的方式，來避免及治癒經濟危機。

多極世界

《多極世界衝擊》的最後一個觀點與地緣政治有關。許多人仍依附在美國打造出來的全球化世界，川普政府在這世界所居重要性的辯論，就可證明這一點。同樣地，在英國與歐洲進行的英國脫歐辯論，也是類似的情況。當這些辯論如火如荼地展開時，我個人的看法是：美國公民和英國公民仍然不願接受他們國家的國際影響力已逐漸下滑的事實，歐洲人也尚未體認他們應該更加團結且更有組織的急迫性。幾乎所有的西方評論家都和他們一樣，不認為所謂的全球化可能已經結束，取而代之的是由三、四個逐漸以獨特風格行事的地區所主導的多極世界。

地緣政治將由三個重要的角色所主導：以中國為中心的亞洲，以及美洲和歐洲。印度可能會成為第四個要角，但是時間未到。這些地區都將會是二十一世紀大博弈的重要角色。彼得・霍普柯克（Peter Hopkirk）所撰寫的《大博弈：亞洲的祕密任務》（*The Great Game: On Secret Service in High Aisa*），內容描述十九世紀英國和俄羅斯之間的戰略鬥爭，是了解這整個背景的必讀書籍。舉例來說，中國的一帶一路基礎設施和貿易計畫，就是一項具有決定性的大博弈——宛如軍事策略一般。這些國家、地區或龐大勢力中的每個成員，都將在經濟、社會、軍事和網際網路等方面採行獨特的做法。以網際網路為例：美國擁有建立起網際網路的公司，但歐洲將對網際網路進行監管，中國則是已經在其網際網路領域樹起警戒線。

如果這個世界變成由三大洲的龐大勢力所統治，可能會發生許多事：夾在這些地區中間的國家，例如英國、日本、俄羅斯和澳洲，將被迫重新定義它們在世界上的地位；軍事力量足以與三巨頭匹敵但缺乏經濟實力的國家，例如俄羅斯，可能不得不重新思索其發展模式；擁有龐大經濟潛力的國家，例如印度，可能必須重塑其權力基礎的其他面向，比方說軍事實力。另外，新的聯盟也可能因此產生。

世界上的小型已發展國家（瑞士、瑞典、愛爾蘭、新加坡和紐西蘭）可能會組成新的聯盟，從許多角度來看，這意味著全球化的危險訊號已響。這些國家越來越常遇上相似的政策挑戰，因此互相尋求意見交流。總括來說，這些國家代表開明的民主國家，而且這些民主國家在政策制定上經常有最佳的做法。如果上述情況都成真，某些地區可能會越來越落後。更重要的是，二十世紀建立的許多機構——世界銀行、國際貨幣基金組織、世界貿易組織（WTO）和北大西洋公約組織（NATO）——可能將會相繼消失，由大國的外交策略取而代之。

地緣政治的變化對平衡的概念來說具有雙重相關性。首先，它涉及長達數十年的權力轉移過程，或者可說是各國之間權力和財富的平衡。其次，它將使民族主義和地區主義上揚，並且增加各國的摩擦，因而引起激烈的思想競爭。想一想中國和印度：印度在軍事和經濟方面雖然比中國落後，然而在民主方面可以說超越了中國。

漢彌爾頓會怎麼說？

最後，未來十年最吸引人的趨勢之一，是觀察各地區與各個國家如何轉變和發展，以及這些變化與發展如何推動其內部政治變革。懷著平衡派的精神，我們希望這將會以漸進的、具建設性的方式發生。歷史上有一位名人，他的睿智遠見與平衡觀點十分貼近。這個人就是亞歷山大．漢彌爾頓。我特別提到他，是因為他和平衡派一樣，對民主體制及經典共和政體（其制度和律法）的構想深感興趣，並且敏銳地意識到這兩者有著不同的效用。漢彌爾頓是無形基礎設施的建築師和施工者，他的參與程度與層級之高，歷史上幾乎無人能與其相提並論。

因此我把「漢彌爾頓」當成一種簡稱，用來代表各個國家——或者各個地區——為了擁有長久的經濟成長、高度的人文發展和穩定的公共生活，所必須建立的制度、法律與技能。在本書的最後一章，我將利用漢彌爾頓為例，告訴大家制度的建立與外交方面需要做到哪些事，才能使「平衡」得以成真。

平衡會發生在許多面向：政治領袖與「一般人民」之間的政治問責性平衡與責任平衡（貴族與平衡派之間、局內人與局外人之間、菁英分子與一般百姓之間）；制度權力的平衡——遠離中央銀行和已死的二十世紀機構（世界貿易組織、國際貨幣基金組織等）、迎接新的條約（關於風險管理與貨幣政策）與新的機構（例如真正具有作用而且強大的氣候組織、能夠監控網路安全性的機構或協定）；財富的平衡——富裕國家與貧窮國家之間的平衡，以及非常富裕的國家與「其他國家」之間的平衡，最好能讓「其他國家」享有更好的有機成長，並且在這種成長中取得較大比例；然後，國家與地區之間的權力平衡，正是多極世界的概念所在。在這樣的平衡下，不同地區將保有不同的權力。

未來會有許多變化和挑戰，最重要的是，我們（尤其是媒體）不要只關心世界發生變化的表面症狀，而是應該聚焦在令人擔憂的結構變化。我寫《多極世界衝擊》這本書的目的，是想要試著提供這世界一些可遵循的脈絡，並且提出可能有助解決眼前變化的參考論點。我提出了新的想法——從新政黨到金融運作的新規則——在局勢混亂的今天，這些想法將是我們向前邁進時的必備良伴。

二　潮流漸退

經濟方面喘不過氣，政治方面沒了耐性

我在法國待了很長一段時間，最近一次從巴黎前往凡爾賽宮的旅途中，偶然經過一個販售福音書籍的攤位，攤位上掛著一個牌子，上頭寫著：「世界失控了。」當時我腦中出現兩個想法，第一個想法是：預告凶兆向來是不錯的廣告策略，許多宗教組織都使用過這種手法。而且這個攤位在凡爾賽出現，更突顯這種歷史，因為這個城鎮曾經歷過不少「失控」時期。凡爾賽是來自歷史的回聲，提醒我們，絕對的權力與絕對的不平等，可能會導致暴力及無法預料的後果。

我的第二個想法，是很想問一問這個世界是否真的「失控」了。我們可以確定，世界的生產總值與財富正處於歷史高點，許多大國的失業率也下降到十年來的低點，科技的發展更令人目眩神迷。而且在過去二十年間，全球的貧困問題急速減少，因此整體狀況看起來其實並不差。

不過，如果我們再往深處探究，情況看起來就會截然不同：[1]世界經濟為了從後危機時代復甦，以致變得緊繃且扭曲，債務水準與中央銀行的干預都達到紀錄高峰。雖然貿易局勢緊張，二○一八年的經濟仍有成長，國際貨幣基金組織與美國聯邦準備銀行等機構也預測，在未來的五至十年，趨勢成長——長期平均成長率——將遠低於過去三十年的平均值。一般家庭似乎都已意識到這一點，股票市場與債券市場也變得更緊張。更重要的是，我們所依賴的成長來源正在反轉。生產力（也就是這個世界成長的能力）已變得毫無生氣，而且最值得注意的是，全球化與開放貿易正備受抨擊而節節敗退。川普總統的貿易爭端或貿易十字軍開始讓世界秩序產生分裂，並與大型經濟體之間的貿易流脫勾。二○一八年最值得回顧的事，就是在六月舉行的七大工業國組織會議（G7），與川普一起開會的各國元首都反對他。除了七大工業國組織會議，人們也重新思考美國在世界經濟所扮演的角色。美國以前曾經解決過新興市場危機，然而二〇一八年夏季與秋季，美國對中國和土耳其加徵貿易關稅，卻可能引發新的危機。我相信，這類貿易紛爭的長期影響，將減少其他國家對美國的投資，而非增加。

我在凡爾賽的另一個反思是，各國國內與各國彼此間有一條逐漸變深的斷層線，即經濟成長和財富的分配。在經濟成長和財富分配光譜的一端，是企業享有的經濟額——相對於國內生產總值的企業利潤——這個數值來到歷史高點。然而，在光譜的另外一端，是工人擁有的經濟額——相對於國內生產總值的勞工薪資——卻位於低點。同時可反映這種情況的，是美國平均工資與股票市場價值的比率來到數十年來的低點。從實際層面來看，這顯示了為什麼現在越來越多人難以儲存養老金。在更廣泛的層面上，曼哈頓的華爾街和皇后區的大街這種對比性，在資方與勞方之間形成鮮明的衝突。隨著全球財富不平等的現象加劇，這種緊張局勢將開始對人們的期望產生影響。

在已開發市場中，人們對於收入、預期壽命和社會流動性的期望趨於平緩，在某些地區甚至開始降低，造成植根於這個世代的失落情緒，進而導致對政治缺乏期待的態度。相反地，開發中國家的人民充滿期待——在新興市場中，人們期待擁有更多：更高的收入、更好的消費選擇，以及更有趣的生活方式。二〇一八年的電影《瘋狂亞洲富豪》（*Crazy Rich Asians*）就是一個極端的例證。這部電影描述亞洲新興富人的崛起，並展現那些富人有哪些受到制約的奢侈消費習慣，和他們看待西方國家的態度。我想說的是，就像一九八七年的電影《華爾街》（*Wall Street*）一樣，

《瘋狂亞洲富豪》也帶有危險的象徵意義。雖然整個亞洲的財富創造呈現上升的趨勢，這種成長如果出現減緩，將會轉變成政治動盪。就全球面來看，國家之間的財富不平等也在發生變化，然而隨著新興國家的財富水準逐漸趕上，這種不平等的情況已有改善。例如，從二〇〇二年到二〇一六年，印度成年人的財富成長了三倍，但英國成年人的財富只成長五〇%。

一般來說，我們越質疑全球化趨勢下的世界發展方式，就越能看到極端的現象發生，並察覺新的壓力因素和風險正觸及一般人的生活，以致讓人覺得「這世界整個不對勁」。讓事情變得更複雜的是，原本輕輕鬆鬆就能獲得富足的浪潮，此刻正在逐漸消退。這股浪潮退得越遠，就越暴露出之前被全球化現象隱藏的斷層線。

在這樣的背景下，這一章將為後面的章節鋪路，先簡單敘述這股浪潮退去之後的結果：世界在經濟方面喘不過氣，在政治方面也失去耐心；某些地方對於財富和收入的長期期望正逐漸下降，這個世界已經建立的規則也被破壞。

「變革的步伐從來未曾如此快速」

讀者可能會問：難道科技沒有辦法解決這些問題嗎？今天確實有許多解決問題的新科技，多到令人眼花撩亂——從基因編輯、數位醫療保健、睡眠口罩、加密貨幣，一直到生活方式的應用程式——我們可能認為大部分的問題都能透過科技解決。舉例來說，法國作家尼古拉斯．桑托拉里亞（Nicolas Santolaria）寫了一本名為《我如何外包我的生活》（*Comment j'ai sous-traité ma vie*）的書籍，在書中描述他如何儘可能將諸多雜務及生活上的瑣事轉交給應用程式處理，其中包括一種約會交友的應用程式，讓他可以透過付費的方式，由應用程式先與他感興趣的對象進行所謂的「暖身聊天」（Pre-chat up）。

我的答覆是，當浮華的未來學家滔滔不絕地描述這類科技時，似乎讓人嘆為觀止，但是對於大多數的一般人而言，可能只覺得困惑、受威脅及傷腦筋。舉例來說，在二〇一八年的世界經濟論壇上，加拿大總理賈斯汀・杜魯道（Justin Trudeau）說：「變革的步伐從來未曾如此快速，但將來也不會再像此刻如此緩慢。」[2]這句話讓「達佛斯人」❶覺得開心，但也讓一般人感到恐懼。我認為——人們投票的方式，以及例如電子遊戲成癮和急性注意力不足等新興心理疾病的增加，都能支持我的看法——各種變化已經超出大部分人所能接受的程度，他們寧願變化的腳步放慢。例如：許多高階主管都能證明，雖然科技對企業極有助益，但員工們卻不是十分願意採用這些科技。

儘管我不想顯得太老派，然而現實就是許多人越來越覺得一切已經不再像從前那樣。這種違和感在歐洲和美國的政治辯論中似乎普遍存在，可能是因為經濟焦慮已經觸及人們對變化的耐性

❶ 譯注：美國保守派政治學家山繆・菲利普斯・杭廷頓（Samuel Phillips Huntington）將世界經濟論壇年會的與會人士稱為「達佛斯人」（Davosians）。

及所察知的全球化副作用之極限值。

失落的感受有許多不同的源頭，但它們有一些共同點。其中一個共同點是大家廣泛認為西方國家的政治運作不佳。根據媒體的分析，另一個共同點是生存的威脅感越來越強大：恐怖主義、歐元的命運、氣候變化，以及各種疾病。舉例來說，二〇一四年在西非爆發的伊波拉病毒危機，在社群媒體上受到廣泛討論，達到每分鐘被提及六千次的頻率。雖然美國境內很少陽性反應的病例，但仍引發美國人爭相檢測該疾病的浪潮。[3]在許多國家中，人們覺得自己逐漸與形塑其社會的價值觀及行為脫節，因而產生一種失根的感覺（loss of *heimat*）。（*Heimat* 這個字，簡單來說，我希望可以在不受爭議的情況下指稱一群人覺得熟悉、可以信賴的地方或社會，而且這個地方或社會與其文化一致，如同一個像家一樣的地方，能夠讓人放輕鬆。）在某些情況下，有失根的感覺並不算壞事——想想看，西方社會變得更寬容和開放，或想想女性地位正在如何改變。然而在其他情況下，失根的感覺會令人迷失方向，因此人們會基於本能，反對他們認為干擾他們的力量，例如科技與移民。

請容我舉一個私人例子：我這輩子一直是曼徹斯特聯足球俱樂部的支持者，曼聯有其獨特的歷史，以往曾展現與眾不同的態度，而且每位成員都具有來自英國和愛爾蘭的文化根源。這個足球俱樂部曾經歷非常慘痛的不幸（如一九五八年的慕尼黑空難，當時超過半數以上的成員在慕尼黑機場搭機起飛時於意外中罹難）以及充滿戲劇性的時刻，但長久以來，曼徹斯特聯足球俱樂部始終抱持著不輕言放棄的態度。然而，長年擔任總教練的亞歷克斯・佛格森爵士（Sir Alex

Ferguson）退休之後，所有的一切都改變了，而且就如同許多曾代表當地精神的足球俱樂部一樣，曼聯現在基本上已經變成一種消費品牌，在全世界各地擁有支持群眾，並由一群背景和精神各自迥異的球員組成。曼聯與其根源、文化及威震八方的精神失去了連結。最令人難堪的是，以前的曼聯比現在這個專為電視轉播而打造的曼聯更好：在佛格森爵士的帶領下，曼聯曾贏得兩次歐洲冠軍盃、五次足球協會（FA）挑戰盃，和十三次英格蘭超級聯賽。在佛格森爵士的繼任者帶領下（到穆里尼奧之前），只贏得一次足球協會挑戰盃和一次歐洲聯賽。

我將這一章命名為「潮流漸退」，是因為我有一種感覺，就如同曼聯的情況一樣，將有越來越多的負面因素（社會面、經濟面與政治面）浮出水面。就如同巴菲特所言：退潮之後，你才會知道誰在裸泳。隨著全球化的退潮，大家的不滿情緒才會更為明顯。在本章的其餘部分，我要強調三件事：首先，全球化一直是好的力量，但現在正在消退。第二，在全球化消退之際，我們才會更了解其副作用有哪些，例如不平等的現象、我們生活風格和飲食習慣的變化，以及英國小說家安東尼．特羅洛普（Anthony Trollope）所說的，「我們現在的生活方式」的轉變。與此相關，全球金融危機的餘波以及其應對措施，已經造成一系列的失衡。第三，人們現在正對這些失衡現象與副作用做出反應，表現在政治動盪的持續加劇。依我看來，這將會引發一場政治革命，因為人們想要尋找更可靠且更負責任的治理形式。

目前有許多人將某些國家的弊端歸咎於全球化。激進派的政治領導者——例如前英國獨立黨（UKIP）的奈傑．法拉吉（Nigel Farage）、前法國國民聯盟（Rassemblement National）的瑪琳・勒朋（Marine Le Pen）、義大利的五星運動黨（The Five Star Movement）——以及如福斯新聞頻道的肖恩・漢尼提（Sean Hannity）等媒體專家，都齊聲反對全球化。把所有問題都推給全球化，是非常方便的方法，讓全球化成為權宜之計下的罪魁禍首。這樣的情況隨處可見，因此我們看不見其意涵與弦外之音。但從另一個角度來看，由於世界在金融與資訊流通方面緊密連結，全球化的情況無處不在，讓我們對全球化的意識大為減弱。

沒有太多人捍衛全球化，因為它現在已經不合時宜，而且支持它對政治而言也沒有利益可圖。全球化並沒有全然的所有者，儘管有些國際研究機構和思想領袖與全球化具有緊密的關係，例如經濟合作暨發展組織（OECD）和世界經濟論壇（WEF）。同樣地，許多經濟面、政治面和社會面的壓力，例如不平等現象、貧困問題及農業衰落，都被人怪罪到全球化的頭上，無論這些壓力的真實根源為何（事實上，在全球化過程中，世界的貧困水準已經從一九九〇年的三五%下降至二〇一三年的一一%。[4]除此之外，一般民眾對全球化的了解還不夠清楚。我們不難理解這一點，畢竟很少人會願意花心思去瀏覽貿易報告或檢視世界各地的勞動力流動變化，因此，當英國政壇談論「歐洲」議題時，很少政治家會說出或者能說出對歐洲的正面看法，他們都直接把全球化當成裝滿經濟成長負面觀點的雜物箱，讓全球化扮演政治上的門口地墊。

然而，有充分理由可以證實，全球化這種在過去二十年來全世界親眼見證的最強經濟力，是一種好的力量。它的影響至今仍非常普及，而且造就出許多驚人的成果——舉例來說，杜拜的崛起、新加坡等小國的成功、新興經濟體的財富增長（從二〇〇〇年至二〇一〇年，印尼成年人的財富增長了六倍）、來自新興市場的消費者、消費者品味的快速變化（當我在二〇一八年年底撰寫這個章節時，瑜伽墊正逐漸取代智慧型手機，成為現代人不可或缺的物品）——但是我們卻甘願冒著風險，把這些成果視為理所當然。今天應該關注的重點，是全球化正趨於和緩，而且其產生的副作用在許多例證中變得更為明顯。

向一切道再見

一九二九年，英國作家羅伯特・格雷夫斯（Robert Graves）出版《向一切道再見》（*Good-Bye to All That*）一書，此書廣獲讚譽，但也受到一些批評。這本書主要講述他在第一次世界大戰中擔任軍官的經歷（他在戰爭期間受了重傷，甚至有人誤傳他戰死的消息給他的家人）。然而從更廣的角度來看，這本書以諷刺的手法寫出具特殊生活方式及道德框架的大英帝國消逝的過程。這本書的書名到現在仍經常出現在大家的腦中，因此似乎是個不錯的起點，讓我們來反思這段英國脫歐、世界貿易政策充滿災難、世界秩序逐漸瓦解的時期。

上述列舉的事項，只是引領我們向全球化道別的一小部分原因。現在有越來越多壓力點——貿易面、政治面、制度面和企業面——正在削弱全球化。不幸的是，目前還沒有人深入探討全球化的未來。許多作家和期刊（例如《外交事務》）似乎只聚焦在「我們所知悉」的全球化議題，而非從跳脫這類觀點的角度進行討論，這是過於自滿的大錯誤。過去三十年來，全球化造就了許多成功的故事，倘若全球化停滯不前，人們所依賴和享受的諸多事物，也將隨之停止。

然而，許多與全球化趨勢有關的資料，都警告著我們轉折點已經來臨。我們可以從各種不同的角度來看這件事。全球化的組成元素——貿易、金融、創意、服務及人員的流動——自二〇一五年以來都已經開始消退。[5] 儘管其中一些元素（即：服務）仍居於歷史高點，但我們很難沒有全球化正在走下坡的感覺，尤其是在我們想到貿易保護主義和區域例外主義之類的潛在動力時。

貿易是全球化最基本的代表。貿易額在經過上升之後，近幾年呈停滯狀態，而且現在已經開始下滑。自二〇一一年開始，貿易從全球金融危機時的相對低位反彈，再次回到二〇〇八年至二〇〇九年間的水準，那段時期是歷史上近五十年來的最高點，然而從二〇一六年至今，在經濟活動廣泛回升的背景下，世界經濟的開放度（即貿易額與國內生產總值的比率）卻急速下降，又回到二〇一一年的水準。根據經濟合作暨發展組織在二〇一八年年末的報告指出，二十國集團（G20）國家之間的貿易水準確實已急劇下滑。[6]

了解全球化步伐的另一種方式，就是去看一看世界上最開放、全球化程度最高的經濟體的總體活動。如果我們把愛爾蘭、瑞士、比利時、新加坡和荷蘭這些國家的國內生產總值相加——這些小型且開放的經濟體，從許多方面而言，就如同世界經濟出現危機時的警鐘。也就是說，它們會是最先出現新趨勢的國家——我們發現它們的趨勢成長已經變緩，而且低於過去二十年的趨勢成長平均水準。

貿易萎縮

貿易開放度減縮的原因有很多種，例如，中國經濟結構的轉變，意味著以資本支出驅動的商品交易減少。此外，歐元區經常性需求的疲軟，也讓世界貿易少了重要的支撐。製造與供應鏈管理的新科技崛起，表示許多商品只需要更少的資本投資；而美國與中國之間的貿易爭端，則正在破壞國際供應鏈。在這種情況下，科技可以幫助一些西方國家的公司將營運操作轉回自己的國家。

全球化的其他指標顯示出更消極的現象：金融資產的跨境流動（相對於國內生產總值）已經從金融危機前的高峰值持續下降，這可能是因為受到金融監管和銀行業務整體萎縮的影響。根據世界銀行的資料，外國直接投資在過去兩年已經恢復水準，但現在仍遠低於二〇〇九年的表現。美國和歐洲對外國投資的限制（主要是對中國），加上中國境內的資本管制，大大減少了跨境投資的流量。

同樣地，跨國公司的利潤——這雖然不是嚴格意義的全球化指標，但仍可以有效衡量推動全球化之參與者的健康狀況——現在看來已經達到高峰。美國大型企業的淨利率來到歷史上的高點，接近一〇%，可是現在已經慢慢萎縮。在中國，企業的淨利率比不上美國，而且也在萎縮，並容易受到經濟調整的影響。

在這個階段，全球化的擁護者可能會表示，此刻的現象只不過是停下來喘口氣，或者是因為新科技與新的經濟參與者出現，以致全球化正處於轉型期。或許真的是如此，然而根據資料的顯示，我們應該更加擔心從全球化引擎室裡傳出來的奇怪噪音，因為這暗示著全球化的停滯可能偏向結構性，而非只是週期性的問題，而且這種隆隆聲在某種程度上讓人聯想到二十世紀初期的某些情況。

有種說法聲稱全球化的大餅已經停止擴張，這種論調強化了全球化與貿易已經停止成長的感覺。貿易保護主義的興起，也意味著現今關於全球化的辯論，其實是在爭論誰可以分到全球化的大餅，以及得到的分量會有多大、口感如何。有些國家不願意只拿到小分量，是情有可原的，然而這確實也將「以鄰為壑」政策（beggar-thy-neighbor）的元素導入了全球化之中。這種情況可能有助於解釋為什麼選民樂於支持那些在貿易相關的辯論中極力捍衛其選區或其「小角落」的政治家。以美國為例，有意投身大選的參議員對於貿易與移民問題傾向採取更加保護主義的立場，尤其是在他們不見得會再次當選的情況下。[7]

當前關於全球化的說法，許多國家、政治家和評論家都未能提出有助於蓬勃發展或者得以持續發展的建議，反而提出借用、收回或接管他人全球化利益的想法。貿易政策正逐漸變成這種假設的測試依據，美國許多盟國都被捲入的中美貿易爭端，即具有其象徵意義。

在過去十年中，幾乎沒有達成任何真正的貿易協議（《美墨加協定》只不過是《北美自由貿易協定》經過表面修飾的版本），在某些情況下，國家與國家之間改善貿易關係的機會也遭到摒棄。美國、日本與多個亞洲國家（特別值得注意的是：中國沒有被包含在內）之間原本提出的

《跨太平洋夥伴關係協定》，或美國與歐盟國家（實際上為《跨太平洋夥伴關係協定》的合作夥伴協議）之間原本談判的《跨大西洋美國及投資夥伴協議》（TTIP），皆未能得到批准，意味著自二〇〇一年《關稅暨貿易總協定》的多哈回合之後，世界上就沒有任何重要的國際貿易協議。然而在此之前，一九九〇年代隨處可見貿易友好協定：一九九五年建立世界貿易組織、一九九三年歐洲單一市場（European Union single market）成立，以及一九九九年歐元的創建。

從美國的角度來看，《跨太平洋夥伴關係協定》在策略上是一個理想的起點，因為它可以讓中國看見一個由美國和許多亞洲經濟體系所組成的統一陣線，其目的是在美國和一些拉丁美洲及亞洲國家（尤其是日本）之間建立起貿易聯盟。除了降低這些國家彼此間的貿易關稅，該協定的目的是在中國周圍（不包含中國）建立起貿易聯盟。《跨太平洋夥伴關係協定》從歐巴馬時代開始協商，但遭到川普政府否決。

川普政府無視這些國際貿易協商背景，對其鄰國、盟國和中國採行隨意且無計畫的貿易方式，以致美國的國際貿易在近幾十年來頭一次登上經濟政策的擔憂名單之首。川普政府處理貿易關係的方式已經讓美國許多貿易夥伴產生不信任與懷疑，並紛紛採取風險規避的對策。貿易相關言論所造成的不確定性，也對通貨膨脹、淨利率與投資產生經濟方面的影響。

在貿易上還存在著其他問題。受到現有貿易協定支持而得以提升規模效益的領域，某些國家在履行協定時卻有所保留，並漸漸朝向更公然的傳統保護主義邁進。全球貿易預警中心（Global Trade Alert）是這方面的主管機關之一，已經於二〇〇九年正式啟動，負責監測全球金融危機後跨政府之政策開放及貿易限制的程度，並指出貿易保護措施和紓困或政府贊助是目前為了「保護」貿易最受歡迎的方法，其次是進口關稅和貿易融資。[8]貿易自由化的程度自二〇〇九年以來一直持續下降，目前處於自那時候開始的最低水準（舉例來說，在二〇一八年，國際上宣布的貿易歧視措施，數量是貿易自由化措施的三倍之多）。

有趣的是，美國實施的貿易保護主義措施數量最多（與其貿易自由化措施的比例幾乎為九比一），其次是俄羅斯和印度。值得一提的是，英國、西班牙、德國和法國都比中國實施更多傳統貿易保護措施，儘管中國確實採行更加嚴謹的方式以確保其貿易關係得利。

盧德主義覺醒❷

由於貿易的成長如此受限，因此無可避免的，貿易的後果及其副作用將成為現實的政治問題。商品貿易對政治家而言是特別具有吸引力的目標，因為商品貿易可以讓汽車、冰箱和手機等實體商品穿越國界——而不光只是金融交易或資料流通。在二〇一六年美國總統大選第一次電視辯論中，「貿易」和「北美自由貿易協議」等詞彙被提及二十四次，可反映出這種現象。美國政治家現在對於與中國的貿易非常敏感，因為等中國發展出自己的商品和消費品牌（中國已經訂定「中國製造二〇二五」計畫，準備生產自有高端消費商品與技術，並且有效地自給自足），中國將成為一個難以進入的市場。與此同時，和中國進行如科技共享的貿易行為，仍然有非常高的障礙。從更深遠的層次來看，美國如今當然也已經意識到，中國在地緣經濟的競爭地位，逐漸與美國不相上下。

中國或其他國家具有可取代美國製造業的能力，對美國的工作市場顯然不是好事，或者會有其他不利的影響。有證據可支持這個論點，例如在科技、貿易與勞動力市場交匯面的知名學者，麻省理工學院的大衛・奧特（David Autor）向來致力於研究美國部分地區工資下降及失業率上升與中國商品進入美國市場的關係。他和他的同事製作了精美的圖表，並且根據他們的分析，美國經濟（主要是美國東南部的幾個州）確實受到製造業能力轉向中國的不利影響。[9]

同樣地，彼得・肖特（Peter Schott）與他的同事們也發現，因美國貿易政策改變而遭受中國更大競爭威脅的經濟地區，在政治上變得更為「動盪」。[10]這些地區的選民投票率相對提升，增加了民主黨的選票，而且成為民主黨黨員的可能性也更高。這些研究學者指出，歷史上選民傾向支持民主黨（而不支持共和黨），都與一項事實吻合：民主黨比共和黨更支持立法限制進口競爭，或者更偏向經濟援助。然而這種歷史偏見現在已經有了改變，可能是因為人們認為或培養出一種觀點：美國的就業機會往外流失，是由於民主黨政治家允許這種情況發生。儘管關稅政策讓美國經濟產生損失，但川普總統在中期選舉前的整個二〇一八年都採取這種觀點，更遑論他在二

❷ 譯注：盧德主義者（Luddite）是十九世紀英國民間對抗工業革命、反對紡織工業化的社會運動者。由於工業革命使用機器大量取代人力，導致許多工人失業，因此後世也將反對新科技者稱為盧德主義者。

〇一六年總統大選期間的立場。

無論學術研究多麼全面，都只提到競爭力、貿易和政治之間的部分連結。為了讓本章內容更生動有趣，我特別在這裡介紹傑德·凡斯（J. D. Vance）的著作《絕望者之歌》（*Hillbilly Elegy*）。該書成功綜合了促使美國諸多中下階層從民主黨效忠者變成右派政治家支持者的各種力量與影響。我推薦每一位對當今美國政治感興趣的人閱讀這本書，因為這本書的內容真誠且引人入勝，但我懷疑華盛頓特區的菁英人士會接受和讚揚它，因為這本書表示美國有一大部分的人口「跟不上時代」，從傳統的民主黨選民轉為唐納·川普的支持者。在美國，社會科學、文學和音樂中對於白人中低階層和下層階級的消亡有諸多描述，然而很少政策制定者和企業領導人對於這樣的消亡現象予以關注。

凡斯在他的書中講述他如何透過投身海軍陸戰隊、尋求教育（俄亥俄州立大學和耶魯法學院）以及打高爾夫球（他的祖母建議他打高爾夫球有助他了解有錢人社交與做生意的方式）來翻轉人生。更重要的是，他還列出相對貧窮的美國白人覺得自己在經濟與政治方面受到忽視的原因。我認為，他的書在這方面的成就，是突顯出與小型政府相關的社會經濟衰退，以及在某種程度上，突顯出與全球化區域及分配經濟後果相關的社會經濟衰退。就這個面向而言，美國將面臨的風險，是全球化被非常不富足、非常不繁榮的景象取代，因此凡斯所敘述的社會問題也將繼續被人忽略。退後一步並以長期眼光來看，全球化在過去三十年來一直是高速成長的驅動力，但最近失去了動能。我的感覺是，隨著國家和企業為了它們現在認為是經濟成長的固定大餅而競爭，全球化開始自毀。關於全球化，主要由兩種，也許是由三種態度所主導。

第一種態度可直接稱為全球菁英的態度。他們正確指出貿易保護主義的危險，但我個人認為，他們拒絕承認應該讓全球化順其自然，並且在地緣政治變化的過程中被其他現象取代。第二種態度是新聞媒體的態度，著重於強調全球化的弊端，並惡意或迂迴地認為全球化是日常經濟弊病的原因。

第三種態度，儘管我們可以理解，絕大多數人對全球化本身並沒有固定、清楚或明確的立場，但他們可以感覺到全球化在日常生活中與他們接觸的細節（例如咖啡的價格、全球化品牌的吸引力、就業方式的改變）。如果沒有先花幾個小時研讀經濟合作暨發展組織之類的網站內容，我們很難以平衡的方式綜合全球化的各項組件。那些網站的內容具有大量與貿易、就業趨勢和教育品質相關的資料。

綜合以上所述，在國際媒體上進行全球化辯論，很容易遭受嚴重扭曲，但（也許也是最重要的）就其對各個家庭的影響而言，需要具有更好的基礎。家家戶戶對於全球化及世界演變過程的觀點，受到許多社會、文化和經濟變化的具體影響，其中最重要的就是不平等的現象。

真的不平等嗎？

不平等現象當然是十分重要的政策問題，但是不平等與全球化之間的連繫只有一小部分，因為不平等現象的發生有許多不同的因素。不平等現象具有很強大的結構性成因，而且在大多數的情況下，其根源來自國家選擇的社會政治政策——舉例來說，接受教育的機會、稅收政策，以及抵押貸款的組織方式——而非來自全球化對經濟和社會的影響。事實上，一個國家的全球化程度，與其不平等的程度具有很低的相關性，許多高度全球化的國家有完善的社會福利系統，得以舒緩其不平等現象。舉例來說，愛爾蘭全球化的程度，比其鄰近的英格蘭還高，但是愛爾蘭的不平等分數比英格蘭低。

最常用來衡量不平等的基準是基尼係數[3]，這種係數可衡量整個社會收入分配的偏斜或不平等程度。如果收入完全平等，則數值為〇；如果某一個家庭擁有整個社會全部的收入，則數值為一。通常而言，數值高於〇·三二就表示不平等程度偏高。根據經濟合作暨發展組織的網站資料，美國的得分為〇·三九，相較於其他國家而言非常高。墨西哥的基尼係數更高，為〇·四六。相對而言，加拿大的不平等分數較低（其基尼係數為〇·三二），一部分的原因是它採用截然不同的政策制定方式。

不平等的現象是已開發國家擔憂的問題，因為這種問題會持續存在。在收入和財富成長緩慢的背景下，與不平等有關的緊張局勢會更加惡化。對新興國家而言，收入不平等的現象比較不會導致政治與社會方面的問題，因為它們的收入與財富成長步伐相對快速，人們認為以長遠角度來看，一切會變得更好，但是在已開發國家就不同了。此外，新興國家的人民會有一種感覺，認為一旦經濟變得比較發達，不平等的現象將因此減少（因為會有中產階級出現）。

就這一點而言，人們對全球化的抨擊，似乎只源自於一項單純的事實，即全球化的贏家主要為開發中國家，而相對的失敗者則在美國之類的國家。值得注意的趨勢是，西方國家中下階層的實際收入，整體而言呈成長停滯的狀態。[11]根據麥肯錫全球研究中心的報告指出，二〇〇五年至二〇一四年，義大利超過九〇%的勞動人口、美國八〇%的勞動人口、英國七〇%的勞動人口，以及二十五個已開發經濟體系七五%的勞動人口，實際收入呈停滯或下降的狀態。[12]因此，這些人會認為政治體系、全球化，以及或許整體而言的政府治理，對他們不利。

因此，總括來說，全球化的受益者是中國和印尼等新興國家的中下階層，和已開發國家比較富裕的階層。這種利益不平均的情況，也反映在世界經濟論壇的調查結果中：菲律賓、越南、印度和泰國有超過七〇%的人認為全球化是造福人類的力量，但是在美國和法國只有四〇%的受訪者對此表示認同。[13]新興國家分配到的全球財富，目前相對於英國和美國正趨於平穩，基礎設施就是一個例子。以阿拉伯聯合大公國的財富快速成長為例——就好比是全球化冠冕上的珠寶。其基礎建設的高品質，也是財富快速成長的表現，而且就許多情況而言，新興國家的交通基礎設施都遠比「舊」世界的交通基礎設施更為精良。

❸譯注：基尼係數（Gini coefficient），是判斷年收入分配公平程度的指標，介於〇和一之間。基尼係數越小，年收入分配越平均；基尼係數越大，年收入分配越不平均。基尼係數只計算某一時段，例如一年的收入，不計算已有財產。因此，它不能反映國民總積累財富的分配情況。

其他的調查數據也證實全球化的贏家和輸家之間的鴻溝。例如，根據皮尤研究中心（Pew Research Center）二〇一六年春季全球態度調查的結果，西方經濟體系（日本、法國、美國和英國）中有五〇%的人認為自己國家的經濟狀況很糟，[14]但中國和印度這兩個人口最多的國家，絕大多數的受訪者都認為前景十分樂觀。

全球化有贏家也有輸家，這種現實情況暴露出西方社會高級階層的想法，對他們而言，不平等現象是值得關注的問題。舉例來說，國際貨幣基金組織、世界銀行和麥肯錫全球研究中心都已經公開發表不平等程度過高的警訊。這種對於不平等現象新出現的一致贊同，背後可能有多種刺激因素，其中以托瑪・皮凱提（Thomas Piketty）針對不平等議題所撰寫的著作《二十一世紀資本論》（*Capital in 21st Century*）最受矚目，因為這本書引起了人們對這個晦澀難解話題的興趣。[15]總括來說，絕大部分的證據顯示，不平等的情況已經來到歷史新高點，特別是在世界較大的經濟體系中，例如美國和問題日益擴大的中國。[16]

最近幾年來，不平等的現象雖非急劇攀升（但有些相關議題的新聞報導認為如此），然而確實持續上升。這種持續上升的趨勢可能是造成社會政治緊張局勢的關鍵因素，因為持續不墜的不平等問題會制約人們的長期期望。在政治方面的後果，就是人們會產生一種政治制度不利於已的觀點，因而投票反對政治制度。

根據各方面的資料來源——世界銀行、經濟合作暨發展組織，以及發展經濟學和不平等領域的領導學者布蘭科・米蘭諾維奇（Branko Milanovic）——顯示已開發國家的不平等現象很高，美國和南非在這方面居於領先地位，其次是土耳其、智利、以色列、英國和西班牙。[17]在其他國家中，雖然瑞典的基尼係數非常低，但卻已經變得比較不平等，接近法國、荷蘭和加拿大的狀況。

另外還有其他方法可以檢查收入分配的差異。例如，根據經濟政策研究所（Economic Policy Institute）針對收入不平等情況的研究，[18]發現收入最高的一％人口在總收入所占的比例，如今已回復到一九二〇年代以來所未見的景況。在紐約，收入最高的一％人口，與其他九九％的人口收入比例為四十五比一。這種差距有很大部分是因為高階主管的優渥薪酬所造成。高階主管的薪酬在美國各行各業的平均水準是一般員工的三百倍，在歷史上任何一個時間點都很難找到這種極端的關係。舉例來說，在西元一四年的羅馬，羅馬參議員的收入是收入平均值的一百倍，而羅馬軍團指揮官的收入是收入平均值的四十五倍！

在這種背景下，政治對於不平等現象的敏感度提升了。原因很多：勞動力市場的高端工資明顯偏高、總體經濟成長較低、收入成長持續低下。這種持續性的不平等現象讓人們形成對世界狀況與相對正義的固定觀點。真實收入一直到最近（至少在美國）都處於低水準，並明顯影響購買力，而且許多人皆未能參與後危機時代資產價格上揚的好處。事實上，隨著退休金赤字的增加，不平等的問題可能會延續到未來。

要了解一般人的生活與前幾個世代相比的情況，另一種引人矚目的方式就是將他們的實際收入與十年前的實際收入進行比較，以明瞭收入的成長狀況。在美國，每人實際收入相較於二〇〇八年急劇下降。事實上，在二〇一〇年至二〇一七年之間，每人實際收入的成長為六十年來的最低點。這是一種有效的方法，可以讓人明白為什麼大家覺得自己不富裕，尤其是那些已經工作很久的人，他們會懷念以前收入大幅成長的年代。

開發中國家的情況有些許不同，這反映出布蘭科．米蘭諾維奇的主張，即儘管許多國家內部的不平等現象加劇，在國家與國家之間的關係中，不平等現象卻有所縮小。全球化的正面影響，在這裡表現得最為清楚：全球化加上國家成長的動力，已經使得數億人口擺脫貧困，進入相對繁榮的狀態。[19]

更廣泛地說，在過去的二十年間，許多新興國家的財富和收入激增，因此導致它們對不平等現象的敏感度降低。目前新興國家的家庭對於繁榮的期望逐漸提升，即使有明顯的不平等現象存在。倘若抑制這種渴望，例如像墨西哥和巴西的做法，其他新興國家可能也會出現與已開發國家相同的政治動盪局勢。

國富論

然而，收入不平等只是冰山一角。財富是更重要的指標，因為它是激發人們進行大型購買行為的關鍵因素。某人想買新車的時候，不一定會想到自己國家預期的國內生產總值，他會思考的是自己的財富。相較於收入不平等，財富不平等才是重要的問題，因為財富的轉移通常比較緩慢，但對於消費行為的影響比較持久。收入不平等可能容易受到政府稅收政策與再分配的影響，但財富不平等不太容易受影響。而且，儘管像皮凱提和米蘭諾維奇這些經濟學家在收入不平等方面的研究成果備受矚目，國際上公認的財富專家仍是曾在聯合國及倫敦政經學院等機構服務的東尼．修羅克斯教授（Tony Shorrocks）和吉姆．戴維斯（Jim Davies）教授。[20]他們的研究結果值得受到注意，因為要檢視財富及財富不平等的延伸意義，詳細的數據資料經常受到各國阻擋而難以取得，與收入不平等的研究不同，但修羅克斯教授和戴維斯教授仍彙整出在可得情況下最充分的資料集。

財富不平等的最新趨勢非常明顯，問題以美國為中心，但現象遍及全世界。財富不平等的現象接近數十年來的最高點，事實上，全世界前一〇％的富人所持有之財富，在全世界總財富（金融資產加上不動產並扣除債務）中所占的比例，已持續上升至自一九三〇年代以來前所未見的最高值。目前，前一％的富人擁有全世界四七％以上的財富。

就國家的層次來看，美國、瑞士與香港的財富不平等程度都非常高（前一〇％的富人擁有超過七〇％的財富）。瑞士與美國的差異點，在於儘管瑞士的財富不平等程度很高，但是收入不平等程度很低，而且在諸如醫療保健等社會穩定因素上得分很高。在開發中國家，阿根廷、巴西、印度、土耳其和南非的財富不平等得分都差不多高，中國財富不平等的現象也相對較高，前一〇％的富人擁有超過六〇％的財富。目前中國有超過一萬六千人的淨資產超過五千萬美元，[21]比德國、英國和法國擁有超過五千萬美元淨資產的總人數還多。相反地，學者認為許多歐洲國家——法國、義大利、英國、愛爾蘭、西班牙和希臘——只有中等程度的財富不平等現象（前一〇％的人擁有超過五〇%的財富）。

我個人的觀點是，絕大多數的財富是透過創業、成功的家族企業及不動產市場所產生的。近幾十年來，財富創造還可能來自兩種新的因素：其一是在某些新興市場中，於財富創造的早期階段，與政府或統治階層具有緊密關係的個人和家庭，可以獲取極大的利益。詹姆斯・克拉伯特里（James Crabtree）在他的著作《億萬富翁統治》（*The Billionaire Raj*）中便提到了印度在這方面的例子。其二是大型公司和金融機構的高階主管能透過薪酬獲得豐沃的股票，進而取得龐大的財富。毫無疑問地，盎格魯撒克遜國家（意即英國、美國、加拿大和澳大利亞）在這類例子中占有顯著地位。

如果我們採用其他的數據來源，財富不平等的情況將會擴大。在美國，財富在不同世代間的分配也很不均勻。根據美國聯邦準備銀行為了明瞭家庭資產負債表而每三年進行一次的《消費者金融調查》（Survey of Consumer Finance），發現三〇%的家庭沒有財富，而且絕大多數財富都由四十五歲以上的人持有。皮尤研究中心的某些報告也反映出這一點。在名為《美國中產階級正在淪落》（American Middle Class Is Losing Ground）的報告中，內容特別強調「受擠壓的中產階級」，並表示現在被認定為中產階級的人數（大約一億兩千萬人）已經少於下層階級與上層階級加總的人數。重要的是，中產階級的收入在總收入所占的比例，已從一九七〇年的六二%下降至二〇一五年的四三%。[22]事實上，美國富裕的中產階級（將近九千兩百萬人，淨資產在五萬美元至五十萬美元之間）如今已經被中國的中產階級（超過一億兩百萬人，淨資產在二萬美元至二十萬美元之間）所超越。[23]

不平等現象加劇的趨勢十分明顯。儘管可以憑直覺去洞察和理解，然而不平等現象在其他方面的加劇程度和表現方式，我們比較難以衡量。其中大部分植根於社會經濟網絡中，例如接觸專業、正義與教育的機會。這些通常就是區隔局內人／菁英分子與其他人的因素。我們可以描繪出一個（西方國家的）世界，那裡的階級流動正在下降，獲得教育、資本和醫療保健（僅舉幾個例子）的機會也越來越受限制。這些都是讓不平等現象得以維持的不同方法。

資本取得是讓財富不平等長期持續的途徑之一，社會人口變化也是透過資本取得而發生變化。近幾年來，擁有資本者得以藉由低利率和量化寬鬆對資產價格的正面影響獲得利益，同時又能受到量化寬鬆較少的負面影響（例如養老金赤字上升）。[24]這助長了高知名度大都會地區不動產價格的爆炸性增長，其結果現在造成許多影響，影響之一就是中等財富／中等收入的家庭將被迫遷離市中心。加州帕羅奧圖市（Palo Alto）的運輸規畫專員凱特·唐寧（Kate Downing）所提出的辭職信，內容便是一例：她表示自己的薪資收入無法負擔她監管地區的房租。[25]事實上，假如她要買下自己承租的公寓，每個月應支付的貸款金額，等於她的稅前薪資。類似情況也發生在世界各地的許多大都會城市，例如雪梨、臺拉維夫、香港和波士頓。許多讀者，尤其是年輕的讀者，可能都已面臨這種無法負擔房租的尖銳問題。

教育是出現不平等現象的另一個領域。在大多數國家中，教育經驗提供的社交網絡及其條件作用，與其產生的知識技能具有同等價值。免費的線上課程幾乎無法提供這方面的效益。在全球性的大都市中，例如倫敦和紐約，想要進入最佳的學校就讀，其困難度與所需花費的金錢，就是這種教育不平等的極端例證。然而，在還不需要面對這種日常問題的其他城市和國家，同樣情況可能即將發生。例如在法國，受過良好教育的中產階級學生（相對而言人數較多，而且其中大部分都能在國際考試中得到很好的成績），與因為各種理由必須努力求取基礎教育的低下階層學生，兩者之間的差異越來越大。[26]

另一種要命的不平等表現，是醫療保健的不平衡。在安妮・凱斯（Anne Case）與安格斯・迪頓（Angus Deaton）發表的重要論文〈二十一世紀非西班牙裔白種美國人中年發病率和死亡率的上升〉（Rising Morbidity and Mortality in Midlife among White Non-Hispanic Americans in the 21st Century）中，強調了美國白人中年男性與女性健康狀況的惡化，尤其是心理健康方面。由於施打毒品和酒精中毒、自殺，以及例如肝硬化等相關的疾病，導致這群人的死亡率急劇上升（根據美國疾病管制與預防中心的報告顯示，美國的自殺率急劇上升）。[27]在教育程度較低的群體中，死亡率急劇上升。於普林斯頓大學擔任教授的迪頓，因為研究福利、健康和貧困等相關議題，於二〇一五年獲得諾貝爾經濟學獎。

人民的健康狀況惡化，是政治家應該在公共政策方面更重視醫療保健的警訊，尤其對美國而言。美國人的平均壽命，比加拿大、德國、法國、西班牙等其他已開發國家的人民短少四年。另外還有證據顯示，在醫療體系可說更優良或更普遍的其他國家（例如法國）中，與醫療保健有關的不平等現象（例如嬰兒的死亡率）亦遠低於美國。根據同樣服務於普林斯頓大學的珍妮特・柯里（Janet Currie）及其他研究人員的研究結果顯示，公共政策能夠改變與醫療和死亡率有關的不平等現象。[28]實際上，在美國處於劣勢地位者，倘若一出生（或者在出生之前）就搬到法國居住，將可以過得更健康。在未來的幾年中，美國醫療保健的不平等狀況可能還會惡化，其中毒品是特別棘手的問題，光在二〇一五年就奪走數萬人的生命，而且根據經濟顧問委員會（Council of Economic Advisers）的估計，耗費了美國國內生產總值的三%。[29]

醫療保健不平等的另一個例子是牙齒保健。瑪麗．奧托（Mary Otto）的著作《牙齒》（*Teeth*）指出社會各階層在牙齒保健方面的驚人差距，並且表示這樣的差異主要源自於教育程度、飲食習慣和家庭環境的不同。奧托在書中提到一名因牙齒感染而死去的男孩，因為他的父母親沒有牙科保險，所以未能提早察知病情，以致那名男孩最後連腦部都受到感染。奧托強調的另一個趨勢，是美國的牙醫越來越缺少對於牙齒基本衛生的關注，反而傾向比較高額給付的醫療程序，例如牙齒手術。

科技是可能加劇現有不平等現象的另一個因素，舉例來說，維吉妮亞．尤班克斯（Virginia Eubanks）在其著作《不平等自動化》（*Automating Inequality*）中描述福利服務的自動化如何透過演算法來篩選福利接受者，並且使用在醫療保險評估等領域。福利服務的自動化，可能會導致制度化的不平等（因為演算法排除了更需要福利的申請者）與不公正。尤班克斯提到一種數據分析機制，不知是因為刻意設計或者機制出錯，以致這種機制拒絕協助生活貧困、教育水準低、不熟悉電腦，或是有心智疾病之人。電腦資料庫裡的小問題或是演算法的小錯誤（例如防欺詐的斷路器）會阻擋人們取得福利津貼——這種情況曾發生在尤班克斯的伴侶身上，因而讓她注意到這個潛在的系統問題。

以電腦計算福利津貼，還可以更詳細地監控接受者及其生活方式。尤班克斯提到的一個例子，是賓州阿利根尼郡（Allegheny）所使用的家庭篩檢工具（AFST），這種系統被設計用來篩檢一百三十一種變數，以預測每個家庭的孩子是否有遭到家暴的危險性。這種系統的專橫之處，是劣勢家庭因為與社服機構時有互動，因此AFST分數較高，導致政府拒絕提供他們福利津貼。尤班克斯最擔心的問題，是演算法被設計用來強化美國體系內現有的偏見。在美國體系中，許多人認為人們之所以貧窮，是因為他們在人生中做出錯誤的選擇，而不是因為他們處於劣勢地位。同樣的程序在更多商業應用方面也可能會越來越常見，例如信用審核與接受教育的機會，如此將使不平等現象加劇，並且使社會階層更為僵化。科技造成不平等的另一個例子，是演算法正義聯盟（Algorithmic Justice League）的創辦人喬伊・布拉姆威尼（Joy Buolamwini）發現的。布拉姆威尼的研究結果發現，臉部辨識軟體在辨識白人時會比在辨識黑人時更為精確。基於演算法的辨識結果，倘若不夠精確，會導致人們的社會福利遭拒，或者將犯罪檔案誤植到無辜之人的資料中。

不平等現象已經是根深蒂固的問題，而且在美國正逼近極限。有一項重要的數據資料名為「美國國家青年縱向調查」（National Longitudinal Survey of Youth），這項調查追蹤來自全美各地一群受試年輕人的生活方式，並詳細顯示出他們面對的身材變胖、遭到監禁（有三分之一的美國人在二十五歲之前曾經遭到逮捕）、跨種族關係及醫療保健問題。[30]根據這個資料數據集所做的研究，不平等現象是反覆出現的主題。

這些妨礙社會進步與社會行為的問題很重要，因為它們制約了人們對自身未來及周圍世界的期望。如果人們現實生活的收入與財富增長受到限制、現實社會的教育與職業發展也不像從前那麼具有流動性，可能會讓他們產生一種失落感，而這種失落感隨後會在他們的政治態度上表現出來。

社會流動的趨勢也反映出一件事，即「美國夢」現在已經比歷史上任何一個時間點都還難以實現。舉例來說，一項學術研究指出美國的「祖父母效應」，意味著人們的根源或其祖父母的社經地位，將決定他們在社會上的立足點。[31]這項研究使用了可追溯至一九一〇年人口普查數據的長期世代資料（因此包括祖父母輩與曾祖父母輩的資料），並斷言美國社會的流動性並不像許多人想像中的那樣。另一項很棒的研究是基於義大利的資料——但卻讓我想起美國政壇的高爾家族、布希家族和甘迺迪家族——這項資料使用可追溯至一四二七年（哥倫布誕生前二十四年）的義大利貴族家系繳稅紀錄。[32]廣義來說，當今義大利收入最高者，早在六個世紀以前就已經居於社經地位之首。這項發現相當令人驚訝，並顯示雖然經過文藝復興時期的轉變與兩次世界大戰的動盪，義大利貴族家系的繁榮依然延續好幾個世紀。順道一提的是，家族企業的經營表現，在義大利尤其出眾。

儘管如此，不平等現象本身可能無法解釋諸多國家選民在政治態度上的轉變。大家覺得這個世界出了問題，或者有些事情不太對勁。我們以前擁有一個非常熟悉的世界，但現在卻令人錯愕，而且正脫離我們而去，那就是我們的身體。過去十年可能是人類體型／骨架自十九世紀以來發生最大變化的時期。整體來說，人們的運動量減少，而且工作時經常彎著背，呈現「發送簡訊」的姿勢，導致許多新的骨骼痠痛問題與重複性的肌肉痠痛問題產生。

肥胖率是這些身體變化的明顯體現：經濟合作暨發展組織發現，某些國家（例如英國、墨西哥和美國）肥胖率接近三〇％（韓國、日本和印度是肥胖率最低的幾個國家）。從更清晰的角度來看，美國和英國有六〇—七〇％的人口符合體重過重或肥胖的標準。在中國，體重過重或肥胖的人口比例從一九九一年的二〇％攀升至二〇一一年的四五％。[33]攝取過量的含糖餐飲是造成這種現象的原因之一，而且在許多國家中，過量的含糖飲食也導致糖尿病等疾病的增長。與此同時，根據美國農業部（USDA）的調查，美國人的卡路里消耗量已經從一九八一年的每日平均三千兩百卡路里，增加到二〇〇五年的四千卡路里。其他疾病也越來越多，例如因為久坐的生活方式所導致的髖關節骨性關節炎和膝關節骨性關節炎。[34]同樣地，與關節炎相關的肌肉疼痛問題，在美國也逐年增加。[35]

氣候變化是另一個更令人警覺且更為極端的變化。在過去十五年中，國際氣溫大幅異常攀升，自一八八〇年代以來就不曾見過這種情況（當時的溫度異常是呈下降趨勢）。詳細來說，過去一百年，最炎熱的年份之中有九個出現在二〇〇六年至二〇一八年的十二年間，而且氣候造成的災難和意外也不斷增加。火災和乾旱（從美國加州到非洲查德共和國再到歐洲的瑞典）如今已變得司空見慣，美國國家航空暨太空總署的衛星研究發現，世界各地淡水位移的極端現象日趨嚴重。[36]這項研究——透過一些有趣的圖形來表述——顯示氣候變化和人類行為正導致潮溼地區變得更潮溼、乾燥地區變得更乾燥。[37]這種水力轉移的現象將影響城市、經濟和農業，而極端的案例——例如目前在非洲所發生的問題：埃及與蘇丹之間、肯亞與衣索比亞之間，都因為爭奪水資源而出現緊張局勢——甚至可能引發戰爭。

植物和樹木開花時節的混淆錯亂，以及動物和鳥類遷徙方式的失去規則，都可以幫助我們確信所有事物未能依照原本該有的樣子進行。比方說，世界銀行估計，在美國及其周圍地區，就有兩百五十種魚類瀕臨危機，在中國則有一百種鳥類遭受威脅，導致生態系統不穩定的原因也變得越來越多。[38]

舊世界退場

我們的溝通方式也在改變。一九九〇年的時候，美國郵政署每天要處理將近兩億七千萬封信件，但是到了二〇一四年，信件量已經減少至一億五千萬封。[39]與此同時，全世界的電子郵件帳戶數量持續成長，從二〇一一年的將近三十億戶增加到二〇一七年的接近五十億戶。同樣地，社群媒體的使用者也從二〇一〇年的不到十億人，增長到二〇一七年的二十五億人。人們花費在社群媒體上的平均時間，從每天九十六分鐘增加到二〇一六年的每天一百一十八分鐘。[40]

人們對於結婚的態度也在改變。根據皮尤研究中心的調查結果顯示，二〇〇六年有五二％的美國人認為由男女組成的伴侶具有合法的婚姻是非常重要的，然而到了二〇一三年，抱持這種看法的人已經下降至接近四〇％。這反映出人口統計資料的變化：在美國，二十五歲以上的男性有將近二五％未曾結過婚，女性則有一七％。但是在一九六〇年代，這個比例只分別為一〇％和八％。人們對於戀愛關係的看法也已經變得不同，根據皮尤研究中心的調查，二〇〇四年美國有三〇％的成年人贊成同性婚姻，而接近六〇％的人反對，到了二〇一六年，這個比例變成贊成者占五五％，反對者占三五％。在同性婚姻的議題上，不同年齡層的態度也有很大的差異：千禧世代非常支持，老一輩的人（祖父母輩的人）則表示反對。此外，科技大大改變了人們彼此相識與進行浪漫互動的方式。其中一個有趣的結果是，透過社群媒體約會，似乎會產生更多背景迥異的伴侶。[41]

日常生活的模式可能也在改變。根據美國勞工統計局的數據，美國人每天花在看電視的時間大約為三個小時，但是花在運動及其他娛樂相關活動的時間不到三十分鐘。[42]在許多國家中，被浪費掉的時間也在增加。根據TomTom交通指數（TomTom Traffic Index）的調查，英國人與中國人在交通尖峰時段所花費的時間增加了四〇％。中國人的時間主要浪費在塞車上，每年（以二〇一五年為例）耗費一百六十一個小時。英國人的塞車時間為每年一百四十九小時，而美國人只塞車一百一十七個小時。

外來移民是一項備受爭議的政治問題，也是人們最無法適應的變化之一。在某些國家，國際移民在總人口數中所占的比例很高。根據世界銀行的調查，瑞士的外來移民比例接近二九%，為已開發國家中移民最密集的國家之一（其他如加拿大為二〇%，新加坡為四五%）。近幾年來，美國和英國的外來移民比例穩定成長，美國從一九九〇年的九%上升至二〇一五年的一四%，英國從一九九〇年的六%上升至二〇一六年的一三%。在某些城市——布魯塞爾、多倫多、雪梨和洛杉磯——外國出生的人口比例很高（接近三〇%），其中一個原因，是因為大多數已開發國家的生育率都處於歷史低點。例如，信奉天主教的義大利是歐洲生育率最低的國家，每個家庭只有〇．七個孩子（在一九六〇年則為每個家庭有七個孩子）。人們要不要成家的決定，在一定程度上是表達他們對未來的長期看法，以及對生活開銷的相對悲觀態度（例如有些年輕人仍與父母同住），同時也多少表現出女性認為自己在社會上是什麼樣的角色。除此之外，低出生率可能反映出在日本等國家，人們因為使用社群媒體以及僵化的工作習慣導致社交技能降低，進而損害男女之間的親密關係（根據英國廣播公司的調查，在日本十八歲至三十四歲的單身人口中，未具性經驗者占四五%）。[43]由於生育力下降，日本人口在四十年內將從現今的一億兩千八百萬人減少至八千六百萬人。

人們有什麼看法？

在指出全球化退縮、退縮後所暴露的問題，以及人們的期望及平靜受到什麼樣的干擾之後，大家對政治的選擇不再抱持幻想，似乎就不足為奇了。我的想法是，經濟學中的構造趨勢——例如薪資不平等以及因通貨膨脹而經過些微調整的薪資成長——塑造了我們看待世界的方式，並因此滲透至政治選擇中。

在美國，選民第一次表現出不滿是在二〇一四年。眾議院多數黨領袖埃瑞克・康特（Eric Cantor），在國會選舉前的共和黨初選中意外輸給了茶黨候選人，一位相對而言比較不具名氣的經濟學教授戴夫・布拉特（Dave Brat）。當時，原本支持民主黨的藍領階層選民轉向右翼政黨，年輕選民擁戴伯尼・桑德斯（Bernie Sanders）這種無黨派的候選人，❹成為新的政治趨勢。現在我們可以不受爭議地表示，美國人已經對政治和政治家失去信心。舉例來說，蓋洛普（Gallup）進行的民意調查結果顯示，美國人對各行各業的評比，國會議員的評價在最底端（只有七%的人認為國會議員具有高道德標準），僅次於汽車銷售人員，並且遠低於排名最高的護理人員。[44]另外值得一提的是，根據蓋洛普的調查，美國有接近四五%的選民認為自己是政治獨立派，認同民主黨和共和黨的選民分別各占二五%。

在歐洲，關於政治斷層的文獻也越來越多。已故的愛爾蘭政治學家暨佛羅倫斯的歐洲大學學院（European University Institute）歐洲政治學教授彼得・梅爾（Peter Mair），在全球及歐洲金融危機發生之前的二〇〇七年，就已經開始撰寫《統治虛空》（*Ruling the Void*）一書。當時他已經有一種明確的感覺，認為歐洲的民主制度正在萎縮，尤其是基於政黨的民主制度。許多國家的投票率都降低了，選民的行為亦反覆無常，投向規模較小的邊緣政黨；規模較大、成立較久的政黨，其黨員人數及忠誠度也因而變少。

儘管梅爾已提早洞悉並且宣告「政黨民主時代」結束，當這本著作在他過世之後的二〇一三年出版時，金融危機讓這種趨勢變得更加嚴重。梅爾指出的另一項趨勢，是國家政治的「歐洲化」。他所指的是「歐洲的規則、指令和規範滲透至各國國內」，因為許多國家都漸漸開始以「布魯塞爾制定的」法規取代其國內的法律。[45]主張脫歐的英國人，抱怨歐盟規範英國的黃瓜尺寸與香腸尺寸，還禁止英國啤酒以品脫為計量單位。這種趨勢或許可提早透露出英國選民在英國脫歐公投中有什麼反應。然而即使脫離歐盟，英國在貿易和服務等諸多領域都將繼續沿用歐洲法律，因此就實際面而言，英國要脫離歐洲是幾乎不可能的事。

如果我們將梅爾書中的許多表格和數據更新，他所描述的趨勢會更加明顯。簡單來說，選民情緒仍然非常低落。根據民意調查結果顯示，大約八〇%的歐洲人不信任政黨，四〇%的人對歐洲感到悲觀。如果將一九三三年至二〇一六年之間歐盟公民對歐盟的態度加以比較：希臘人對歐盟的信任度從六〇%下降至二二%，法國人和德國人對歐盟的信任度則為三五%上下。然而，許多歐洲國家，尤其是東歐國家，人們對歐盟的信任程度超過他們對自己國家政黨的信任。[46]

❹譯注：桑德斯於一九七九年至二〇一五年為無黨派身分，是美國國會史上任期最長的無黨派獨立議員。他於二〇一五年加入民主黨，二〇一六年退黨，二〇一九年又重回民主黨，並宣布角逐二〇二〇年總統大選。

悲觀主義

相對地，在過去九年中，悲觀的情緒在歐盟國家中急劇上揚。二〇〇七年，歐洲人對於歐盟抱持悲觀態度者不到二〇%，然而現在卻上升至將近三五%，這種想法主要來自德國與法國。將近半數（四九%）的歐洲人認為歐洲政策未能聆聽他們的聲音。根據歐盟執行委員會所進行的民意調查顯示，歐元區國家大多數的公民認為，如果也提供他們英國式的全民公投，他們會繼續留在歐盟。而且歐洲人比較喜歡嘲諷政治家，也比較不信任他們。二〇〇〇年時，六五%的歐洲人表示自己不信任政黨，現在這個數字在法國、希臘、西班牙和葡萄牙已經上升至將近九〇%。丹麥人與荷蘭人對政治仍然抱有一絲信任，瑞典人和芬蘭人對政黨的信任度則比以往稍微提升。

在國際上也是相同的情況。比方說，《二〇一八艾德曼全球信任度調查報告》（2018 Edelman Trust Barometer）描繪了全世界的信任危機。[47]該報告顯示，在接受調查的國家中，有三分之二是「不信任者」，也就是說，不到一半的投票者認為主流企業、政府、媒體及非政府組織（NGO）在做正確的事。艾德曼調查報告結果的明顯變化，是近幾年來美國人民對政府的信任度下降幅度最大。義大利人和巴西人對政府的信任度也降低了。詳細來說，在一般民眾中，只有一五%的人認為現行體制發揮其作用，五三%的人不認為如此，三二%的人則表示不確定。

對體制的不信任，會導致選民的行為改變。大部分的歐洲國家，政治穩定已經變得越來越罕見。許多國家的投票率降低，在最近十年尤其明顯。法國的投票率從一九四五年的八〇%下降到二〇一一年的不到六〇%，但最近在二〇一七年又上升至七四%。[48]義大利、希臘、德國和西班牙的投票率在過去二十年來顯著下降，來到近六十年的新低點。在最近一次的歐洲議會選舉中，平均投票率已經從六五%左右下降至四〇%出頭。這些數字顯示出歐洲國家普遍對於主流政治不感興趣，選民對現有的政黨也缺乏忠誠度。特別關注外來移民問題的右派政黨，如今在許多國家都能拿到大約二五%的選票。[49]

根據我觀察法國和愛爾蘭等國選舉的結果，只要是涉及主流政治，選民就顯得漠不關心，因為他們不相信自己能夠影響選舉結果。馬克宏參選法國總統時，一般民眾都認為他是可以重新振興法國的人選，我也有同樣的看法，但是那次選舉的投票率創下歷史新低，因為許多人覺得選舉結果早已成定局。另外，有兩項趨勢值得我們注意：首先，激進派政黨在意識型態上除了吸引死忠選民，似乎也吸引了平常不投票的選民。愛爾蘭最近兩次分別關於同性婚姻與墮胎合法性的公民投票，讓許多選民浮出水面，這也顯示了第二項趨勢：每當選舉只涉及單一議題時，許多平常不投票的人（這裡所指的是比較年輕的選民），都會變得非常投入政治。除了這個例子，英國舉行脫離歐盟的公民投票時，在前三次大選中沒有參與投票的三百萬名選民，這次都出來投票了。

對於已開發國家而言，選民對於舊政治秩序不滿的實際後果，就是表現冷漠（低投票率是其證明）、憤怒，或者出現政治企業家。反映這一點的現象，是歐洲在最近五年中突然出現許多新政黨，從二〇一〇年的五個政黨增加到二〇一五年的十四個政黨。在這些新政黨中，有幾個政治立場右傾，並加入現有的右翼政黨陣容，例如法國的民族陣線（Front National，現已更名為國民聯盟，Rassemblement National），以及英國的英國獨立黨，實際上如同歐洲版的自由黨團（Freedom Caucus）和茶黨黨團（Tea Party Caucus），促成一種新的政治現象，讓右翼政黨的選民支持率持續上升。現在歐洲許多國家的右翼政黨擁有二〇％或以上的選票已不是罕見情況。比方說，在二〇一八年九月舉行的瑞典大選中，極右派的瑞典民主黨（Democrat Party）執政黨贏得一七．六％的選票。從更廣泛的角度來說，全球規模最大的避險基金橋水投資公司（Bridgewater Associates），其創立人雷．達力歐（Ray Dalio）在二〇一七年進行了一項有趣的研究，結果顯示現今民粹主義的投票率（在美國、義大利、英國、德國等已開發國家中占三五％），幾乎等於以前在一九三〇年代中期的高峰值，即四〇％。[50]

右派的崛起、新左派的萌芽，以及多數人的幻滅，如今已成為政治上的常態。有些人為了更黑暗的目的而加強這種趨勢，許多人不願面對，只希望政治的動盪不安可以消失，然而這種期望不太可能實現。已開發國家的政治體系破裂，只不過是一種深層新趨勢的開端。這本書的目的，是希望我們能夠往後退一步，以便看清楚這個世界的構造勢力，並試著找出一條前進的道路。曾經帶領我們大步向前的全球化，如今正在退縮，而且不會再回頭。終結共產主義、重新統一德國、開放許多前共產新興經濟體所帶來的世界和平，為我們所經歷的全球化浪潮提供了基礎。全球化時期可被稱為人類歷史上最繁榮的時期，而值得注意的是，那段時期也相對平靜，戰爭不多，民主國家之間亦無戰事發生。

隨著全球化浪潮退去，暴露出越來越多社會經濟面向的失衡問題，有一些失衡問題是全球化引起的，另一些則是被歸咎於全球化；有一些發生在單一國家，另一些則遍及數國。就地緣政治面向而言，舊世界的社會與政治領導者將不得不接受新興國家的崛起，以及新興國家崛起對於相對財富、貿易和移民的影響，還有對於世界組織體現之影響。想想看，在十七世紀中葉，印度與中國的生產總值占了全世界生產總值的五〇％。[51]至少，中國還沒有辦法忘懷失去棲身之處所帶來的衝擊。和政治家不同，選民似乎已經感覺到這個世界正在轉型，他們的選票也透露出他們對於這種不祥之兆感到緊張。

三　下一步該怎麼走？

似曾相識，重來一次

我們生活在一個脆弱的世界裡——在這個社會中，有許多社會面、科技面與實體面的變化在我們眼前發生。選民開始抗拒過去三十年所建構的秩序；負債與肥胖等失衡問題，如今正慢慢增多；最重要的是，助長過去三十年來繁榮豐足且相對和平的全球化，現在已經開始消亡。再過不久，我們就會擔心接下來該何去何從。

在思考這個問題時，我們可以從歷史找答案。就某些方面而言，全球化到今天依然光彩閃耀、歷久彌新。全球化的許多科技面向都依然閃閃發亮，讓人無法想像在全球化出現以前，我們的生活是什麼樣子。或者說，我們現在根本已經離不開全球化的果實——例如iPhone X、比特幣或是人工智能。然而，之前全球化確實也曾出現過，在當時是一則警世的傳說。儘管全球化的浪潮已經來到尾聲，我們仍可藉著回顧一八七〇年至一九一三年的第一波全球化浪潮，對接下來可能發生的情況有初步的了解。

《凡爾賽和約的經濟後果》

在二十世紀初，全球化的第一波浪潮已全面展開，以倫敦為中心。這一波全球化讓消費文化出現了前所未見的景象。約翰·梅納德·凱因斯（John Maynard Keynes）在其一九一九年的著作《凡爾賽和約的經濟後果》（*Economic Consequences of the Peace*）中描述了這股風潮：

> 倫敦的居民可以一邊在床上喝早茶，一邊透過電話訂購來自全地球各地的商品，他可自由決定訂購的數量，並合理地期待商品會直接送達他家門口。他可以同時以相同的方式在世界各地投資自然資源與新興產業，而且在不費工夫或無須麻煩的情況下，享受預期的投資成果及利益。或者，他也可以決定依自己高興或聽從別人提供的資訊，將他的資產安全地託付給大陸上某個重要自治城鎮的誠實百姓。最重要的是，他會認為做這些事都很平常，充滿確定性及永久性，而且會有越來越好的發展。任何與這些情況背離的事，都是違反常理、讓人憤慨且可以避免的。[1]

凱因斯所描述的世界，與我們現在的世界有驚人的相似之處。我們可以想像有一個身處於二十一世紀的凱因斯，一邊在床上喝早茶，一邊拿著iPad預訂飛往南非的機票，並透過遠端連線的方式進行股票交易和管理金融商品。[2]如果十九世紀的英國小說家安東尼．特羅洛普活在我們這個時代，並打算重寫他的諷刺小說《紅塵浮生錄》（*The Way We Live Now*），他很可能會著重於科技面的描寫，主要角色也不會是奧古斯都．梅爾莫特（Augustus Melmotte）❶，而是一位亞裔女性，身上穿著名牌運動衫而非正式套裝，並且關心比特幣的價格，而不是鐵路股票的價格。科技是今日偉大財富的創造者，也是改變人類行為——包括社會面、政治面與經濟面——的主要

❶譯注：《紅塵浮生錄》一書的故事主角。

力量。

科技在時代精神中扮演的角色，表現在困擾我們的各種更有趣的經濟難題。科技在金融市場的演算法及電腦交易中、在改變我們工作方式的重大變化中，以及在勞動力市場的結構中，都發揮重要的作用。此外，在零售及消費性商品和新金融資產（從指數股票型基金〔ETF〕到加密貨幣）的興起方面，科技也促成了巨大的結構變化。

凱因斯的敘述讓我們大致明瞭全球化到底是什麼：就是經濟、市場、國家和文化之間逐漸強化的彼此依賴與融合。它還顯示了第一波全球化的世界與現今世界的相似之處。就這點而言，我們應該回過頭去看一看，全球化最初是如何形成的——而且更重要的是，既然全球化目前正面臨威脅——以及那個時候為什麼會結束，還有我們可以從中學習到什麼。

似曾相識，重來一次

十九世紀和二十世紀初期全球化的關鍵標誌之一，是相同商品在世界各地的價格逐漸趨近。舉例來說：英國倫敦與美國辛辛那提的培根差價，從一八七〇年的九三％減至一九一三年的一八％；英國倫敦與印度孟買的棉花價差，從一八七三年的五七％減至一九一三年的二〇％；英國倫敦與緬甸仰光的白米價差，也從一八七三年的九三％下滑至一九一三年的二六％。[3]世界其他地區也有類似的價格平衡現象。羅納德・芬德烈（Ronald Findlay）與凱文・歐魯克（Kevin

O'Rourke）在他們關於貿易現象的著作《權力和豐盛》（*Power and Plenty*）中指出，「在一八四六年至一八五五年和一八七一年至一八七九年之間，生絲的價格在日本上漲五〇%，但因為生絲在日本相對便宜，所以在世界市場中只上漲一九%。廉價茶葉的價格在日本漲幅高達六四%，但是在其他地區只漲一〇%。[4]《權力和豐盛》是芬德烈和歐魯克這兩位頂尖經濟學家的畢生心血，有興趣思考國家崛起與貿易流動關係的人，都應該讀一讀這本書。值得注意的是，他們在書中指出：「世界貿易的最大發展已經即將到來……從馬克沁機槍（Maxim gun）的槍管、彎刀的刀刃，或是遊牧民族騎士的凶殘。」[5]不幸的是，經濟的最大收縮也即將來臨。

與此呼應的是，由於科技的進步（尤其是船舶運輸與火車運輸的進步），各種成本在全球化初期大幅下滑，幾乎與過去二十年來通訊、旅遊和商業處理成本大幅銳減的情況相同。以下列舉幾個例子：由於約翰・麥克亞當（John McAdam）鋪設路面，因此從曼徹斯特到倫敦在一八二〇年的時候只需花費三十六個小時，在一七八〇年原本需要耗費五天的時間；全世界各地運河網絡擴大，讓蒸汽船的運輸便利性大增；超過一百英里長的蘇伊士運河於一八六九年開通，因而「將亞洲與歐洲拉近四千英里」。[6]

在這樣的背景下，世界貿易的水準大幅上升，到了一九一三年，商品出口在西歐經濟體生產總值所占的比例，達到一七%，高於在一八七〇年的一四%（但隨後在一九三八年下降至六%左右，到一九九〇年代才又再次回升到超過一七%）。[7]同樣地，今日的資本市場似乎施展神奇的力量，以致人們都認為金融社會本來就應該像現在這麼發達。然而，在一九一三年的時候，某些國家（尤其是美國以外的國家）的財務狀況都比一九八〇年時更為發達。[8]舉例來說，以全球生產總值的比例而言，一九一三年法國股票市場的市值，幾乎是美國的兩倍，但是到了一九八〇年，卻下滑為美國的四分之一。過去一百年左右的股票市場資料，也顯示出各國的命運如何變化：一九〇〇年，英國股票市場在全球股票市值中占了四分之一，美國則占一五％。到了今天，美國股本占世界總股本的五一％，而英國僅占百分六．三％。一九〇〇年，比利時股市占世界股本的三．五％，法國占一三％；到了二〇一八年年末的今日，法國降至三％，比利時的比例已經小到幾乎看不見。[9]今天中國的股本占三．一％，假如中國金融市場在二十一世紀的發展像美國在二十世紀的表現，那麼中國金融市場的規模與深度將快速成長。[10]

一般而言，在過去一百年間，金融市場的發展於一九八〇年來到最低點。自從那個時候開始，金融市場就持續成長，如今已達到並超過上世紀初的發展水準。然而，目前高度全球化的國家（例如新加坡和愛爾蘭）應該注意一件事：一九一三年在財政方面最發達的國家（例如阿根廷），不一定能維持其優勢。阿根廷是一個有趣的國家，尤其從經濟歷史的角度來觀察。自一八一六年獨立以來，阿根廷拖欠債務多達八次。在一九二四年的時候，阿根廷的每人國內生產總值是巴西的七倍（現在則為巴西的一點五倍）、日本的三倍（現在僅為日本的一半）。它曾經是世界上最富有的國家之一，也是金融、貿易和農業的中心。布宜諾艾利斯許多美麗的建築物，例如它的歌劇院，都是在那個時期興建的。然而，阿根廷沒有效法其他經濟強國，將經濟轉向製造業，也沒有讓它的農業更具競爭力及開放性。結果，大蕭條的爆發，便暴露出阿根廷在結構上的弱點（阿根廷對歐洲的肉品出口量，從一九二四年到一九三〇年間暴跌超過三分之二）以及政治制度的僵化。

以前曾經見過

第一波全球化與當前的全球化浪潮有許多相似之處，其中最重要的是貿易的提升、金融體系的成長，以及隨著運輸和通訊成本的降低導致經商成本迅速減少。有趣的是，由於新科技來臨的驅動，兩次全球化期間都出現了股市泡沫化的現象。在二十世紀初，主要是鐵路、電話和無線電的股票帶動股價上漲。一九〇〇年，鐵路股票在美國股票市場的股本中占六〇%以上，在英國則占五〇%，但如今鐵路股票已經幾乎消失無蹤。一九九九年，資訊科技類股是股市泡沫化的首要罪犯，其次是二〇〇八年的金融類股。就這個著眼點來看，加密貨幣就是新的「鐵路股票」。

儘管如此，這兩個時期之間仍有重要的差異。其中最主要的差異，是現今有更多國家和更多人受全球化的影響，而且在大部分的情況下，他們都因此變得更好。跨國公司與外國直接投資自一九八〇年代後期以來所扮演的角色，比在十九世紀末期更加重要。整體而言，在一八七〇年與一九一三年期間，外國直接投資主要是從已開發國家流向其他已開發國家，但現在有更多的外國直接投資是從已開發國家流向開發中國家。除此之外，全球化第一階段之前的世界，與全球化第二階段之前的世界不同：在全球化第一階段之前，整個世界都是貧窮而且以農為主。當第二波全球化浪潮開始時，富裕國家與貧窮國家之間有明顯的分歧。今天的全球化具有更大的影響力，部分原因在於，與二十世紀初相比，現在有更多人享受某種形式的選舉權，而且透過電信與社群媒體的普遍化，以及城市化興起等相關因素，人們彼此間的連繫變得更加緊密。

科技的進步如今日新月異。在電信等領域，科技加快了想法和資訊的傳遞，讓生產的全球化形式更為可行。在過去一百年中，企業的規模和影響力不斷增長，成為當今全球化背後的主導力量。因此，比起一八七〇年到一九一三年那段期間，現在有更多的全球化產品或品牌。飛雅特（Fiat）、胡佛（Hoover）、通用電氣（General Electric）和陽光（Sunbeam）那時候都已經成立，古馳（Gucci）、寶馬（BMW）和福特（Ford）才剛剛起步。

現在和十九世紀全球化之間的最後區別，是各種機構與跨國治理的成長。雖然民族國家仍是可行的實體，但民族國家的權力逐漸掌握在未經選舉產生的政策決定者手中。這種轉變反映在許多面向，例如銀行法規的標準化以及會計和財務方法的標準化。各類機構已經接管了金本位制、不列顛治世和在十九世紀盛行的意識型態共識，那些意識型態共識為世界秩序提供了架構，並為解決世界各種地緣政治及經濟危機而採取行動。一直到最近，這種架構的意識也體現在世界貿易組織、美國聯邦準備系統、聯合國、歐洲聯盟或國際貨幣基金組織等機構上，而且從廣義而言，這種架構在預防和解決危機方面具有助益，它們重視的是談判技巧，而不是軍事武力。在這個多變的世界中，這些機構現在也會受到審查，並且在許多情況下（例如世界貿易組織所面對的情況），隨著諸如美國之類的國家規避它們所制定的程序與規則，它們已經變得越來越不重要。

在這種活潑的背景下，十九世紀全球化真正重要的教訓，是它如何分崩離析。在一九〇九年至一九一〇年間，作家諾曼·安吉爾（Norman Angell）出版了一本名為《大幻覺》（*The Great Illusion*）的書，他在書中指出，這個世界在經濟方面緊密交纏，因此不太可能發生戰爭（意即戰爭必須付出的代價太高）。他這個論點是錯誤的，但他對於德國與英國將發展出強大海軍的警告，在今天引起了共鳴。雖然二十世紀初的全球化充滿活力，貿易、金融和科技進步（在交通與通信領域）的迅速發展在不久後就導致歐洲、拉丁美洲和美洲經濟體系的失衡，許多面向都因為不良的政策制定而遭受重大打擊。

原本的開放式經濟很快就演變成保護主義與關稅徵收。商品價格的上揚與資產價格的通縮，導致貧窮和失業率的上升，迫使各國政府做出最終的回應。由於選舉權的擴張，政府開始擔心窮人在政治方面具有更強大的發言權。以前小型的政府蔚為時尚（在一九一二年，已開發國家的政府支出約占國內生產總值的一三%），但人們現在期望政府可以花錢並保護人民，讓國家重返繁榮之途，因此保護主義、經濟衰退、民族主義紛紛出籠，最後以戰爭讓第一階段的全球化宣告落幕。

全球化結束之後的大蕭條，為世界許多角落迎來了經濟黑暗的年代，一直到共產主義垮臺以及我們現在所知的全球化復興，那段黑暗年代才得以告終。我們今天看見的一些政治趨勢——自由民主的明顯倒退、民粹民族主義的興起，以及強人領袖的出現——造成一種緊張的局勢，許多人擔心這種緊繃的局面會讓一九三〇年代的情況重新上演——大蕭條與其在國際上產生的政治後果，以及另一次世界大戰，將會是我們無法擺脫的命運嗎？

過度擴張

二〇〇八年的全球金融危機並沒有以經濟蕭條告終，儘管也沒有產生真正的經濟復興。導致危機的許多因素——負債問題、企業的風險承擔，以及治理不善——都只是處於停頓、冬眠狀態，如今又重新浮出水面。這些持續性的經濟斷層線，導致的後果就是我們處於政治的蕭條狀態。有鑑於此，某些受人尊敬的評論家——尤其以馬德琳・歐布萊特（Madeleine Albright）的著作《法西斯主義：一個警訊》（*Fascism: A Warning*）為代表——將當今的政治人物與一九二〇年代和一九三〇年代的政治人物拿來做比較。

今日的經濟與政治，肯定與一九二〇年代後期有相似之處。舉例來說，已經有許多人把唐納・川普（撰寫本文時的美國總統）拿來與赫伯特・胡佛（一九二九年至一九三三年的美國總統）做比較。胡佛在各方面表現突出，特別是他在第一次世界大戰後在比利時與中歐參與的人道主義工作，以及在擔任美國食品與藥物管理局局長時的表現。在其他方面，他與川普有許多共同點：他們都具有德國／英國血統、具有經商的背景，以及對於新溝通管道的掌握。胡佛擅長使用廣播（而非推特）與選民接觸，並且將召開記者會變成常態性的政治活動。

除此之外，美國與中國之間的貿易爭端，也引發評論家的討論，擔心川普可能會重蹈胡佛政府所犯的錯誤。就連《華爾街日報》的編輯團隊也提出警告，表示川普的貿易團隊就像參議員李德・斯姆特（Reed Smoot）和眾議員威利斯・霍利（Willis Hawley）一樣。斯姆特與霍利在一九三〇年發起「斯姆特—霍利關稅法案」（Smoot-Hawley Tariff Act），結果充滿災難。該法案對進口至美國的兩萬項商品徵收高達六〇%的關稅，助長經濟大蕭條的爆發。[11]這項法案的網路效應，就是澈底壓垮大蕭條之後經濟復甦的所有希望，並且讓全世界的貿易量縮減三三%。

另外，讀者知道這一點之後，可能會有點擔心：胡佛上任的時候，美國的股權評估正處於很高的水準。羅勃・席勒（Robert Shiller）內容詳盡的資料庫指出，一九二九年一月，美國長期市場本益比為三十二（史上最高本益比為四十四，出現在一九九九年十二月），現在的本益比是二十八，比歷史平均水準（本益比十六）高出六九%。因此從價格評估的角度來看，市場處於股價偏高的狀況。[12]華爾街於胡佛上任八個月後崩盤，美國先進入衰退，然後陷入大蕭條。

經過班・柏南克（Ben Bernanke）等人仔細鑽研，[13]胡佛時期帶給我們的教訓之一，就是設立貿易壁壘與關稅並非對抗國際經濟衰退的有效方法，因為這麼做往往會降低風險與減少投資，以至於有助經濟復甦的火苗全都熄滅。在全球金融危機時期過後，世界並沒有陷入保護主義，這在很大程度上與諸如柏南克之類的政策決定者已汲取歷史教訓有關。[14]然而其他人似乎沒有學到教訓。

在很大的程度上，二〇〇八年全球金融危機是因為金融全球化的穩定發展與過度擴張所造成。世界經濟和國際政治體系沒有陷入保護主義和普遍的敵對狀態，證明全球化仍具有誘惑力，以及關鍵決策者的心態與國際機構的協定發揮作用。然而就某種意義來說，處理危機的方式，將會是下一次經濟危機的立基點（如凱因斯的《凡爾賽和約的經濟後果》標題所言，他認為《凡爾賽和約》對待德國苛刻，為日後的衝突埋下種子）。事實上，人們可以對此爭辯，表示真正的經濟危機只是被往後延，因此避免金融危機所採行的方法（以及未採用的方法），只是爭取到時間。如此導致斷層線加劇，只補充了金融財富，但無法更廣泛地恢復繁榮與人類發展。

任何具有前瞻性及預測經濟與政治趨勢的書籍，肯定都沉迷於預測的黑暗藝術。我認為最好不要把預測記錄下來，以免預測不準確被後人發現。我花了很多時間去建構具有前瞻性或聚焦於未來的投資觀點框架，以及預測經濟趨勢。就這方面而言，我對程序了解得夠多，因此不會不同意經濟預測的少數功能之一，就是讓占星學擁有好名聲——有些人說，這個觀點是來自於高伯瑞（John Kenneth Galbraith）❷。說句悄悄話：在美國全國經濟研究所（National Bureau of Economics Research）的工作報告系列（Working Paper series）中，有一篇相對較新的論文表示，生育率是景氣循環一種有用的領先指標，尤其在經濟衰退開始的時候。[15]因此，某種程度的「動物本能」❸確實有助於預測。確實，高伯瑞的諸多著作，尤其是《大崩潰》（*The Great Crash*）一書，巧妙地描繪出經濟動物本能動搖市場及經濟學的狂野方式，而且可能會逐漸損害政策決定者的傳統智慧。

預測過程中存在著許多固有的偏見和誘惑。值得注意的是，對撰寫經濟或金融書籍的人來說，以大膽放肆的命題或引人矚目的預測來包裝出版物，幾乎是現在的必要手段，而這通常意味著預示經濟垮臺或金融危機。預測的幅度與分析的品質經常呈反比。人們並非只對經濟學領域誇張預測。勞倫斯·弗利德曼（Lawrence Freedman）在他的著作《戰爭的未來》（*The Future of*

War）中提到，美國陸軍少將鮑勃・史卡爾斯（Major General Bob Scales）對於智囊團、企業集團和遊說者的看法。這些智囊團、企業集團和遊說者不斷向政府提出「下一場戰爭」的解決方案，並表示「華盛頓特區最不成功的企業……就是『將賭注放在明日戰爭的本質與特性的企業』……『幾乎無一例外，它們都弄錯了』。」[16]

我個人的看法是，長期趨勢傾向於逐步形成，不會突然出現。我想起德國經濟學家魯迪格・鐸恩布希（Rudiger Dornbusch）的超調效應經濟模型（overshooting economic model）。這個模型有助於解釋經濟趨勢會耗費比我們預期更久的時間才能轉向，然而當趨勢轉向的時候，速度會比我們預期的更為快速。[17]金融市場往往會以誇張的方式放大經濟學的趨勢，銀行再創造出新的金融產品來反映這些趨勢。例如近年來最有利可圖的投資策略之一，就是購買波動性低的指數股票型基金，指數股票型基金的價值會隨著市場波動性下降而上升。數十億美元的資金湧入指數股票型基金，直到二〇一八年二月市場波動性上升導致其部位平倉。諷刺地造成歷史上最大的波動之一，以及「低波動性」的基金暴跌。

---

❷ 譯注：高伯瑞（一九〇八—二〇〇六），生於加拿大安大略省，是蘇格蘭裔的美國制度經濟學家、凱因斯學派學者、進步主義學者。

❸ 譯注：動物本能（Animal spirits）是凱因斯在一九三六年出版的《就業、利息與貨幣的一般理論》（*The General Theory of Employment, Interest and Money*）一書中所提出的經濟學術語，指影響和引導人類經濟行為的本能、習慣及感情等非理性因素。

一般來說，一旦新趨勢到來，預測社群就會善加利用。他們當中的許多人雖然未能及早發現新趨勢的出現，但是會馬上抓住這些新趨勢（這一點在勞動力市場尤其明顯：人們會轉向與熱門趨勢一致的職業）。例如二〇一七年十二月比特幣價格飆升的同時，新的加密貨幣經紀商和大型銀行針對加密貨幣的新研究觀點紛紛湧現。就其價值而言，我對加密貨幣的看法是，未來的特徵將會是「區塊鏈」（blockchain）隨處可見，比特幣無處容身」——也就是說，比特幣背後的分散式帳本技術（Distributed ledger technology），在整個經濟領域將會變得更為普遍，但比特幣無法證明自己可充當貨幣，最後只會被當成是一種可怕的投機資產。*

回到預測這件事，我也經常因為國際貨幣基金組織和中央銀行之類的機構在危機或市場事件發生後向下調整國內生產總值的次數而感到震驚。它們這樣做，只會給人一種印象，即危機發生之後，政策消防隊總是晚到失火現場或者慢半拍，老是跟在危機屁股後面，而非走在危機之前。在許多方面，對國內生產總值預測的急劇變化，是新經濟趨勢的一種儀式。預測下調意味著一個階段的結束，樂觀的預測升級則意味著一個新階段的到來。然而，預測者有所反應的時候，其實事件早已開始進展。

為什麼沒有人發現？

因此，在某種程度上，預測是一種更能說明預測者及其與預測主題關係的符碼，而非僅僅是他們對於未來前景的觀點。經濟領域的專家學者們沒有預見全球金融危機的發生，讓他們在眾人面前丟臉。例如二〇〇八年十一月伊莉莎白女王在訪問倫敦政經學院時，就曾針對債務泡沫問題追問：「為什麼沒有人發現？」[18]

許多人都應該為此受指責：金融市場、政治家和經濟學家，這些都是常被提到的嫌疑犯。我們先從金融市場談起：我經常拿《變身怪醫》（*Jekyll and Hyde*）這本小說或我個人很喜愛的義大利電影，埃里歐・佩特里（Elio Petri）於一九七〇年執導的《對一個不容懷疑的公民進行調查》（*Investigation of a Citizen Above Suspicion*），來解釋金融市場忽略明顯風險的現象。在這部電影中，一名警探殺害了他的情婦，並且挑釁地留下犯罪證據，供他的同事們進行偵查，然而他的同事們完全沒有懷疑他涉案的可能性。後來他甚至坦承自己犯下罪行，他的主管卻無視他的自白。如果將這部電影所欲表達的意涵稍微延伸，可以用來比喻金融市場有時候的表現：即使風險的存在已經十分明顯——例如資產泡沫化與負債現象——市場卻沒有察覺這些風險的敏感度。

全球金融危機爆發之前，幾乎沒有任何跡象顯示市場已準備好面對後來發生的重大變化。有一種經常被人提及的系統失靈，就是學術界大多數的經濟學家被一種共識所蒙蔽，這種共識就是過度重視經濟與市場運作的限制性數學模型。[19]在美國，經濟學家受限於工作環境，加上專業經

---

* 分散式帳本技術「……允許分散各處的諸多單位和地點，透過網路同時登入、驗證和更新檔案。通常被稱為區塊鏈技術。」"Distributed Ledger Technology," Investopedia, https://www.investopedia.com/terms/d/distributed-ledger-technology-dlt.asp.

濟學家多服務於聯邦準備系統，因此造就出一種非常順服的經濟學領域。事實上，前世界銀行首席經濟學家保羅・羅莫（Paul Romer）、作家納西姆・塔雷伯（Nassim Taleb）和前美國聯邦準備理事會主席凱文・華許（Kevin Warsh）等專家，都一直猛烈抨擊經濟學界的這種態度。他們各自強調學術經濟學家在社會化與集體思考方面的缺失。羅莫說：「如果事實否定了官方認可的理論觀點，就表示這些經濟學家太過順服。」塔雷伯以更挑釁的態度表示：「小心那些自以為博學但實力不足的傢伙，因為他們無法理所當然地看穿謬論。」華許則批評美國聯邦準備系統：「它的模型不可靠、政策不穩定，而且指導方式混亂，在政治上也極容易受影響。」[20]

牛津大學的大衛・凡恩斯（David Vines）和山繆・威爾斯（Samuel Wills）以更常見的方式批評經濟學：他們繼續支持多種傳統的經濟模型，但批評這些模型未能完全納入金融市場的變數。[21]這種枯燥模型之所以失敗，可能是因為沒有考量我們現在所見的社會與政治行為（例如社群媒體對生產力的影響或民粹主義對資產價格的影響），以及行為對消費與投資模式的影響。

從嚴苛的角度來說，預測的另外一個問題，尤其是經濟方面的預測，就是經濟學家不夠社會化。在美國攻讀博士學位，需要花超過四年的時間，把自己關起來撰寫程式語言、學術論文及方程式，但這些也許並不是了解人類世界的最佳訓練方式。我的職涯起始於學術界，後來則在動盪的金融市場中度過我在職場上大部分的歲月，因此我個人認為，大量的學術研究（至少在經濟學和金融領域）無法代表經濟運作的實際方式，也無法充分解決現實世界的疑難雜症。倘若我現在再回到學術界，我的研究方法肯定會與我一直待在大學裡服務的研究面向大不相同。

經濟學家和分析師未來應該多了解現實社會狀況，而不是忙著設計經濟學模型。具體來說，他們應該運用各式各樣的技能來找出事實，透過第一手的經驗取得更清楚的理解，並且在選擇研究因素時放寬選項。舉例來說，人類學和社會學有時候會比金融理論更有助於說明銀行家與市場的行為。[22]倘若搖擺不定的經濟專業可以遠離以模型為基礎的方法，最好可以多探索例如發展經濟學等領域，因為研究這類領域通常需要對政策制定的實際運作有更詳盡的了解。

發展經濟學也是我們可以用來研究制度品質或法令規範相對變化對於經濟成長有何影響的領域，因為這兩種變數的潛在增量變化，在開發中國家會比在已開發國家中來得大。[23]從更詳細的角度來看，影響新興國家發展的政策、行為及參與者，無論就個別而言或者其交互作用，都非常複雜。在這個川普／英國脫歐／馬克宏的時代，政治品質與制度品質在市場和經濟面向扮演十分重要的角色，我們可能需要以多管齊下、由下而上的方式，來開啟這個關於政策如何決定、政策如何提升，以及政治家如何善用這些政策（本書稍後會加以討論）的黑盒子。

主流經濟學未能預見全球金融危機的到來與走勢，對於許多沒有料到英國脫歐與川普能當選美國總統等事件的評論家而言，也如同一次警訊。人們花太多時間哀悼這類事件，卻沒有試著將這些事件定位為變革的過程之一，並嘗試提出更好的替代方案，以跳脫近來政治事件所產生的「震驚和畏怯」，為未來規畫出一條道路。平衡的觀念可以讓我們將令人意外與近期發生的政治事件架構成歷史新進程或新階段的一部分。這是全球化浪潮的結果，也是失衡的加劇，更是一般民眾面對一系列勢不可擋的科技挑戰、健康挑戰及社會挑戰時心裡的感受。我們關注的焦點不應該放在事件本身，而應該放在過程上。

哲學家與科學家稱為「典範轉移」（paradigm shift）的過程，有助於解釋平衡是如何呈現。在科學領域中，典範轉移描述科學革命如何發生。外界人士的異議瓦解了由共識確立的既定想法和理論，接著再以反駁和證實為假的過程來打破現有的框架。這種測試往往無法提早完成構建出更好替代方案的任務，因為它通常很花時間，而且需要加以驗證。但是在理想的狀況下，它會產出更好的想法與更好的框架。

這是描述創造新想法（主要是科學領域）形式結構的一種簡略表達方式。美國物理學家與哲學家湯瑪斯．孔恩（Thomas Kuhn）在一九六〇年代初出版的《科學革命的結構》（*The Structure of Scientific Revolutions*）一書中對此有所描繪。孔恩概述想法建立的過程，並指出其幾個階段。在典範轉移之前的階段，所謂的理論是由大家的共識來決定。但隨著異議產生，挑戰真相與信仰的危機也跟著出現，促使人們重新審視這些共識。在重新審視的過程，產生了典範轉移，這既與科學家改變其質問世界的參考基準及模型有關，也與創造他們爭辯主題的新模型有關。以新想法和新科技的形式出現的創新，是從舊典範到新典範過渡期的關鍵。知名的跨領域科學家傑佛瑞．韋斯特（Geoffrey West）在其出色的著作《規模》（*Scale*）中，特別強調創新的重要性。他指出，要維持經濟成長，創新是當務之急。然後，隨著現實的新理論被大家接受，就展開了後革命階段。

其他的哲學家，特別是卡爾．波普爾（Karl Popper），試著以更嚴格的規則來證明或反駁典範轉移所產生的新模型（他導入了可否證性，或稱為「黑天鵝」原理的觀點。這種觀點指出一件事情能否被稱為具有科學性，取決於能否被證明為虛假）。事實上，孔恩的典範轉移被嚴重濫用，就和波普爾的黑天鵝概念一樣。這兩個詞彙現在都很常見，而且變成管理顧問的慣常用語，但卻失去了原本的意義。舉例來說，今天很多人把危險的事態（例如：股市會不會下跌五%？）稱為黑天鵝事件，但這個詞彙原本的意思並非如此。

平衡的想法符合典範轉移的框架。把平衡想像成一系列的波動或變化的迴響，世界第一次破裂就是全球金融危機。當時經濟成長減緩，暴露出全球化的弊端，並且引發早期的震動。許多社會趨勢——例如肥胖問題、社群媒體的過度使用，以及已開發國家的貧困現象再現——讓人為因素遭到忽視的事實備受關注。在政治方面，隨著選民開始抗拒，體制逐漸出現了裂痕，激進黨派獲得選民支持，極端事件也受到制裁。在地緣政治上，自由世界秩序的觀念正遭受打擊，而且中國現在顯然已是美國的對手。美國的外交政策如今被認為是激進的，但以前曾被認為是仁慈的。未來會有更多的變化出現，另一場衰退或地緣政治的危機只會讓混亂感加劇。我們只不過是在典範轉移的早期階段，現有秩序或一致同意的秩序正在逐漸崩壞，而且慢慢被人們否決。這樣的情況將會持續下去。

在平衡的框架中，下一個階段的辯論，主題應該從世界的破裂轉向領悟並接受正在發生的變化，以及轉向從經濟、政治和外交的角度展望未來的認知。然後，這種基本的世界觀就可以藉由能振興社會的觀點、框架與新機構來加以落實。

孔恩與波普爾的著作很有用，尤其是波普爾的作品，因為它們替典範轉移設立了樣板，並構思出在今日十分實用的觀念。具體來說，波普爾發展出開放社會的觀點。對許多人來說，這是後共產主義年代裡的現代自由民主基礎。開放社會的特徵，是自由、政府透明且積極，而且沒有哲學家所稱的統治。令人驚訝的是，鑑於現今的政治混亂，開放社會的觀念卻沒有得到更廣泛的討論和運用。這可能是因為它缺乏有形且實用的框架，也因為它與逐漸被人棄絕的自由世界觀有關。基於這些理由，開放社會的觀念及其支持者，例如波普爾的學生喬治．索羅斯（George Soros），在波蘭和匈牙利等國家遭到排斥的結果很令人擔憂。正如許多政治理念，波普爾發展出開放社會的概念，是出自於他對於黑暗勢力的反抗——尤其是對德國的納粹與蘇聯的史達林等極權主義。

這有助於提醒我們：新的觀念，尤其是促進新觀念的動力，往往是從危機中誕生。要了解觀念的演進以及它們如何形塑歷史，最棒的方式之一就是閱讀外交書籍《思想的衝突》（*The Clash of Ideas*）裡的章節。這是一本論文集，記錄二十世紀事件與思維的轉變，從哈羅德．拉斯基（Harold J. Laski）一九二三年的論文〈列寧和墨索里尼〉（Lenin and Mussolini）開始，其他章節還包括埃里希．科赫—韋瑟（Erich Koch-Weser）一九三二年的論文〈德國的激進力量〉（Radical Forces in Germany）、阿爾文．漢森（Alvin Hansen）與查爾斯．金德伯格（Charles Kindleberger）於一九四二年的前歐洲復興計畫思想論述〈戰後世界的經濟任務〉（The Economic Tasks of the Postwar World），以及查爾斯．卡普昌（Charles Kupchan）在二〇一二年發表的〈民主政治的不安〉（The Democratic Malaise）。

和典範轉移一樣，新的想法才是能夠推動時代的力量，而非蔑視新想法或社群媒體的無用資訊。哲學家以撒・柏林（Isaiah Berlin）把尋找新想法稱為人類最有意義的歷程。[24]儘管典範轉移的概念讓人大致了解新想法如何形成，觀念的產製與傳播也值得我們關注，而且理由不僅僅是因為壞觀念比好觀念散播得更快更遠，如我們在近代歷史所見。這種觀念散播的差異十分重要，因為要使平衡趨於積極，就必須扎根於好觀念而非壞觀念。

因此，在典範轉移的背景下，我們需要了解良好的、具有建設性的想法如何滲透至公共辯論的表面。丹・德雷茲納（Dan Drezner）在他的著作《思想產業》（*The Ideas Industry*）中描述了思想的形成如何從大學轉移至智囊團、顧問公司與投資銀行。新資料庫與資料來源的創立，是其中一個原因，使用社群媒體來擴張想法也是一個原因。許多人認為，社群媒體允許議論和仇恨來壓倒好觀念，並且促進壞觀念與負面情緒，破壞了民主政治與智慧空間。許多人對社群媒體的觀點，讓我想起一九七六年的電影《網路》（*Network*）。這部片子的主角是一位新聞廣播人員，他被電視網所提出的要求激怒，因而在廣播放送時憤怒大喊：「我氣炸了，我不會再繼續忍受下去。」

發展想法的過程中，另一個值得更多關注的元素，是融合洞見的跨學科研究興起。舉例來說，具有經濟學見解的生物學和人類學。學科的融合非常重要，因為（重申本書在前面提出的觀點）我們這個世界的諸多力量——金融、科學、社會、經濟與外交——是彼此交纏的。我們需要以多種學科的方式來思考世界，聖塔菲研究所（Santa Fe Institute）就是一個不錯的例子。聖塔菲研究所的獨特之處，除了其研究人員出類拔萃，他們還會從極為不同的研究領域彙集觀點，以嘗試了解複雜的適應系統。[25]

《多極世界衝擊》的要點是，世界正進入一個過渡階段，朝向一種不同於我們過去三十年所享的狀態。現在我們可以看出自己在早期階段——從金融危機到民主衰退——是多麼吵鬧、混亂而且沒有方向。這種崩壞不僅是已開發國家的問題：請看看土耳其和非洲國家（例如肯亞和南非）在統治者與機構（例如媒體、司法機構和立憲機構）之間的競爭。吵鬧、混亂與尋找方向，是典範轉移早期階段的特徵。我們的未來可能將是一九一三年前一次全球化結束的可怕重演。

人們可以想像一個社會令人討厭的反烏托邦現象，就像彼得・布勒哲爾（Pieter Bruegel）的畫作（我想到的是〈狂歡節與齋戒月之間的鬥爭〉〔The Fight between Carnival and Lent〕，甚至是〈死亡的勝利〉〔The Triumph of Death〕），或者是電視劇《使女的故事》（*The Handmaid's Tale*）所描述的未來（這部電視劇改編自瑪格麗特・愛特伍〔Margaret Atwood〕的同名小說）。想像一下，社會因為不平等而四分五裂，種族主義再次被世人接受，在這種呼應一九二〇年代的社會中，絕育與安樂死被當成政策的選項（科學界對尼古拉斯・韋德〔Nicholas Wade〕所著之《麻煩的傳承》〔*A Troublesome Inheritance*〕嚴重反彈，因為韋德在這本書中將物競天擇的理論與種族差異和遺傳學加以連結，並強調其論點的微妙），[26]華裔美國人因此丟了在矽谷和政府部門的工作、財政天堂變成了道德天堂、*全世界的趨勢成長率從三%下降至一%、人類變成科技奴，而非科技為人類服務。我僅舉例至此，但大家不難描繪出一幅圖畫，並從這幅圖畫中看出我們現今在世界上所體驗的某些趨勢已經失控。

一個比較不極端但卻更為現實的情況是，大多數人將堅信他們周圍的世界正在發生戲劇性的變化，而且他們的需求未能被政治家充分展現或理解。這方面在邏輯上的延伸，就是新政策、新框架與新想法需要形塑出一種更具建設性且更為均衡的觀點。這些新想法橫跨政治、民主、經濟、金融和外交領域，因為這些領域彼此相連。以下有四個問題是我想要特別強調的。

我將先從經濟學方面說起。在嘲笑預測者並避免使用脆弱的預測科學理論之後，我現在要大膽預測：到二〇二〇年代中期的未來這五年左右，國際經濟政治秩序將會發生什麼事情。主要的風險，來自美國和中國的經濟衰退。中國的經濟充滿斷層（債務問題、生產力低、環境破壞對經濟衰退的影響）。美國的擴張已經是一八七〇年以來時間第二長的擴張，但隨著通貨膨脹上升、中央銀行刺激政策逆轉，以及債務和財政赤字均攀升至歷史高點，美國的擴張動力正逐漸耗盡。一場嚴格考驗政策制定者的經濟危機，或兩場危機，已經即將發生。更糟糕的是，人們將意識到，一直到二〇二〇年代，未來十年的平均成長水準或趨勢成長水準會低於過去三十年。在過去三十年，全球經濟成長率的平均值為三．五%，但新興經濟體的成熟、全球人口的老齡化、債務

＊我在這裡想到的是，一些國家寬恕和接受諸如基因編輯等領域的做法，但這類做法在世界各地通常不被接受，或者屬於違法行為。

水平減縮的需求，以及生產力的低落，都意味著經濟成長率可能降至接近二%。這種減緩似乎是可以管理的，但對經濟成長做出寬厚的假設，與金融市場、政策機構、政府支出假設及企業策略的關係密不可分，因此，減緩變化可能會引起令人痛苦且為期長久的調正。

從平衡的角度來看，這意味著許多事。首先，政治家將受到更大的考驗，以實現均衡的成長。在經歷近二十年來因增加債務及中央銀行過度干涉所促成的經濟成長之後，我們迫切需要重新發現有機成長的公式。我的觀點是，有機成長的根源，來自法治、體制及對人類投資（透過教育與科技）的品質。除此之外，將人類發展當成經濟成長中心支柱的想法，需要被賦予更多信任。

第二個問題是，在有機成長得以蓬勃發展之前，需要先解決過去二十年來世界經濟和金融體系中的失衡問題。國際債務水平比以往任何時間點都高，各國中央銀行雖然在全球金融危機中努力拯救世界經濟，但卻只是鼓勵企業與政府借貸更多的債務，導致資本配置效率低下。人們對這些事實自得其樂的程度，讓人感到可恥。除非中央銀行能完全擺脫量化寬鬆政策，以及除非世界債務水平被削減，否則經濟成長不可能再次繁榮，因為政府支出、公司資產負債表和各個家庭的債務負擔，會使得經濟成長受到限制。

第三個問題涉及地緣政治和所謂的「世界秩序」——權力在全球舞臺參與者之間的分配方式。平衡將會讓我們看見一個由至少三大區域主導的新興多極世界，這三大勢力的行事作風（例如在民主、經濟與宗教方面）會有越來越顯著的差異。新的交通規則與新的機構需要被制定，舊的規則將會退場。國家興衰的觀念會日益突出：脫離歐盟之後的英國將必須重塑自己的定位，印度將必須決定要不要成為超級強國，俄羅斯將必須培養出經濟實力。新的國家群集將迅速增長，我們看待民主與國家發展之間關係的方式也將有所改變，因為在許多國家中，民主並非經濟成長的先決條件（尤其是中國）。

第四個問題，或許也是最重要的問題。平衡提出一項要求，並且問了一個問題。那項要求是，經濟政策必須更聚焦在人們身上：要遏制新科技以及肥胖等生活問題所帶來的副作用，並且重新培育人類發展的倫理，以作為核心的經濟政策。大多數的主要經濟體——例如美國、中國和英國——並沒有這樣做。平衡的問題是針對大眾而問，問題很簡單：你想要什麼？請容我預先阻止讀者回答諸如「遊艇」、「一大筆錢」或「一間不錯的度假屋」之類的答案。這個問題對廣大群眾而言是一種挑戰，因為要求他們以條理清楚且具實用價值的方式來表達他們想要的政治家與政治體系。我基本深信，選出具有極端觀點或極端行為模式的政治家，以及極左派和極右派的創始政黨，都無法修補政治體系，也無法將政治體系形塑成適合二十一世紀的模樣。

在美國、英國及更多地方，這種情況很快就會變得非常清楚。在某些階段，抗議性的投票、強人政治和女強人政治的誘惑吸引力，以及民族主義的引誘，都將證明人民對其政策與施政結果並不滿意。在前面一章，我們提到社會、思想、健康和財富方面都有許多壓力點。有一個合理的問題，是對於這些情況，人們期望能夠做些什麼，尤其是那些贊成更極端政治結果的選民？這裡可能有許多彼此競爭的答案。在我看來，一個看似合理的觀點是，人們希望他們選出的民意代表能夠承擔更多責任。我的意思是，他們希望選出的民意代表更了解他們的恐懼和需求，並且在可能的情況下負責任，以具有建設性的方式回應那些恐懼和需求。舉例來說，騷擾、脅迫和驅逐移民都無法解決移民潮的問題，這個問題需要橫跨一系列的政策領域，例如外交、社會服務、住房能力和教育等。

有幾個原因導致選民渴望更多問責制（我將其定義為對問題負責，並且採取行動，以增進長期社會經濟穩定的方式來解決這些問題）。首先，全球化時代已經使民選官員的權力逐漸衰落。企業的成長規模大於國家，並且利用各國不同的法律自肥。全球金融危機使許多國家的政策制定者及政府在面對金融市場混亂與經濟崩壞時陷入長期掙扎。

中央銀行隨後進入通常由政治家占據的經濟政策領域。在歐洲，權力越來越集中於歐盟執行委員會（European Commission）和德國等大國手中，而非掌握在芬蘭或希臘等較小的個別民族國家手中。新科技已經興起（社群媒體就是最好的例子），但幾乎沒有相應的網路安全機制，也沒有讓使用者免受網路霸凌的保障，或者關於內容真實性的保證。新科技共同開創出一個全然不同的世界，在這個世界中，信任、真理和社會互動的概念正在受到挑戰。這只是幾個例子，用來顯示這世界發生的許多事情，都是在多數民選官員及更廣義之政策決定社群的頭頂上進行。

這種擔憂政策制定者能力不足的想法，或許可以解釋為什麼在土耳其、美國、菲律賓、匈牙利和波蘭等迥然不同的國家，強人型的領導人物或至少自認為務實肯做型的政治家會深受歡迎。同樣地，我們見證了要求將政治權力逐漸集中於一人手上的政治家崛起（例如在中國、俄羅斯、沙烏地阿拉伯，甚至法國）。

問責性／責任感是平衡的一部分，強調這種概念的主要原因之一，是因為它提及公眾與許多掌權者之間的碩大鴻溝。這種鴻溝反映出開發中國家和已開發國家的政治現象，即政治已經不再是區分左派和右派，而是以局內人和局外人作為分隔。這種鴻溝就是為什麼十七世紀平衡派與貴族之戰的例子在今日如此重要的原因。最近的幾本書也提到這種緊張的關係：大衛・古德哈特（David Goodhart）的《通往某些地方的道路》（*The Road to Somewhere*）就是一個例子。他將英國社會分成兩種價值區塊：「任何地方」和「某些地方」（他的論點也可以適用在紐約、波士頓或洛杉磯等社區與美國中部社區之間的差距）。根據古德哈特的看法，「任何地方」大約占英國四分之一的人口，他們參與國家治理，從事與知識經濟相關的工作，接受過良好的教育，重視流動性和自主性，能夠適應社會的變化。他們的世界觀沒有植根於哪個特定地方（意即「任何地方」）。

相反地，「某些地方」的教育程度較低，植根於特定地域（意即他們仍住在從小成長的地方附近），重視團體、傳統、家庭和社區，比較容易因移民問題和種族問題而感到困擾。他們是最容易被勞動力市場變化所影響的社會群體，因為他們不屬於勞動力市場的上等階層，也不像勞動力市場下等階層那樣必須承受來自科技發展、流程更新與外來移民的壓力。

近來有一種相關的奇怪發展，可能反映出「某些地方」／「任何地方」的分隔，那就是政治家的個人特質已經不再那麼傳統，不再那麼以家庭為中心。在歐洲，歐盟的二十七個成員國加上英國，幾乎有一半的國家元首沒有子嗣，而且越來越多的政治家是同性戀者。這表示政治遊戲的激烈性（或者殘酷性）使得兼顧家庭生活與政治生涯變得日益困難。如果真的是如此，那就太令人遺憾了，應該將政治家身上的重擔（來自媒體和社群媒體）轉移出去。然而，從社會政治的角度來看，這種新型態的政治家，在個人和社會層面上與那些投票支持他們的選民距離越來越遙遠。

這些趨勢讓我們看見重新評估政治的必要性。川普已經表現出他可以藉由破壞政治上的慣例，在遊戲中打敗政治家，然而我撰寫這本書的目的，並非要研究川普和他慣用的伎倆，而是想要找出新的方法來縮小人民與被賦予管理國家特權之人的差距。這項挑戰的出發點，是讓人民決定他們想要從政治得到什麼，而不是讓他們的領導者來決定。要如何做到這一點，最佳的例證之一就是平衡派。

四　平衡派

人民協定

聖瑪麗教堂

我們再回頭聊一聊這本書前面提到的普特尼辯論。如果你跟著我的腳步，往南邊走出倫敦，穿過繁忙且擁擠的普特尼大橋，就可以看見位於普特尼區的聖瑪麗教堂。那個地方看起來有些隱蔽，附近都是比較新式的建築物，而且大多數人在經過聖瑪麗教堂的時候，可能不會意識到它在民主歷史上的重要性。

走進教堂之後，你很難錯過位於教堂中殿的銘文：「我真心認為英國最貧窮的人過著最偉大的生活。」[1]這句話出自湯瑪斯・蘭斯伯勒上校（Thomas Rainsborough），他是奧立佛・克倫威爾新模範軍的軍官及軍事英雄，也是平衡派的傑出成員。這段文字提供了一絲線索，讓我們得以知悉平衡派當時的心情。

這種心情源自查理一世的支持者（騎士黨）與克倫威爾的英國議會派（圓顱黨）之間發生的英國第一次內戰（一六四二年至一六四六年）。克倫威爾新模範軍的領導者（貴族）捕獲查理一世，打算與他談判以達成和解。然而，出乎意料的是，軍隊裡的一般老百姓士兵卻對此表示反對，以致貴族們無法順利進行談判。軍隊裡的主要派系（平衡派）不光只想與查理一世達成和解，他們還想要擁有我們今日所認為的民主與平等。為了在表面上聽取平衡派的意見，並且協助制定新的憲法，克倫威爾舉行了普特尼辯論，辯論地點主要設在泰晤士河畔的聖瑪麗教堂。

這是史無前例的決定，因為它賦予軍隊裡一般士兵發表意見和參與制定英國未來憲法的機會。以歷史長遠發展的角度來看，舉行這種辯論是激進的做法，對許多人而言，這是顛覆世界的開端。這個變化在諸多方面證明了平衡派的力量。由於人民對君權的質疑日漸加劇、對土地所有權不滿，加上平等意識的萌芽，平衡派在十七世紀中葉的英國因此成為參與許多運動的主要團體。

在混亂的後內戰時期（一六四二年至一六四九年），人們覺得一般老百姓貧窮困苦且飽受剝削是不公平的，貪腐的政治家統治人民，卻沒有替人民發聲。人民在國家的事務上，應該至少享有一些發言權。

就像歷史上許多新運動一樣，平衡派一開始也被視為偏激的瘋子。「平衡派」被當成辱罵別人的詞彙，人們從負面的角度將其視為「揮刀亂剪樹籬之人」、「沒有受教育的鄉巴佬」和不學無術的暴民。然而平衡派本身認為這個詞彙表示法律與政治權力的平衡，讓人人得以享有平等。

迷迭香與綠絲帶

就社會與政治地位而言，平衡派成員與王室成員及主導軍隊的貴族呈現強烈的對比。從今日的政黨意義來看，早期的平衡派比較像雜牌軍，屬於基層群眾的運動，而非有組織的政黨。平衡派運動有相當程度的同質性，其成員主要是倫敦與周圍地區的軍人、勞工和商人。比較不尋常且值得注意的是，有許多女性參與了平衡派。如《平衡派革命》（*The Leveller Revolution*）的作者約翰・里斯（John Rees）所提到的，這些女性被辱罵為「迂迴的娼婦」（Mealymouth'd Muttonmongers wives）、「一群有病的女人」（a company of Gossops）和「平衡派的海妖姊妹」（Levelling seagreene sisters）。儘管如此，平衡派的女性成員在推動其目標上仍有許多貢獻：將近一萬名平衡派女性成員在一六四九年簽署了一份請願書，雖然這份請願書遭國會拒收，但這是一項革命性的創舉：婦女從社會為她們設定的卑屈角色中走了出來。在提出那份請願書的時候，她們的目標不只是支持平衡派的男性領袖，同時也為了「在公共福利方面與男性享有平等的份額和利益」。國會的反應並不友善，並且叫平衡派的女性成員回家洗碗去。其中有些婦女回答，她們「沒有碗盤可洗」。然而，婦女參與平衡派的活動，就是平衡派影響網絡向四面八方延伸的例證之一，其網絡大部分在倫敦市中心蔓延。[2]

實體上的社交網路——例如倫敦的咖啡館、酒館和教堂——在傳遞資訊方面也發揮一定的作用。里斯的書中有一幅精美的地圖，標示出平衡派以前在倫敦聚集的主要地點。今天，這幅地圖是很棒的倫敦旅遊指南。假如讀者有半天的空閒時間，可以依照這份地圖的指示，用心地參訪這座城市裡那些被標注在地圖上的後街巷弄與酒吧。

平衡派的行為也與今天的政治活動相互呼應。他們身上佩戴特殊的信物——迷迭香花束和綠絲帶——以顯示自己的身分，除此之外，如同現今的政治活動會使用社群媒體，平衡派也擅長以印刷品來傳播他們的訊息，他們有時甚至會印製上萬份的宣傳手冊。

因此到了後來，平衡派在很大程度上已經變得具有組織，並且透過討論和辯論，設定出一系列的目標與原則。至於他們是否已經形成政黨，在學術界裡仍有一些爭議。然而他們的活動在部分成員遭到逮捕和處決之後就瓦解消散，尤其在蘭斯伯勒上校的葬禮之後，顯示平衡派的組織架構並不如某些人認為的那般健全。[3]

他們想要什麼？

我們之所以能知悉平衡派的思想和信條，要歸功於當時印刷技術的普及，以及威廉．克拉克爵士（Sir William Clarke）和一組速記人員對普特尼辯論的記載，而且還應該說幸虧運氣夠好。[4]普特尼辯論的紀錄曾經被弄丟及錯置，失蹤超過兩百年，直到一八九〇年才又出現在牛津大學裡。辯論記錄意外遺失的經歷，有助於解釋它們為什麼在分析與評論方面，以及在十七世紀的歷史中未具有更突出的體現。

自一九七七年至一九九二年在牛津大學伍斯特學院擔任歷史學者兼圖書館員的萊斯利．勒克雷爾（Lesley Le Claire），細心地說出這些手稿如何奇蹟般地被人重新發現。[5]她說，當時年僅二十四歲的威廉．克拉克，是一位初階的陸軍祕書。他先潦草地記下辯論的過程，在經過十五年之後，於一六六二年才清楚地謄寫出辯論的內容。又過了四年，克拉克已是一位出眾的陸軍高級行政官，然而他與荷蘭進行海戰時不幸遭炮彈炸斷腿，不久後便離世了。他的兒子喬治長大之後，威廉．克拉克的孀妻便將其生前謄寫的稿子交託給他的兒子。喬治．克拉克後來成為牛津大學萬靈學院的資深學者，在去世時將其金錢和藏書分捐給牛津大學的幾所學院，其中大部分的書籍都送給當時相對較新的伍斯特學院。經過了一百五十多年，威廉・克拉克的手稿就一直被收藏在牛津大學裡，但是沒有人閱讀，直到伍斯特學院個性古怪的圖書館館長亨利・波廷格（Henry Pottinger）將這份手稿推薦給研究英國內戰的年輕歷史學家查爾斯・費斯（Charles Firth）。費斯研究並且出版了這些手稿，但僅以非常枯燥的方式讓其問世，而且未加以宣傳。直到一九三八年，加拿大學者伍德豪斯（A. S. P. Woodhouse）的著作《清教徒與自由》（*Puritanism and Liberty*）問世，歷史學家才發現克拉克這些文件的重要性。

各種文本顯示，平衡派清楚表達出他們對平等的渴求，也表現出他們在闡述這種理念時的詳盡務實。平衡派政治規範的基礎是「天賦人權」，意即每個人或每個「生而自由」的人，都應該享有自由和平等。這是從約翰・洛克（John Locke）和湯瑪斯・潘恩（Thomas Paine）的論點發展出來的理念（潘恩的知名著作《人的權利》）〔*Rights of Man*〕曾經被貶稱為「平衡系統」），[6] 這個理念從平衡派開始往下傳承，後來由《美國獨立宣言》發揚光大。我們也可以將「天賦人權」和孟德斯鳩的《法意》（*The Spirit of the Laws*）彼此連結，因為平衡派的核心原則就是誠實公正地制定和適用法律。

平衡派另一項要求與法律的運作有關。在他們（合理）的觀點中，社會經常為了順應有錢人和具社會地位之人而隨意適用法律，因此呼籲政府以透明的方式陳述法律內容，並且以公正及一般老百姓能理解的方式執行法律。

理察・奧弗頓（Richard Overton）的《數千位公民的抗議書》（*Remonstrance of Many Thousand Citizens*）是《人民協定》出版前的重要文件，這份抗議書是「數千位英國公民與其他生而自由的英國人民對其下議院的抗議……」。[7]奧弗頓是一位出色的平衡派成員及熱情的評論家，由於政府試圖箝制並譴責平衡派出版的宣傳手冊，加上平衡派友人約翰・利爾本（John Lilburne）遭到監禁，引發了奧弗頓的憤慨，促使他提出這份抗議書。

奧弗頓的文字充滿憤怒，表達出當時人們對政治責任與政治能力的看法。舉例來說，他多次提到國會議員與選民之間的信任破裂：「政治家寧可相信他們的政策以及被人操弄的法律——相信無用的國王與妄想的權力——而不相信正義與誠實。」[8]奧弗頓明確指出若干重要的對比差異，例如「主體」與「代理人」之間的區別，以及立法者與執法者之間的權力分離。

他對國會議員的指責，可能讓現在處於後金融危機時代國家的公民深有同感：「你們是否像地震一樣撼動著這個國家，但除此之外別無貢獻？你們是不是因為這種原因，所以恣意且大膽使用我們的人民和財產？」奧弗頓在批評國會議員的失職時表示：「我們必須坦白地說，長期以來，你們像是為自己圖利的下議院，而非為公眾謀福的下議院。」[9]

今天，許多人都能認同奧弗頓對於腐敗、欺騙（「革除並完全拋棄所有狡猾和難以捉摸的意圖；不要對我們隱藏你們的想法」）和治國才能的看法。奧弗頓對於被賦予權力的國會議員深感不滿，並提出補救之道，例如經常舉辦選舉，以及區分立法權與執法權。他要求：「你們必須對我們好一點。」他主張在法律上平等對待「生而自由」之人：「沒有理由可以認為他們在任何情況下應享有比仕紳階級較少的法律權益。」[10]

奧弗頓的抗議書讓人強烈感受平衡派的道德標準。鑑於他後來在平衡派中的影響力，有人認為平衡派比較像古典派的共和黨員，而非社會主義者。在公眾的自治基礎上，他們主要對政治的平等比較感興趣，而非社會的平等。奧弗頓抗議書的主要內容及後續協定的部分內容，都在闡述捍衛人民免於暴政和反對任意執法與施政的理念——例如：「因此，我們必須祈禱你們可以制定法律，將隨意執政、無視公共福利的政府判處最高死刑。」[11]這種想法與協定的內容，和哲學家菲力浦．佩蒂特（Philip Pettit）所定義之「公民共和國就是公民不受統治」相符。[12]

另外，很可能是因為想到了利爾本，奧弗頓也表示：「你們經常在沒有正當理由的情況下將人關進監獄。」他並抱怨法官和律師「販賣正義和不公」的固有現象。[13]人們還有一種感覺，那就是政治家與人民之間隔著一段距離（請記得，在那個時代，平等仍只是一種革命性的概念）。

透過閱讀奧弗頓的手冊，人們甚至可以察覺到一種預言感，或發現一種關於英國脫歐和蘇格蘭問題的完整循環感：「當我們明顯看到，這個國家和蘇格蘭在最血腥且最消耗人力的戰爭中彼此相連，因為人民對於這兩國君主的浪費和政策感到不滿與苦惱。」一些英國人讀到這裡時，會覺得對英國脫歐起訴是一種浪費，還有許多人會認為他們的領導者「令人不滿」。奧弗頓對於國會如何使用國家經費也有許多意見，尤其是在戰爭和徵兵等負面影響上的花費。關於這個話題，他警告國會議員：把戰爭當成避免其他問題的藉口是不可行的。「如果你打算像從前一樣，老是把『此刻是戰爭時期』當成藉口，是說不過去的。」[14]

人民的福祉

奧弗頓和蘭斯伯勒、利爾本（他的妻子凱薩琳組織了女性平衡派）、威廉・沃爾溫（William Walwyn）、約翰・威爾德曼（John Wildman），以及湯瑪斯・普林斯（Thomas Prince），都是平衡派的領導者，他們是協定的主要簽署者。第一份《人民協定》是在一六四七年十月底準備的，就在辯論開始之際。[15]這份協定聚焦於政治平等，並聲稱是民主歷史上第一部成文憲法。它的內容中有一些引人矚目的表述，例如對平等且良善的法律賦予以下的簡潔定義：「就所有已制定或即將制定的法律，每個人都應該受到相同的約束」，以及「因為法律應當平等，所以它必須是良善的，而且不破壞人民的安全和福祉」。[16]

第二份協定於一六四八年十二月中旬匆忙印出，因為一些平衡派的領導者遭受到被逮捕的威脅。第三份也是最後一份協定，於一六四九年五月問世。[17]在君王暴虐和國會專橫的政治背景下，平衡派的目標是將權力結構扁平化，對政府設下限制，並且終結一般老百姓被「統治」的情況——或者，以平衡派的用語來說，「同意確立我們的政府、廢除所有專制的權力、對所有最高機關及其從屬單位設定界限與限制，並消除所有已知的不平之事。」[18]與第一份協定相比，第二份協定提到更多與政策相關的建議，例如設立國務委員會，以及在處理債務問題時採行明智且公平的方法。

第三份也是最後一份協定（得到倫敦三分之一的人口支持）是由利爾本、沃爾溫、普林斯和奧弗頓於一六四九年五月共同完成，當時他們都被監禁在倫敦塔裡。這是三份協定中最完整的一份，觸及面向包括貿易等前幾份協定中未討論的議題。這份協定有一句令人傷感的陳述，當前許多國家的選民也許能夠體會：「經過這些年，嘗盡了苦難之杯裡的悲慘與憂傷。」[19]

苦難之杯

我們可以總結一下平衡派的論點，並試著用今天的術語來表達。他們希望以簡明的英語簡化法律條文、終結沉重的債務程式、讓多數男性取得選舉權、允許宗教自由，並且改革政治和選舉。[20]他們要求終止政治與司法體制內的腐敗、現任公職者保持誠實廉正，但也悲觀地（在第三份協定中）提出警告，表示他們「從悲慘的經驗中發現，多數人一旦被賦予權威，很容易就會向腐敗的利益靠攏」。[21]

實際上，我們可以將他們的願望轉化為更具代表性的國會改革方式，當成遏制腐敗的措施，終結國會議員與貴族階層的特權和豁免權，並且縮短政治家的任期。除此之外，平衡派偏好在地方或社區實施代表制和民主制（意即不應該強行指派候選人或官員），並重視在位者的廉潔和政府的職責與本分（這份協定反對混亂無序、暴動騷亂和資產破壞）。[22]在法律上，國家要維護天賦人權、確認宗教自由、執行透明法治（以「簡明的英語」書寫法規），並落實漸進式的法律改革。

在外交政策方面，平衡派要求採取基於通商的立場、行事具有防備的警惕心，但是保持不懷敵意的態度（例如，引用歐巴馬的話語，就是「不要做蠢事」〔Don't do stupid shit.〕，或土耳其以前的外交政策格言：「與鄰國之間零問題」）。平衡派希望在公平的條件下進行交易，因此他們在一六四八年向下議院遞交的請願書中指出，應該「將所有的貿易與銷售從公司壟斷中解放出來」。[23]

再次重申，第三份協定對這些要點的陳述最為明確，顯示平衡派將致力於「維護和平以及與外國通商」，並說明自由貿易的意義：「政府無權繼續制定法律來限制或阻礙任何人與任何本國得從事自由貿易的海外國家進行商業或銷售活動」。這份協議警告國會「在下一任民意代表就任之日起，不得對任何類型的食品或商品貨物徵收四個月以上的關稅，因為對於這些食品或商品而言是極沉重和極壓迫的」。在財政方面，國家應執行明智的預算政策，但不是透過剝奪人民自由的方式（「成千上萬的人因害怕債務增加，選擇被永久監禁」）來協助各個家庭清償債務。[24]

背上的馬鞍

就平衡派後來的政治思想而言，他們的風紀是典型的共和主義。他們的一些政治思想後來滲透到美國的政治中，從傑弗遜總統引述平衡派的言論（「人類出生時背上沒有馬鞍」），[25]到《獨立宣言》的部分內容，都可見一斑。其他的平衡派文本在法國的共和政治形成前，就已經充斥於法國。[26]在那個時代的新興政治與知識分子光譜上，位居中央的是憲法共和黨，光譜左邊是真正的平衡派以及諸如挖掘派（Diggers）❶的團體。挖掘派在當今政治中被視為左翼的環保分子。

平衡派在思想方面具有現代性和創新性，他們提出的憲法與他們進行辯論的方式也都具有現代性和創新性。不過，平衡派仍有植根於十七世紀中葉的文本與論述，那就是宗教（基督教）意識。平衡派以及像克倫威爾這樣的貴族階層都被灌輸聖經教義，但值得注意的是，平衡派與克倫威爾不同，平衡派所宣揚的是對所有宗教信仰的寬容。

平衡派在宗教面向的文本對現代讀者來說可能已經過時，然而值得一提的是，與今日的英國相比，平衡派思想中的強烈宗教元素非常不英國化，但可與美國的政治辯論呼應。整個歐洲的宗教參與率很低——大概只有一〇%或更少的人口每星期固定參加宗教儀式——而且在許多場合中，宗教是禁忌的話題，因為人們對穆斯林或猶太人的偏見，或者對天主教教會在墮胎議題與婚姻議題（一般婚姻或同性婚姻）相關辯論所扮演角色之偏見，都使得與宗教有關的辯論受到更嚴重的扭曲。[27]

雖然我覺得自己現在有點偏離這本書的範圍，但值得一提的是，在選民對政治體制不滿的背景下，人們在日常生活（尤其在歐洲）中很少提到宗教。有一些調查證據顯示，這很可能是因為人們對宗教機構感到不滿（想一想在波士頓、賓州及美洲其他地區發生的天主教神父虐待兒童的醜聞）。這是公職人員缺乏領導能力所產生的另一種巨大挫折感。

平衡派也很重視歷史與根源。在平衡派制定的這些協定中，他們對待法律與平等的態度，都是植根於古老的行事方式。那些古老的方式可追溯至十一世紀諾曼人征服英國之前以及《大憲章》之前的時代。他們重視固有傳統，因此他們覺得英國內戰破壞了能夠解釋法律的文化背景。

不過，平衡派的理想主義到最後並沒有得到回報。對於貴族的治國能力及貴族對權力的渴望而言，平衡派的存在是一種威脅。克倫威爾舉行普特尼辯論，可能是推延老百姓軍隊怒氣的方式。克倫威爾和軍隊裡其他的貴族，在不久之後就拖延辯論時程、變更辯論性質（後面幾次的辯論只准許軍官參加），以及操控議程與討論內容的記錄方式，藉由這些方法來抵擋平衡派的憤怒。

貴族對平衡派採行的這些方法，反而激起更多怨氣，以致軍隊到後來在某種程度上幾乎發動叛變。然而在查理一世逃離漢普頓宮之後，軍隊的士氣很快又凝聚在一起。不過，在這場小危機後，普特尼辯論的精神與平衡派本身的精神都開始動搖。一六四八年，蘭斯伯勒被保皇派士兵殺害。他的死一開始雖然讓平衡派發出重整團隊的吶喊，但也導致平衡派元氣大傷，整個運動開始動搖，有些成員移民至美國。查理一世死後，平衡派曾再次短暫興起，但是在各種小規模的戰事中被克倫威爾和他的部隊擊敗。

蘭斯伯勒的死，以及克倫威爾和貴族接管辯論過程的命令，都給人一種「一切都需要改變，

---

❶ 譯注：挖掘派是英國內戰時期的新教激進團體，主要由貧民組成，主張農場應該共同擁有，並建立社會平等及政治平等的小型農村社區。其主張類似現代概念中的共產主義與農業社會主義，被認為是無政府主義的先驅。挖掘派與平衡派是英國內戰中最重要的兩個改革團體。

所以一切都可以維持不變」的感覺。[28]我們可能會納悶平衡派、英國，或者甚至歐洲到底發生什麼事，但平衡派運動的長期影響和實用性是深遠的。

平衡派運動最後可被視為是失敗之舉，因為平衡派火焰的燃燒方式與速度遭到壓制。然而，從歷史的長遠發展來看，平衡派運動是發展實際公眾民主與平等觀念的燈塔。就許多方面來說，平衡派運動在西方世界率先提出公眾民主與平等的想法。普特尼辯論的舉行、《人民協定》的公布、新模範軍與平衡派使得民主政治制度得以發展，這些發生在十七世紀的事件都具有非常重大的意義。

平衡派很有意思，因為他們可以為現今的政治情緒與思想將如何演變提供一套指南。平衡派時代與現在這個時代有一些相似之處：它們都是經濟錯位、發生變化且充滿創造力的時期。

就經濟而言，一六四〇年代後期是嚴峻的。十七世紀中葉的氣候條件非常極端，農作物歉收與高額賦稅導致人民必須面對貧乏、飢餓與失業等問題。和所有的革命一樣，空蕩蕩的肚子是造成英國動盪的主要原因之一。一六四七年，由於國王不受歡迎，以及新模範軍憑著潛在的體系變革獲得一絲發展曙光，君主制度因而飽受威脅，人民也覺得一個時代即將結束。

此外，在平衡派出現的時期，充滿令人著迷的才智創造力與重大的地緣政治變化，而且人民對社會與政治轉變的感知也已經成熟。十七世紀中葉，英國社會的公共生活開始感受到變革引起的刺痛感，或引用歷史學家克里斯多福．希爾所說的：人民感受到「社會中巨大力量正在運作」引起的刺痛感。希爾用這句話來描述湯瑪斯．霍布斯（Thomas Hobbes）的《巨獸》（*Behemoth*）

與詹姆斯・哈靈頓（James Harrington）的《海洋烏托邦的公共福利》（*The Commonwealth of Oceana*）所造成的影響。[29]

平衡派也與當前的政治辯論有關，他們在這方面代表著超越民粹主義的步伐，因為他們的精神是由下而上的，並且具有建設性，而非具有煽動性和破壞性。與今天出現的許多抗議團體不同，平衡派並非只想拆除現有的制度，相反地，他們希望改善現有的制度，以建立一個符合他們理想的體制或民主架構。然而，奧弗頓的另一句名言強調了這一點：「如果平衡派對無政府狀態情有獨鍾，一心只想破壞行為規範或政府制度，那麼我就不是平衡派。不過，如果是為了考量新市場和其他活動，為了建立一個基礎良好的政府並糾正不平的冤情；在民間、教會或軍隊裡，或給予死刑犯應得的懲罰，如果這些是達到平衡的做法，那麼我以前是平衡派，現在也是。」[30]與此呼應的是，平衡派並不希冀財富趨於平衡；他們拒絕「幼稚的恐懼」，他們的目標是「使所有的人社會地位平等」。

在美國和歐洲各地興起的許多新的社會政治運動，很可能只是政治制度革命和公民參與度提升的初期零星跡象。在這種背景下，平衡派應該提醒許多民粹主義的批評者（或者更確切地說，民粹主義政治將來的受害者），政治變革的萌芽，尤其是新政黨的形成，並不只是對菁英人士或自由秩序的直率攻擊（如菁英人士所認為的），而是對扭曲的世界做出真實的回應。[31]平衡派更關注的某些解決方案，可能是追隨民粹主義的範例。

同時，無論平衡派的故事多麼吸引人，崇拜他們的人都應避免將他們與現代政治的發展做出過度理想化的比較。然而，拿來與現今事件進行比較，具有意義的是某些已開發國家大部分人口對政治制度與結構的失望和疏離。已經有越來越多人意識到世界被劃分為貴族（我們可以列出一份很長的當代貴族名單：隨便想到的就有川普的大多數閣員、迪克．錢尼〔Dick Cheney〕、布希和柯林頓家族、南希．裴洛西〔Nancy Pelosi〕和查克．舒默〔Chuck Schumer〕等等）和平衡派（希望以更平等的方式重啟體制之人）。

在前一章中，我藉由典範轉移回顧了新想法的傳播方式，並特別提到卡爾．波普爾關於「開放社會」的想法，這種思想與平衡派具有相同的寓意。他們的計畫也許是開放社會的初次嘗試，就意義來說，平衡派反對君主和國會的總權力，其目的是建立自由的民主制度。

與古典共和文本更深層的相似處，在於平衡派體現社會政治觀點的變化，然後試著透過法律、政治和經濟改革，使其形式化。波普爾在他的作品中提到「獨裁者奧立佛．克倫威爾」的崛起，並提出一個問題：「要如何以不流血、不暴力的方式擺脫糟糕的統治者？」[32]——這個問題格外貼近現今的世界。另一個與此相關的例證來自一九二〇年代牛津大學貝利奧爾學院院長林賽（A. D. Lindsay），一般人都暱稱他為「桑迪」（Sandie），但後來他被封為林賽勛爵。林賽認為平衡派的協定是「民主之近代商討」的起點。[33]這具有重大的意義，因為一九三八年林賽以獨立候選人的身分參與大選，反對簽署《慕尼黑協定》❷。他認為《慕尼黑協定》只不過是用來安撫希特勒的手段。林賽的競選口號是「投票給霍格（他的競爭對手昆廷．霍格〔Quintin Hogg〕）就等於投票給希特勒」。

平衡派最重要的貢獻是，他們為民主和憲政共和主義的茁壯、為英國公民權利統一意識的發展，以及將這種思想帶至法國和美國的傳播，奠定十分良好的基礎。舉例來說，蘭斯伯勒家族的成員離開英國前往美國，加入清教徒運動。值得注意的是，一七七六年《美國獨立宣言》的某些部分在精神與根源上可被視為平衡派的文本。此外，平衡派思想流向法國、愛爾蘭和美國等國家的重要渠道是《常識》（*Common Sense*）和《人的權利》的作者湯瑪斯・潘恩。其他與平衡派相關作者的作品也傳播至阿姆斯特丹，例如政治哲學屬左翼平衡派的宗教改革家暨挖掘派創始人傑拉德・溫斯坦利（Gerrard Winstanley），其作品後來影響了荷蘭啟蒙運動哲學家史賓諾沙（Spinoza）等激進派思想家。[34]

這就是為什麼平衡派今天很重要的原因。他們不僅是進行政治改革的民眾運動，而且在至今仍具有意義的原則基礎上這麼做。透過這種方式，他們不僅提供政治抗議運動的參考，更是新政黨規範、政策與認同如何建構的指南。平衡派有系統地闡述他們希望周遭的世界如何改變，並且就如何實現這個目標制定原則和具體政策。他們希望有一個具代表性、負責任且值得信賴的民主政府形式。這些在今天聽起來顯然是值得擁有的目標，但是在十七世紀中葉，情況卻並非如此。

---

❷ 譯注：《慕尼黑協定》是英國、法國、德國、義大利四國領袖——張伯倫（Arthur Neville Chamberlain）、達拉第（Édouard Daladier）、希特勒、墨索里尼於一九三八年九月在德國慕尼黑召開的會議。英法為避免戰爭爆發，簽署《慕尼黑協定》而犧牲捷克斯洛伐克的蘇臺德地區，出賣了未在場的捷克斯洛伐克利益，是一項綏靖政策。

馬丁．勞林教授（Martin Loughlin）寫道：「儘管如此，他們還是設法提出一套思想，這些思想現在可以被當成是歐洲第一個明確表達憲政民主基本戒律的思想。」[35]平衡派與我們的時代產生共鳴，因為他們代表由下而上振興政治、公共生活與平等觀念的方法。在這麼多人意見分歧的時刻（請記住，二〇一七年三月，《外交政策》雜誌甚至詢問讀者美國內戰是否可能再次爆發），試圖達成「協定」的想法非常值得驕傲。[36]

平衡派的協定有幾項內容可以適用於現代。首先，這些協定是切實可行的。它們以常識為基礎，並且圍繞可行的具體措施。它們沒有過於理想化，也沒有明確表示要產生分裂。其次，平衡派自我組織的方式，對今天的團體而言，可能是很有用的範例，說明了如何將「從更熟悉民間疾苦的方式來改善政治」做得更好。

現今的平衡派法典

就本質上來說，平衡派希望建立起一種能培養領導者對人民負責的政治制度。在這種制度下，領導者或民意代表會更負責任。平衡派的目標是建立一個社會政治—法律環境，在這種環境中，不會有分配不均的結果。鑑於平衡派的政治氛圍與當今許多人認為政治契約已然破裂的共鳴，我們可以問問：倘若平衡派活在今天這個時代，他們會想要什麼？

如果《人民協定》要表達世界在距今五年後的二〇二四年會是什麼樣子，其內容可能會觸及以下幾點。第一點可能聚焦在有形的政治改革上，特別是減少腐敗、使民意代表更接近投票支持他們的選民，以及允許新血進入政治體系。有形的措施包括任期限制、限制官員在家族內世代傳遞政治職務、利用資訊科技（甚至區塊鏈）減少採購的貪腐問題、廣泛使用科技來減少庇護主義❸、公開政黨與個人的資金和報酬資訊，以及對政治任務和計畫的公共監督。重要的是，這些措施可以在地方政治的層級實行，也可以在國家政治的層級實行。

平衡派對公家機關也採取一種不說廢話的態度。簡而言之，他們希望公家機關可以強大又公正，而且以透明的方式執行法律。許多平衡派成員的標準共和主義精神，是《人民協定》的支柱，尤其對最後一份協定而言。最後一份協定陳述了一種觀念，即公家機關應當是國家運作的基石。

第二點是平等。就這方面而言，平衡派認為所有「生而自由」的男性都應該享有平等（前面也強調過，另外還有一個活躍的女性平衡派）。今天，我們對平等的渴望已迫在眉睫，而且要求各種形式的平等，但最基本的是消滅基於性別、性傾向、膚色和宗教的歧視。經濟平等可以透過許多種方式表達，但可以將其指定為提供體面的公共財（例如教育、醫療保健、法律代表）。與

❸譯注：庇護主義（Clientelism）是指以交換商品或服務的方式來得到政治支持（political support）。在這種過程中，雙方經常有明示或暗示的條件交換。在庇護主義中，恩庇者（patron）、掮客（broker）、侍從者（client）等政治參與者之間的關係是不對稱的。

此相關的是，某些國家的法律制度，就是統治、暴力和恐嚇的根源。在另外一些國家，其法律體制更經常在議案說客的參與下，制定出在布魯塞爾和華盛頓國會山莊印刷精美的法律，但內容背離人民的需求。

平衡派也要求以簡明的英語書寫和適用法律，好讓一般老百姓可以理解內容。今天的法律體制和金融體制都很複雜，內容故意超出許多人的理解範圍。增進人民對金融知識的理解，可以是這方面的一項明確要求，例如要求銀行以更清楚的方式說明其財務報表與金融產品的內容。

在經濟政策方面，平衡派對於經濟的看法，在紀錄上比對政治的觀點少，但就我們所知，他們反對累積大量債務和恣意解決債務問題。就這個面向而言，他們可能會覺得現今世界的高額債務充滿威脅，以歐洲主權債務危機為例，他們也可能會覺得現代人解決壞帳的方式非常獨特，而且有些武斷。

將這些想法的其中一些加以濃縮，我們可以試著首次制定出現代版的人民協定。內容如下：

二十一世紀的人民協定

達成這項協定的目的，是修復民意代表與其選民之間已經破裂的信任，為消極的政治和公眾辯論提供具建設性的替代選項，並且表達我們所深信人們希望的社會是什麼模樣。我們的目標，是建立一個人們不會被科技、食物和商品所支配，也不會被金融和科學所支配的世界。這個世界的社會是民主的，各個國家能建立具備高品質的機構來支援它們。我們希望政治制度能夠鼓勵責任感，並且將決策重點放在長期的問題上。我們希望法律能保障所有人。領導者——無論是商業界、政治界或其他領域的領導者——對於他們造成的風險和失衡，都必須負起責任。以人類發展作為經濟成長的核心支柱，必須給予更大的信任。我們必須珍惜例如隱私與教育等公共財。

公共財是社會的結構，也是經濟的要素——但有太多公共財已經被私有化，其餘更多公共財除了削減成本之外沒有更大的使命感。我們主張重振公共財，並且當成公共生活辯論的一部分予以認真看待。

我們的社會處於失衡的暴政中：環境破壞、債務問題、肥胖現象、低生產率，以及人們被社群媒體主宰。我們希望終結這些現象，並期望政治家能採取行動控制失衡。

在公共生活中，政治家積極逃避責任、自滿與道德腐敗正在侵蝕政治體制，這些情況必須加以制止。我們希望政治家負責任，並希望政治家以不造成傷害的方式行使他們的權力。

我們希望透過限制任期、限制家族壟斷政治地位、激勵與支持新血加入公共生活等方式來鼓勵政治問責制。

我們應該鼓勵民意代表做事負責。諸如中央銀行之類的公家機關應該穩定經營，並且在危機發生時積極因應，不助長失衡現象或逃避民意單位應負的責任。各種體制——無論公司、國家或城市——都應該適度地為其造成的風險承擔責任。

隨著國家的發展茁壯，面臨的問題也變得日益複雜，因此治理方式必須改變，好讓區域和城市擁有更大的權力來解決地區層面的問題，特別是在城市層面。我們必須意識到移民問題是一項重大的挑戰，將其當成外來移民與移入國家之間融合與同化的契約來處理。

我們贊成提高透明度和利用科技，讓政治家及其從屬人員參與採購事宜和簽署公共合約的過程清晰可見，有效管制政黨與民意代表的金流收支，使其透明化。

由於法律內容複雜、人們獲得法律諮詢的能力受限、參與法律訴訟的成本過高，以及法律制度對公司行號比對個人有利等種種原因，導致一般老百姓不懂法律，並且與法律的適用漸行漸遠。

法律條文與訴訟成本應該更清楚明確，而且應該平等地適用所有人，而非偏袒公司行號勝過個人。適用法律的例外情況應加以限制，儘量減少重新起草法律和插入漏洞，並降低法律費用。應鼓勵加強人民對法律諮詢和金融產品等領域的知識。

法律和哲學領域的新問題——例如國家在監控人民方面所扮演的角色、機器人參與經濟行為與法律行為、新的戰爭形式，以及與DNA有關的創新道德問題——最好具備高層級的全球標準，並基於歷史與宗教原則，在維持人民平等的基礎上執行。

從飲食、藥品和環境汙染所造成的影響，以及心理健康在醫療保健的作用來看，人類的福祉應該成為更重要的政策焦點。心理健康是許多社會、醫學和司法相關問題的根源，必須在醫療保健、司法正義和社會福利制度中占有更重要的地位。

科技一向是推動社會和經濟的力量，但它現在於基因編輯等領域卻造成經濟、倫理和哲學方面的阻礙。科技應該提高公共生活的透明度，並且應該由國家管理其對教育和社會凝聚力的影響。社會福利制度與國家基礎設施可以因科技而獲益，但是科技支援社會的方式可能需要改變，以反映科技取代人力的問題。

科技與經濟的交集，導致政府與公民的權力失衡、資料蒐集者與資料題材的權力失衡，以及科技擁有者與其他人的權力失衡。科技擁有者要產出資料，必須有賴資料題材。某些科技必須是公共財，政府在使用和持有公民資料時必須有清楚的限制。個人資料的所有權和傳輸權只在個人身上，因此使用個人資料的權利應該嚴格歸個人所有。

這是第一份關於二十一世紀協定大致模樣的粗略草稿。我說它粗略，因為我不認為自己可以單獨做到這一點，最後還需要許多人的幫助。事實上，各位讀者可能都有自己的版本。嘗試重新構想並將《人民協定》重新套用在當今世界，是一項非常困難的工作。首先，我們很難不受自身信仰、歧視與偏見的影響。其次，更困難的是不過於道德主義和理想主義。要避免理想主義，我們必須像平衡派一樣：協定必須以人們關切的事宜為基礎，進而制定出切實可行的解決方案。另一層的複雜性，來自我們彼此連結的世界。因此，如果要將現代的平衡派理念傳播出去，必須橫跨大家共同關注的領域。除此之外，也必須與已開發國家和開發中國家的人民相關，並觸及他們的共通點。

如果奧弗頓、蘭斯伯勒和其他平衡派的領導者活在現在的世界裡，他們可能會感受到人們對於政治、公共生活與世界經濟走向日益激昂的意識。當今社會的許多面向，例如消費主義文化的興起，可能也會讓他們感到困惑。然而，他們會發現幾項特點：人民對政治階層感到失望、對社會與經濟觀點的轉變尚未被反映在政策上，還有人們對貪腐、缺乏透明度且封閉的政治制度已經醒悟。經濟的不確定性和科技帶來的變化，增添了人民的擔憂。最後，他們還可能會評論表示執政黨的分裂、民粹主義的明顯崛起，以及選民選擇表面極端的政黨，意味政治經濟環境開始發生重大變化，然而這需要有更具建設性、由下而上的框架來加以貫徹。

重新審視與重新擬訂《人民協定》的目的，是要為各國人民提供形塑其政治需求和政治渴望的架構。這麼做的目標，是讓當前的政治辯論跳脫喧鬧的民粹主義。在揚—威爾納．穆勒（Jan-Werner Müller）的著作《解讀民粹主義》（*What Is Populism?*）中，有一段引人注意的引述：土耳其總統雷傑普．塔伊普．艾爾多安（Recep Tayyip Erdoğan）以典型的民粹主義口吻對批評者說：「我們才是人民，你們是誰？」[37]我對此的回答是：現在應該是讓「人民」去思考、去採取平衡派的建設性做法，以及去提出他們在政治、公共生活與民主面向想要什麼的時候了。

五　他們做得到嗎？

平等、問責性、責任感

平衡派應該可以讓今天對政治不滿的選民大受鼓舞。平衡派的成功，來自他們為大眾渴望的願景創造出廣為人知的清楚樣板。他們制定的協定是一項創舉，而且已經成為憲政民主史上一塊吸引人的磁石。平衡派對政治的要求——平等、問責性與責任感——也是今日選民所希冀的。如果有人制定出二十一世紀的人民協定，應該會與此互相呼應。然而，平衡派的缺點在於政治方面的治國才能：他們的結構不夠嚴密，組織不夠完善，而且太過天真，因此鬥智時鬥不過貴族。既然提到政治界的新人——例如出現在二〇一八年十一月美國中期選舉舞臺上的許多新政治面孔——我們也應該回顧一下平衡派的弱點，並且試著從中吸取教訓。有鑑於此，本章將探討在這個不停變化的世界裡，協定如何發揮效力，以及創新的點子如何使人民更貼近政治。

第一步，要先體認政治是許多力量發揮作用的熔爐。通常只有在這些力量變激烈時，才會發生政治變革。政治格局變化的程度，取決於經濟、金融、地緣政治與社會趨勢。我們在前面幾章已經強調應該關注實質工資成長、移民問題和不平等現象等因素。舉一個更極端的例子：「阿拉伯之春」（Arab Spring）❶就是在專制政權的背景下，因為基本食品價格通貨膨脹所導致的動亂與革命。

我們從全球金融危機中吸取的另一個慘痛教訓是：為了要讓情況好轉，就必須讓情況變得更糟，因為只有在最黑暗的時刻，政策決定者才會採取原本在平靜時期就能輕鬆落實的必要行動。拉丁美洲的許多經濟危機、全球金融危機和歐洲主權債務危機的許多重要時期都顯示出，政治家只有在金融市場陷入痛苦（以波動性衡量）以及經濟極可能發生崩潰時，才會採取行動。舉例來說，梅克爾總理在某次國際領導人會議中證實全球金融局勢的嚴重性之後，德國才在二〇〇八年十月中旬採行五千億歐元的銀行救助計畫，儘管德國聯邦銀行老早就已經提出這項措施。

我個人的衡量標準是，只有在波動性接近打破紀錄的水準時（歐洲主權債務危機期間，歐盟的政治家採行的每一項措施，幾乎都緊接在市場高波動之後）、在緊急高峰會議召開時，以及在媒體宣布世界末日即將到來時，才會出現政策干預與市場反彈。我提出這樣的例子，是因為我覺得政治思想的生命週期是相似的。現實的情況是，新的政治思想與結構要變得切題且經歷真正的典範轉移，就必須進入共識碎裂後所遺留的思想真空。具有建設性的新想法，只會在政治危機或經濟危機出現後產生——許多政治革命就是例子——儘管最大的挑戰在於維持這些思想，並且使其發展和成長。

右派的崛起

我的觀點是，在目前混亂的政治氣候中，人民不滿的情緒已經沸騰了好一段時間，最後將會

❶ 譯注：阿拉伯之春（Arab Spring）是指自二〇一〇年年底在北非及西亞的阿拉伯國家和其他地區某些國家發生之一系列以「民主」和「經濟」為主題的社會運動。這些運動多採取公開示威遊行和網絡串連的方式進行，其影響之深與範圍之廣，引起全世界的關注。自二〇一一年初開始，其帶來的影響及後續效應，至今尚未完全結束。

為新的政治方針提供發展的空間。今日的政治衰退，是在回應全球金融危機，而解決這個問題的方法（或者缺乏解決方案的難題）將有待我們去解答。經濟危機還沒有得到解決，因為它未能促使人們徹底重新思考經濟政策，造成危機的元凶也沒有幾人被判入獄或以其他方式承擔責任。為了因應經濟危機，各國中央銀行致力避免世界經濟徹底崩潰，然而代價是一系列新的金融風險。與二〇〇七年相比，現在的不平等問題及債務問題等經濟斷層更為危險。亞洲目前的許多經濟體——尤其是中國經濟體——看起來就像是二〇〇七年的西班牙、愛爾蘭和美國。我認為一般民眾也有這種感受：他們覺得許多國家因應危機的政策都發揮不了作用，而且未來難以再現榮景。

為了證明這一點，許多學者——例如歐洲最知名的政治理論專家克勞斯・馮・貝梅（Klaus von Beyme），以及撰寫美國和歐洲政治極端主義與民粹主義的學者卡斯・穆德（Cas Mudde）——都已經指出經濟與政治破裂之間的連結性。[1]從歷史可以看出，經濟與政治破裂具有互相呼應的趨勢。有三位德國社會科學家各自研究了金融危機後的政治變化，[2]他們彙整過去一百四十年來的資料，繪成圖表後得到一項結論：在金融危機發生後，政治上的激進黨派（通常為極右派的新政黨）往往會得到選民的明顯支持。他們也發現極右派政黨的得票率在金融危機後平均上升三〇%（儘管這種現象在危機發生後五年就會明顯消退）。瑞典新民主黨（New Democracy）在一九九〇年銀行危機後崛起，以及義大利的北方聯盟（Northern League）在同一時期大受歡迎，都是很好的例證。另外的例子還有美國的另類右派（alt-right）、義大利五星運動黨、西班牙的「我們能」政黨（Podemos）與公民黨（Ciudadanos），以及芬蘭的正統芬蘭人黨（True Finns）。

他們還發現，在金融危機之後，動亂事件（暴動、街頭抗議）往往更加頻繁。舉例來說，馬里蘭大學全球恐怖主義資料庫（University of Maryland Global Terrorism Database）指出，美國的政治暴力有增加的現象（大部分來自極右派人士），這點不讓人意外。[3]我想，現在與歷史不一樣的地方，是今天與政治動盪相關的暴力或抗議活動大部分發生在網路上，而不是街上。另外還有一個有趣的元素，那就是比起一般的經濟衰退時期，極右派政黨在金融危機發生後的崛起更為明顯，可能是因為人們通常認為政府的政策失當或缺乏相關政策，才會導致金融危機的發生，而且政府解決金融危機的因應措施不得民心，以及金融危機將導致嚴重的再分配後果

就某種意義上，這與過去三十年全球化和民主一同興起的事實是一致的。不幸的是，隨著全球化的瓦解，自由民主也跟著消散。經濟學人智庫（Economist Intelligence Unit）的《二〇一七年民主指數報告》指出，近年來由於媒體自由和言論自由飽受攻擊，民主的品質和普遍程度明顯下降。[4]其他的調查結果也呼應這項報告：根據貝塔斯曼基金會（Bertelsmann Stiftung）所進行的變化研究（transformation study）顯示，全世界的治理品質與民主品質都已下降至十二年來的最低水準，而且最近有超過四十個國家的政府被認為法治敗壞。[5]

在這種情況下，許多新政黨都主張反全球化和反自由民主，並不會令人感到意外。從他們的宣言來看，大部分極右派和激進的左翼政黨都把反貿易、反移民和反全球化的立場當成一貫的政策思路。一般而言，激進的右翼政黨在宣言中比現有的左派和右派政黨更強調非經濟問題。[6]在歐洲，至少就有主張歐洲懷疑論（euroskeptical）的小型新興政黨提出許多反菁英的批判。[7]在美

國，對主流政黨的批評來自上層（白宮），但也有越來越多批評來自草根階層（grass roots）[2]。美國現任的主流政治家正逐漸被以前不為人知的新候選人取代，例如民主黨眾議員約瑟夫·克勞利（Joe Crowley）在二〇一八年的初選中被現任女議員亞歷山德里婭·歐加修—寇蒂茲（Alexandria Ocasio-Cortez）擊敗。

社群媒體加劇了以抗爭為導向的政黨興起，政治始終受到媒體和傳播策略的制約。美國第四十任總統雷根的電視表演（特別是他於一九八四年的「美國的早晨」電視廣告）與一九六〇年代甘迺迪和尼克森之間的對決，都是媒體在政治方面展現力量的好例子。廣播在一九二〇年代也有同樣的影響力。歐洲同樣無法逃脫媒體的影響。東尼·布萊爾（Tony Blair）在擔任新工黨黨魁[3]時的表現勝過戈登·布朗（Gordon Brown），可能是因為他與媒體應對的溝通技巧較佳。一九九〇年代後期奧斯卡·拉方丹（Oskar Lafontaine）將德國社會民主黨（SPD）的領導權交給了格哈特·施若德（Gerhard Schröder），因為施若德在電視上的表現顯然更為出色，[8]他也進而在一九九八年至二〇〇五年間擔任德國總理。

當然，平衡派對宣傳手冊的有效運用，展現出他們掌控溝通的能力。這讓人想起喬治·索羅斯將影印機偷偷運送到施行共產主義的東歐，以便複製和分發與民主有關的文本。人們（例如在美國）時常認為大家應該都知道什麼是民主、民主從何而來，以及如何培養民主觀念，然而在施行共產主義的東歐，以及當今世界上的某些地區，人們對於民主、民主的目標以及如何實現民主，仍有非常偏頗的看法。藉著偷偷發放與自由、民主和極權主義局限性有關的文獻影本，有助於對共產主義施加壓力。今天，平衡派的宣傳手冊也引起一種對於現實問題的共鳴：在許多非民主國家，思想的傳遞日益受限，政府的壓制手段則從扣押影印機變成了控制社群媒體。

推特是新的廣播媒介

社群媒體擾亂了許多草根階層政治組織的運作，不過，就像在商業世界裡一樣，比較成功的政黨會將社群媒體與更傳統的方式結合。社群媒體在「阿拉伯之春」期間對政治產生激進的影響，使抗議運動得到協調、資訊得以快速傳播，並且讓發生在埃及、突尼西亞和利比亞的事件引起國際注意。然而，隨著社群媒體滲透至主流政治中，其正面影響變得不是那麼明顯。在某些方面，他們放大了極端的觀點。例如，在歐洲議會中，左翼和右翼兩個極端團體只占有將近一一%的席位，但是它們擁有超過四〇%的推特追隨者。透過這種方式，社群媒體在動員選民方面是絕佳的選擇，儘管在選民的代表性方面可能不是那麼中肯。

許多評論家只局限於描述及驚嘆大西洋兩岸的政治鬧劇，一部分的原因是因為社群媒體讓他

❷ 譯注：草根階層是指社會階層中的中低收入群眾。他們的個人勢力薄弱，但是人數眾多。

❸ 譯注：新工黨（New Labour）是指英國工黨（Labour Party）在一九九〇年代中期至二〇一〇年由布萊爾和布朗領導的時期。

們得以掌握政治局勢。相對而言，能提出解決方案的評論家就比較少。在這方面，大衛・凡・雷布魯克（David Van Reybrouck）的《反對選舉》（*Against Elections*）提出了有趣的貢獻。（雖然這本書的書名是「反對選舉」，但是凡・雷布魯克強力支持民主！）他在這本書中強調，從投票率低與選民忠誠度更替率高的現象可以看出，歐洲人似乎已經對歐盟失去信心。他進一步指出，形成聯盟將需要更漫長的時間。依照這個觀點，比利時、愛爾蘭和西班牙近年來建立政府的漫長歷程，如果有任何意義的話，那就是一種「非民主」的廣告。也就是說，這些國家的政府是靠技術專家治國，而非民主治國。在美國，有一些備受尊敬的學者已經滔滔不絕地指出這一點——尤其是美國聯邦準備系統的前副主席暨普林斯頓大學的經濟學家艾倫・布蘭德（Alan Blinder）。布蘭德在一九九七年就已經富有遠見地談到美國人民與政治家的疏離，並表示政府的發展進程已經變得「過度政治化」。[9]他建議的一項具體補救措施，是例如財政政策等政策領域應該多讓經濟學家主導，而不是由政治高手主導。

凡・雷布魯克還指出，歐洲公民感到越來越絕望。他指的是「公民面對政府無能為力、政府面對歐洲無能為力，以及歐洲面對世界的無能為力」。[10]這讓我覺得很像是平衡派所遭遇的問題，因為人民覺得政治距離他們非常遙遠：政治無法解決人民面臨的問題，政治家把時間花在全球問題而非地方問題上，而且在某些情況下，政治家採取行動是為了自身利益，而非公共利益。凡・雷布魯克在書中採行了一種很有用的方法，他提供金字塔圖表說明各個年代在不同社會政治制度中的權力所在位置。在一八〇〇年之前，許多國家都實施封建制度，權力集中於社會最上

層，掌握在由貴族所支持的君主手中。貴族與人民之間的空隙，現在可以由國會和政黨所填補。 11
那個龐大的空隙以前曾經由平衡派短暫占據。

凡・雷布魯克的著作很有意思，他為民主的明顯退化提出一項切實可行的解決方法。他追溯至政治還不是一項職業的古希臘年代，並描述當時使用的方法是「抽籤」——非常簡單的方式，以隨機指定擔任決策者或委員會的人選。希臘人在許多事務上都是靠抽籤決定，這麼做有其價值，因為可以確保一般老百姓直接參與政治。*凡・雷布魯克提到在民主進程中出現的幾種基於抽籤之形式，雖然各不相同，但是都很實用，例如審查小組（根據利益小組的意見來編製法律）、法規委員會（決定立法工作的規則和程序）和議程委員會（負責編制議程和選擇立法主題）。

我們可以說，抽籤確保人們更重視決策與政策，而不是這些決定所產生的宣傳效力和政治能量。然而這種不經選舉的治理方式，只有在特定情況下才具有吸引力：非民主國家或不太民主的國家不大可能採行這種制度，民主國家在超出一定範圍之外也不可能接受抽籤。但是在越來越多的例子中，抽籤的角色與效力是顯而易見的，尤其在冰島、荷蘭、加拿大和愛爾蘭的公民議會。愛爾蘭的公民議會在該國的民主發展過程中扮演了越來越重要的角色，最近一次是協助起草墮胎權的全民公投。公民議會的成員來自所有的社會團體，他們利用週末討論各種長期政策議題，從氣候變化到人口老齡化。對於一個顯然已經受夠政治家的社會（愛爾蘭的政治派別越來越支離破

---

*與強調知識訓練的體制不同，強調知識訓練的體制，認為只有受過良好教育的人才能投票。

碎），公民議會有一些被認為成功的表現，其一是其討論政策的文明方式。在這方面，我可以說與愛爾蘭政治家在媒體上和在愛爾蘭眾議院（國會）中討論的方式形成強烈對比。其二是收集與吸收消化專家證詞的方式。其三是公民議會與一般民眾的接觸，以評估政策變化對他們的潛在影響。

抽籤充其量只能算是部分的解決方案。政治改革不僅需要新的思想，也需要新的政黨與新的人選。在這個消費主義和品牌主導的社會背景下，下一個影響美國和歐洲的政治地震，將是新政黨的出現。歐洲的新興政黨創建率已經有好一段時間居於最高點。過去兩年來，整個歐洲聯盟總共建立了十五個新政黨，其中許多政黨都屬於極右派和極左派。最成功的三個政黨分別是：「激進左翼聯盟」（Syriza），該黨原本為希臘一個激進派的左翼政黨，成立於二〇〇四年，二〇一五年在由國際貨幣基金組織主導的希臘救助計畫中掌握執政權，現在可能會取代「泛希臘社會主義運動」，成為左翼的主宰政黨。「共和國前進！」（La République En Marche）成立於二〇一六年，是法國現任總統馬克宏的政治工具，屬中間派的自由派政黨，目前主導法國國民議會（Assemblée nationale）。「德國另類選擇」（AfD）是成立於二〇一三年的極右翼歐洲懷疑派政黨，在經歷多次領導階層更迭後，目前在德國聯邦議院占有一二%的席位。此外，伯尼．桑德斯受歡迎的程度，以及川普的吸引力，也證明人民對於新政治勢力的需求。

有一種相反的趨勢，一般而言是更積極、更新近的趨勢，那就是新政治候選人的出現。最明顯的例子是美國參與政治的女性人數增加（二〇一八年，在參加國會初選的候選人當中，二三%

是女性，其中大多數是民主黨黨員，而且許多是政治新手）。更詳細地說，二〇一八年有兩百五十七位女性競選國會席位，但在一九七八年的時候只有四十八位。目前為止，這些新候選人的背景各異，大多數來自郊區，並且具有受「彈跳式」社群媒體驅動的特質。他們既代表人民對現行政治制度的挫折，也代表透過組織新興政黨以因應這種挫折的第一階段。

分裂

創新和分裂是許多產業和行業的特徵，政治也無可豁免。以商業為例：新的公司和企業往往因為新科技的運用或消費者行為的轉變而獲得成功。在美國市值排名前十名的公司當中，有八家公司在二十年前還不存在。然而，在政治領域，今天許多著名的政黨都已經存在相當久的時間。進一步打個比方：如果法國的社會黨、美國的民主黨或英國的保守黨是股票，它們的交易價格與同儕相比，會有很大的差異。但如果它們是公司行號，它們的業績將面臨下滑，關於被收購的傳言也會越來越多。

就許多方面來說，經營政黨相當容易；它們承受的壓力與公司行號不同。事實上，政黨也很幸運，因為它們與消費性商品公司不同，他們的「消費者」在偏好上更具有忠誠度，然而這種黏性正受到威脅。預期收入的持續降低、人口統計的變化、外來移民與社群媒體的影響，都導致許多選民減低對政黨傳統的認同。選民對政黨的效忠，往往是透過家庭和社區建立，這種忠誠度只有在發生最深層的危機時才會被打破。政黨就像足球俱樂部一樣：即使球員來來去去，支持水準也起起伏伏，但總會有存在感、根源感和認同感。

既有政黨偏離其政治精神支柱的另一個原因，是因為許多政黨都與歷史事件及歷史人物有關，例如土耳其的凱末爾總統（Mustafa Kemal Atatürk）、愛爾蘭的瓦勒拉總理（Éamon de Valera）、美國的雷根總統（Ronald Reagan）、德國的科爾總理（Helmut Kohl）和法國的戴高樂（Charles de Gaulle）。隨著時間經過，政黨崛起的基礎事件對年輕一輩而言變得比較不具意義和關聯性。就這方面而言，政黨也可能會進入生命循環週期：最初是熱情的啟動階段，接著進入成長與管理階段，再進入確立階段，然後在某些情況下開始衰退。這些生命週期會圍繞著強勢果斷的領導者運行。當這些領導者離開政黨時，政黨就會進入政治荒野期。在這段時期，政黨可能會慢慢改變，但有時候也會消亡，被新政黨取代。直覺來說，比起那些與文化概念和民族主義緊密相繫的政黨（大多為右翼），黨派認同與其思想意識緊密相連的政黨（大多為左派）比較難適應各種變化。

將這一點應用在已開發國家，我們可以想像德國、英國和美國的大型主流政黨會分裂出新政黨。舉例來說，美國和英國的主要政黨正出現派系和分裂。在英國，諸如「聯合改革運動」（United for Change）等新運動正在興起。在美國，我們有川普派的共和黨對上布希派的鄉村俱樂部共和黨，以及桑德斯／沃倫派的民主黨對上柯林頓派的民主黨。在英國，保守黨分裂為脫歐派（Brexiteers）和留歐派（Remainers），而工黨則分裂為強硬的左翼科賓社會主義派和溫和的新工黨。在這種情況下，整個國家可能全面分裂。從投機的角度來看，中國共產黨內部已經出現一些具特定利益的小團體，雖然我們很難看見中國共產黨的分裂。

故鄉

新政黨的崛起可能有幾種原因。社會變遷使得許多既有的政黨變得多餘，尤其是那些具有強烈意識型態根源的政黨。人口結構的變化、女性代表的人數增加、人們了解心理健康是醫療保健支出變數的重要性（在大多數國家都是最大的支出項目之一）、多邊主義機構（multilateral institutions）對個別國家支出決定的影響、科技對社會與工作的影響，以及許多國家的人民似乎察覺到的錯位感，都是浮現檯面的新政治問題。

從歷史上來看，政黨往往會適應社會的結構：例如分成左派和右派，以及在公共生活中行使民族主義、宗教和自由的程度。其中一些面向會得到強化，另一些面向正在枯萎。有一個重要的變化是，人們認為左派與右派的爭論已經不再是區分政治黨派的主要基礎。幾個原因可以用來說明：右翼的主流政黨未能設法促進經濟成長，而左翼政黨在政治上容易受恐怖主義和移民等新趨勢的影響。

政治的新趨勢將是新政黨的崛起。其中一些政黨的宣言可能基於跨境呼籲來表達其宣言，例如綠黨或史蒂夫·班農（Steve Bannon）設立的民粹主義團體「運動」（The Movement），該團體嘗試將美國與歐洲的極右翼團體連結起來。新政黨在一開始的時候可能規模很小，但是這些小型政黨中有一些會變成主流政黨，建立在現有政黨無法解決的原則和問題之上。比方說，許多現有的政黨都會避免談論宗教在政治中扮演的角色，而且很少黨派能夠在不具右翼色彩的情況下創造及傳達一種家園或故鄉感，另外一些政黨則難以界定科技在社會和經濟方面的作用，而大多數國家都未能解決公共衛生服務方面的斷層線。

其他的新面向和重大問題也可能成為政治幾何學的一環。此外，在已開發國家和新興國家中，新的區隔出現在「局內人」和「局外人」之間——或者，以更恰當的方式來表達，是出現在「貴族」和「其他人」（也許是平衡派）之間——已經與左派和右派無關。

此外，如果我們單就「多少社會經濟變數已經達到極限」這方面來假設世界已經趨於平衡，則現在的執政黨可能根本不具備或不願意應付這樣的挑戰。

自全球金融危機以來，發生了一些可能與平衡有關的經濟和社會政治變革，因而使得一些主流政黨陷入困境——例如美國的共和黨和民主黨、英國的保守黨、德國的社會民主黨、法國的社會黨和希臘的泛希臘社會主義運動等。在這些例子中，領導能力薄弱與政治格局變化都是造成結果的影響，但也可能是因為這些政黨在傳統的兩黨制體系中運作，如今新政黨及新政治問題出現，使其受到干擾。多黨體系中的黨派往往比較能夠適應變化。（荷蘭即是一例：荷蘭的六個政黨分別占有九％或更高的支持率，因此在常態下，荷蘭多為聯合政府，自第二次世界大戰以來就不曾有過一黨制的政府。）

我再拿政黨和公司作為例子：新政黨獲得成功的證據，也類似新公司獲得成功的方法。當新政黨吸收或完全接收現有政黨的社交網絡（其基層候選人甄選過程、資金來源與運作技巧）時，往往就能獲得成功。就像公司行號一樣，如果從頭開始建構一切，需要花費許多時間，而且容易出錯，因此在現有的政黨垮臺之後，就會有新政黨出現，接收垮臺政黨的選民基礎。

有一項不言而喻的研究結果顯示：新政黨與初創的企業一樣，在首次選舉中獲得好成績也是新政黨成功的指標，但許多新政黨仍然不明白在選舉機制上需要有和商業領域相同的聚焦力（例如日本的「希望之黨」在二〇一七年的大選中失敗，暗示著該黨即將走向凋零）。[12]規模較小的新政黨想要在初次選舉中獲得成功，其中一種方法就是採用激進的意識型態和溝通方式。這種方法由於社群媒體的興起而變得更為強大，因為在社群媒體的時代，激進主義會轉化為比較強大的行銷影響力。和其他行業一樣，政治也因為科技的興起而遭到顛覆：駭客入侵、「假新聞」概念、社群媒體，以及媒體持續互動的壓力，都是讓新政黨和新事業加速崛起、促使其超前對手的一些原因。例如：二〇一八年的「愛德曼公司全球信任度調查報告」（Edelman Trust Barometer）指出，全球每十個人之中就有七人會擔心假新聞的問題。[13]有一個相關的趨勢——也是全球化的消費者文化興起的一部分——是人們被品牌吸引以及對品牌依附的程度。品牌與政治逐漸連結，最好的例證就是人們猜測歐普拉（Oprah Winfrey）將會競選美國總統。

新政黨還必須因應選舉制度的複雜性。在某些國家，例如德國，小型政黨必須獲得超過門檻的選票，才能在聯邦議院中占得席次，這可能導致選民不願投票給規模較小的新政黨。這被稱為「杜瓦傑定律」（Duverger's Law），以法國社會學家莫里斯・杜瓦傑（Maurice Duverger）的名字命名。他觀察到「領先者當選」（first past the post）的選舉制度傾向於助長兩黨制，而「兩輪選舉制」（double-ballot-majority）和「比例代表制」（proportional representation）傾向於促進多黨格局。

關於新政黨形成的證據，大部分來自西方民主國家。雖然在一黨制或獨裁統治的國家中，政黨的重要性較小，但不表示新的政黨對新興國家而言不重要，事實上恰好相反。

廣義來說，除了世界上比較古老的已開發國家，其他地方並沒有憤怒不平的氛圍，因為在許多新興國家中，人們對於收入的預期仍然相當樂觀，尤其是經濟奇蹟已經成功運作許久的亞洲。[14] 然而，人們對於腐敗、環境問題和勞工問題的不滿情緒日益高漲，儘管可能不到暗示政治典範轉移的激動情緒。在新興國家中，現在有越來越多人意識到菁英階層已經形成，而且不僅在政治層面，也在壟斷財富、影響力、社會地位和掌握權力的家族王朝（「太子黨」）層面。這種「貴族化」的現象，可能是平衡派主導論述出現在例如土耳其、奈及利亞和巴西等新興國家的原因。

渴望和期待是新興國家的關鍵政治要素。人們越來越渴望得到更高的薪資收入、消費能力及社會地位，在許多情況下，自然而然的串聯趨勢，是對於政治想法的渴望，以及一個更開放的社會。在某種程度上，某些國家可以約束這種情況，例如將民族主義疊加在政治辯論之上。倘若新興國家受到經濟衰退或金融市場事件的影響，導致這類期待受到抑制，期待上揚的負擔也會對新興國家造成危險。了解將來不可能像過去二十年那樣光明璀璨，也許會讓一些政治與知識領域的企業家精神受到鼓舞。

如何在政治領域獲得成功

《多極世界衝擊》一書的中心主題，是讓世界從日漸混亂的狀態走向政治、經濟、金融與地緣政治的新秩序。在政治方面，這種過渡期的關鍵要素，是成功發展並通過具有建設性的新思想和新的政治倡議。然而新思想和新倡議不一定總能成功地落實，十七世紀的平衡派就受到貴族的阻礙。因此，在我們匆忙成立新的新興政黨前，請先記住一些具有警示性的故事，其中至少有兩個故事十分突出：第一個故事是法國總統馬克宏與其新政黨「共和國前進！」的迅速崛起。這證實了關於新政治倡議的大量學術證據（表示接管既有的政治結構具有良好成效）。它顯示成功的革命可以來自政治體系之內，而非由外部推動。就這層意義而言，非常具有啟發性。從馬克宏的學歷、背景和經驗累積來看，他是法國版的典型局內人，秉承體系內部人的形象：中產階級出身（父親是神經學教授，母親是醫生）、接受過良好的教育（畢業於法國國家行政學院〔École Nationale d'Administration〕，曾任哲學教授的助理）、受僱於私營部門（和前總統喬治·龐畢度〔Georges Pompidou〕一樣曾在羅斯柴爾德銀行〔Rothschild Bank〕服務），並獲得法國各機構的廣泛支持。

除此之外，我們可以說，馬克宏不僅是人民選出來的總統，也是機構選出來的。有些人認為他只是一個取代現任菁英分子的年輕版菁英，儘管這種觀點忽略了這位法國總統與他周圍那些幕僚孜孜不倦準備每一項政策的精力和意圖。馬克宏進入政壇的時間點非常好，因為法國人民對前兩任總統及他們對於法國將會走向何處的觀念非常不滿。通往權力道路的暢通，與企業機構的熱烈歡迎，有助於馬克宏建立一種革命感。法國的總統制結構也允許馬克宏利用其個人地位組成個人化的政黨結構，迅速吸收部分的社會黨與共和黨黨員。我們在這裡可以學到的是：利用現有的政治體系而非破壞它，可以更具成效。

相反地，第二個突出的警示故事——阿拉伯之春——失敗了，儘管它讓已開發國家和整個北非產生巨大的希望。這個失敗的結果讓人非常失望，因為一開始抗議活動的範圍廣闊，而且飢餓、腐敗與不平等的現象促使數百萬人起身抗爭，另外還有社群媒體的迅速支援。許多因素使得阿拉伯之春革命複雜化：軍隊與警察勢力的野蠻干預、宗教團體造成的複雜性、埃及等國家澈底伊斯蘭化的威脅、通常不那麼謹慎的國家受到外部政府的干預，以及隨之而來的經濟崩潰所造成的後果。另外一個因素，與參與阿拉伯之春的國家結構有關。這些國家當中很少具有恢復力，大部分都很腐敗，而且它們的經濟結構相對來說還處於基礎階段，因此當政府倒下時，除了軍隊與警察，幾乎沒有具有制度的機構能夠維持像埃及這類國家的運作。

另外還有一些例子可以藉由不同方式說明變革完成的複雜性。在獨裁者奧古斯圖．皮諾契特（Augusto Pinochet）下臺、智利恢復民主之後，有一批訓練有素的技術專家官員能站出來穩定智利國情，以避免金融危機發生。除此之外，第二次世界大戰結束後，同盟國管理德國與日本的能力，在許多文獻中都有記載。在前述這兩種情況中，組織機構、法律規範與科技技術都維持不變，因此在戰後的氣候中，陷入亂局的國家機構在一定程度上是完整無缺的。相形之下，波灣戰爭結束後，伊拉克軍隊一解散，幾乎沒有可行的機構或政治基礎設施來建立國家，因此伊拉克的混亂局面隨即而來。

在平衡的背景下，我們學到的是：體制、技能與既定的做事方式等因素，使國家得以順利運作，並使其具有恢復力。破壞體制的革命行動或政治動盪事件，通常會以失敗收場。因此，對政治機會主義者和革命者而言，有幾個教訓應該牢記：首先，時機非常重要，因為移民問題或經濟活動所帶來的危機或急劇變化，將使人們可能願意考慮接受新政黨。其次，一個國家的體制結構，可能是新政黨崛起的途徑。通常而言，新政黨必須被機構的某些因素所採用或吸收，而缺乏這種現存的機構，對於新政黨來說既是風險也是機會。這表示一項新的政治倡議要取得成功，必須由那些了解該制度如何運作的人來貫徹執行。

新政黨

主要經濟體的新人、新想法和新政黨的舞臺已經準備就緒。舊的政治世界已經被裂痕所分裂，美國的民主黨和共和黨都對自己充滿不確定感，飽受來自兩旁的威脅。德國人開始思考沒有梅克爾總理的政壇。英格蘭的保守黨從極右派分裂出右派，工黨從中立分裂出最左派。此外，在美國現有的政黨保護傘下，新的民主黨左翼候選人和共和黨右翼候選人正逐漸嶄露頭角，而這些政治新血將進一步擴大黨內的分歧。我們可以想像，世界各地都有新政黨趁隙崛起，以回應執政黨那種無關緊要的態度，而且，或者應該說，我們可以想像那些更醜陋的極端新政黨，其唯一野心似乎是摧毀現有的世界，而非為建立一個新世界做出貢獻。隨著時間流逝，已經沒有人會認為那些拒絕面對世界、考慮不處理問題的政黨還能得到人民的支持。總而言之，人們會開始要求長期可行的方案來解決他們所面臨的問題，轉而支持新政黨結構也是其中一種解決方法。

在下個段落中，我將推測新型態的虛構政黨可能會是什麼模樣，以及現有政黨將如何遭到替換。我要介紹的新政黨有平衡派（一個改革、平等且負責任的政黨）、挖掘派（一個左翼的環保黨）、故鄉派（一個在阿爾卑斯國家盛行且注重傳統習俗的政黨）、朝聖派（以宗教為政治中心，因此吸引如基督徒和穆斯林等教徒的政黨）、管理派（聚焦於與科技緊密相連的公民權，主張對政治、社會和商業行為準則進行科技監督的政黨）、阿特拉斯派（主張個人自由權以及對公民負責的政黨），以及利維坦派（其政治協議包括減少個人自由，作為國家為經濟與社會提供指引的代價）。

如果從更詳細的角度來看，這些黨派會是什麼模樣？

平衡派

可以理解的是，平衡派是平衡過程中的核心，其目的是以新的政策制定方式取代政治混亂和經濟不平衡。平衡派試著讓政治家——有些時候是政策制定者——更接近他們所服務的人民，使他們更能回應人民需求、更值得人民信賴，以及對自己的行為更加負責。平衡派的核心信念是，所有的公民在法律與政策決定方面都應受到平等的待遇。他們希望政策制定的焦點重新回歸於個人，並且更加重視人類發展，將人類發展當成經濟與社會政策的核心支柱。平衡派贊同諸如恢復力和國家實力（即一種培養抵禦外部衝擊、實現可持續經濟成長與促進社會穩定及人類發展能力的心態）等經濟概念，而非全然聚焦於成長。平衡派的目的不是經濟上的平衡，相反地，他們希望建立一個開放的社會經濟體系，在這個體系裡，大家普遍免於承受債務、過度財富不平等以及醫療保健取得不易等不平衡的負擔。相應地，他們要求透過教育、廣義的基礎建設以及制度的發展，來回應在科技、持有個資、交易、人口統計和諧或「平衡」等方面的新動向。

故鄉派

故鄉派（The Heimat Party）是一個泛歐政黨，在斯洛維尼亞、挪威和丹麥等阿爾卑斯山國家受到歡迎，與美國東岸和東北部的連結也日益密切，現在於俄羅斯聖彼德堡甚至有一個分支機構。這個黨派漸漸受到歡迎，因為它認為解決世界混亂的唯一方法就是回歸傳統和遺產，並且重新定位某些面向的全球化（例如移民問題、銀行與科技產業薪資過高）。故鄉派的核心價值是相信傳統與古老習俗在日常生活的平衡作用，並相信傳統與古老習俗是公共生活的支柱。它強調文化活動、歐洲本土語言和行為規範。故鄉派執政的國家嚴格遵守這些守則，不遵守這些守則的人會被排除在外，或者受到制裁。外來移民只有在迅速同化、使用當地語言並且遵守當地習俗的情況下，才會被故鄉派的國家接受，而且故鄉派國家會提供外來移民嚴格的融合計畫。故鄉派非常重視明確且詳盡的法規與專業的機構，拒絕接受類似歐洲盟聯那種多邊組織。

挖掘派

挖掘派是一個關心生態的活躍政黨，或者可以說它是一個關心環保議題的黨派。它主張偏左翼的再分配經濟政策，在平衡派的背景下，挖掘派的目標是矯正全球的環境失衡。這個黨派觸及的領域與訴求跨越了國界，許多國家都有參選代表為其喉舌。它贊成世界各大重要城市建立共同的國際協定，以便採行綠色政策、大幅減少汽車流量，並且提供綠色城市腹地。在經濟方面，它傾向對排碳及各式各樣的環境問題課徵重稅，例如排碳稅，並且對造成汙染的行為嚴刑重罰。其理念不僅關注陸地環境，也同樣嚴肅看待海洋生態問題，呼籲各界必須尊重海洋生態系統。其政策範圍另一個獨特內容，是主張將相對比例較高之衛生與社會預算用於心理健康領域。挖掘派興起的一項有趣發展，是這個政黨在中國大受歡迎，特別是在城市和郊區，而且深受中國女性與年輕一輩的支持。中國女性和年輕人越來越反對由於中國河流、空氣和陸地等環境破壞所造成的嚴重健康傷害。中國共產黨允許挖掘派在中國崛起，但嚴格規定挖掘派維持其明確的目標：採取行動以限制環境之破壞（例如限制用電量或限制交通工具的選擇）、成為負責任的消費者，並且使用社群媒體報導他人對環境的破壞行為。

挖掘者對全球平衡的貢獻，是這個黨派為各國的環保政策提供了政治工具和政治資本的儲備庫。它連結各國在環境方面的政治動能，並以此方式給各國更大的壓力，使各國共同行動並遵守國際環境標準。

朝聖派

朝聖派（The Pilgrim Party）起始於喬治亞州的亞特蘭大，而且發展迅速，吸引了美國的基督徒選民及德國、英格蘭中部和西班牙的穆斯林社區支持。它在新秩序中的位置是基於一種信念：在混亂的世界裡，將宗教納入公共生活是恢復秩序的最佳方式。這與古典共和制的想法完全相反，但是在許多國家，這個黨派的訊息協助填補了政治方面的空白。朝聖派主張將宗教當成政策制定的指南，並開放考慮將宗教當成政治的一項元素。朝聖派的基本價值，是公民與其領導者之行為都應遵循明確的道德準則。在經濟方面，該黨派贊同低稅收與低社會福利，但是鼓勵高水準的慈善捐贈。它堅決反對將科學應用於人類生活中的多種面向，並建議禁止基因工程。對朝聖派而言，工作是一種美德，這個黨派在司法和安全領域的政策，主張對多數形式的犯罪予以嚴厲懲罰。

管理派

管理派（The Governance Party）最初是虛擬的線上政黨，靈感來自學術界、部落客和科技企業家之間關於科技、資料運用與政府等角色的辯論。在醫療保健和社會福利制度中採用區塊鏈，為各國的運作方式開闢出一系列新的可能性。管理派早期的推動者，主要來自大學和科技部門，回應了這些可能性。他們發現執政黨不知道利用科技和資料使國家運作得更好。管理派主張人們不該懼怕科技，政府應積極運用科技。該政黨早期在一些歐洲城市議會、印度部分地區和美國西岸取得成功，因此能建立起成熟的政黨。它相信政治、社會和商業的行為準則，也相信可以透過科技來監督這些行為準則。以這樣的方式，應該就可以消除貪腐。區塊鏈是最受喜愛的技術操作方式，除此之外，公民與電子身分系統密切相繫，因此幾乎所有形式的行為——例如消費、投票、對養老金計畫的撥款等——都會受到監控與優化。某些國家會發行公民卡（「管理卡」），某些國家的公民會得到管理分數。

管理派堅信平等，相信可以透過社會的科技運用與國家對大型科技企業的配合來優化平等。它引進了兩項創新之舉，首先是關於一種網路貨幣的提案，中央銀行可以透過這種網路貨幣優化家庭和公司的資產負債表。其次是在城市運營（例如交通網絡、警察資源部署及環境努力）方面運用人工智慧程式。

阿特拉斯派

阿特拉斯派（The Atlas Party）在智利、南非、韓國、瑞典以及美國部分地區（如密蘇里州和德州）深受歡迎，其宣言將個人自由及公民或「國民」責任的重要性奉為神聖。它主張低稅率，對移民採取以經濟政策主導的功能性態度，將移民視為「非國民的客工」。阿特拉斯派贊成非常低額的政府支出（相對於國內生產總值），傾向由個人建立自己的資源。它贊成在外交政策方面採取強硬手段，喜歡軍事干預，但只在絕對必要的時候。阿特拉斯派的精神主張個人責任而非體制義務，其宣言承諾之一，是致力關閉聯合國等國際機構，因為它認為聯合國搞亂了世界事務，而且它也不喜歡世界衛生組織或國際貨幣基金組織等機構。阿特拉斯派認為應該積極運用科學來改善社會、經濟與科技，並透過稅收政策來激勵這一點。

利維坦派

利維坦派的名字取自湯瑪斯・霍布斯的著作《利維坦》（*Leviathan*），該書提到一個社會，在那個社會中，一種強大的統治勢力承諾提供男性（和女性）有序的生活，代價是他們必須放棄一些自由。利維坦派是這個概念的未來結構，在該觀念中，公民權與「生而自由的男女」等理念被拋棄，以換取人身的安全、中央經濟機構對經濟力的強勢操控、選擇消費與娛樂的自由（前提是這些選擇屬於國民生產的商品與服務）、獲得基因組計畫和居家自動化服務。利維坦派的目的是消除不平衡，尤其是人類行為和社會秩序的不平衡，並且鑑於歷史，顯示強而有力的中央控制可以促成進步。利維坦派的擁護者大多在泰國和馬來西亞等中型亞洲國家。他們在軍事與海軍技術及基因工程領域的國有企業進行大量投資，期望這些領域的發展有助於確保他們國家的未來。

新血

隨著人們熟悉的政治格局發生變化，選民的忠誠度下降，現在正是發起新運動的時機。問題是，由誰來主導這些活動？思想家、極端分子和職業政治家推動政治進程非常容易。依我的看法，由一般人來參與會困難得多。

改變政治中的人力資本吸收是一項艱鉅的任務。在民主政體中，每個人都有機會參與政治，但是障礙既高又重。我在許多場合曾多次詢問不少英國和比利時等國家的商界名流，想知道身為成功人士與企業領導者的他們，是否有意進軍政壇。這些人大部分都自行創業，並且帶領其企業度過上一次的經濟衰退，見證了公司的擴張。這些人對政治非常感興趣，而且基於商業理由，他們非常關注英國脫歐和貿易關係等問題。然而，除了極少數的例外，這些人都羞怯地低頭迴避這個問題。他們舉出許多理由：從政必須長時間離家（家庭生活、照顧子女與性別歧視，都是經常被提及的從政障礙）、媒體的侵犯和敵意、對社群媒體辯論的消極態度、政治達不到政策功效令他們失望，以及商業世界比較具有活力。我拿同樣的問題去問美國的商界人士，他們大部分都認為從政會讓他們一事無成、被政治體制淹沒，而且創新與反應的速度和靈活度，在政界無法與在商界相比。這麼多位在各行各業完成挑戰的人對政治事業卻步，對政治來說並不是好事。

同時，極高野心和強調個人重要性等特質，往往讓錯的人踏入政壇。至於其他因為人生經歷而可能更具資格勝任政務者，卻因政治的基調（前亞利桑那州參議員傑夫．佛雷克〔Jeff Flake〕在哈佛大學法學院畢業典禮上致詞時談到「有毒的政治」及政治的「基礎、殘酷、交易品牌」，並強調這一點）、媒體不斷放大檢視、社群媒體的暴虐，以及在政治領域到最後很難有所作為等理由而卻步不前。

因此，在一定程度上，政治與政策有人力市場的問題。當然，人們可能不同意這點，並表示政治是一種艱苦的生存遊戲，它會吸引並且留下倖存者。我個人的看法是，鑑於世界正出現許多社會、健康、經濟和地緣政治問題，現有的秩序也正遭到破壞，公眾服務領域需要才華洋溢和認真做事的人才。

「生物」政治家

美國有一些例子說明了如何確立政治制度，以及如何允許「局外人」運用權力槓桿。一方面，美國政治體系某些部分的影響力植根於人際網絡和家族勢力。有許多研究結果顯示，政治家的知名度，尤其是來自知名的政治家族，可以為現任政治家帶來優勢。這種現象明顯反映在最近幾年美國政治領導階層中的王朝元素（例如希拉蕊．柯林頓、布希家族、艾爾．高爾、甘迺迪家族、戴利家族和米特．羅姆尼，全都有王朝背景）。

另一方面，軍人退伍後投入政壇繼續為國服務，學者和商人受邀進入政府的趨勢也變得顯著。一九九三年至一九九七年柯林頓總統執政期間的勞工部長羅伯特．萊許（Robert Reich）就是一例，在他精采的著作《困鎖內閣》（*Locked in the Cabinet*）中，他描述了個人經歷，並且提出幾項見解；他在參議院確認聽證會上收到並運用的一個建議，是以「謝謝您，參議員，這是一個很好的問題，我期待與您合作」之類的話語來回答每個問題。另一個更深刻的見解，是他發現真正的政策制定方式。身為一名學者，萊許以前深信政策源於理論和研究，而且可以直接轉化為政府的行動。當他開始理解權力如何運作時，便迫切希望自己能夠進入「機密的智囊團」，然而他在這方面最終仍舊無法像經驗豐富的華盛頓內部人士那般成功。[15]

如果深入比對政治家的類型，有助於進一步說明這一點。二〇一八年七月，鮑里斯．強森（Boris Johnson）辭去英國外交大臣的職務。雖然英國早已不再擁有帝國，但外交大臣的職務仍然十分受到敬重。然而，強森在任職期間犯下一些錯誤，以致人民普遍認為他損害而非增進英國的利益。同樣地，在英國脫歐公投之後，強森雖被視為保守黨的自然領袖，可是在那之後，他的行事作風讓許多黨內同儕認為，即使以政治家的標準來看，他也過於自私，導致他失去了黨內的支持。

強森辭去外交大臣職務的第二天，卡靈頓勛爵（Lord Carrington）去世，享年九十九歲。卡靈頓勛爵於一九七九年至一九八二年間擔任英國外交大臣，被公認是政治界的正直典範。在卡靈頓勛爵早期的政治生涯中，一九五〇年代初期曾經擔任邱吉爾首相的內閣閣員，接著擔任愛德華・希思（Edward Heath）首相的國防部長，然後出任柴契爾首相的外交大臣。關於他一生的美妙故事，我們長話短說：他在阿根廷入侵福克蘭群島三天後辭去外交大臣一職，理由是這場入侵事件發生在他任期內，因此是他的錯。基於這種政治理由而辭職，被認為是無私且具有原則的表現，與當今一些政治家的戰術策略形成強烈對比。卡靈頓勛爵與當代許多位中央銀行家，例如保羅・沃克（Paul Volcker）、班・柏南克、珍妮特・葉倫（Janet Yellen）和馬里奧・德拉吉（Mario Draghi），都是真誠服務公眾的典範。卡靈頓勛爵的行為與鮑里斯・強森等後來的接班人，形成鮮明的對比。

因此，問題在於吸引更多的局外人進入政治領域，並且讓他們了解政治如何運作。我希望彰顯的區別，是讓我們能夠因此擁有更負責任、更專注於政策制定的決策者，而不是只顧著個人的發展。當然，在各種組織和機構中，只顧自我提升的情況非常普遍，但是政治界與其他領域不同，因為人民的生活會受到政策制定不良的影響。

政治及職業政治家的水準明顯下降，人們的新反應，就好比我們認為食品和原料應該是「天然的」或者「不具備有害成分」。我並非打算要求政治應該「不含糖」或「不含鉛」，但是應該要更貼近於「天然食品」，這有助於區分職業政治家和那些對政治闇黑藝術不具經驗的政壇新人。這種方法吸引人之處，在於它可以適用各個國家，因此對於什麼是「現代」政治家，就有一種大家能夠普遍理解的基準，以及這些政治家應該如何從政的公認標準。

已經有一些證據顯示，在參加二〇一八年美國初選的候選人當中，有許多非職業政治家，而且大部分是民主黨。獨立候選人埃文．麥克馬林（Evan McMullin）決定參加二〇一六年總統大選是另一個例子。他的目標是贏得猶他州選舉團的選票，從而阻止川普參選。美國競選中的其他幾位新政治家也值得注意：右派有肯塔基州的湯瑪斯．馬西（Thomas Massie），左派有阿拉斯加的民主黨國會候選人亞莉斯．蓋爾文（Alyse Galvin），還有現任維吉尼亞州眾議員艾比蓋兒．史班伯格（Abigail Spanberger），這些都是吸引我目光的「生物政治家」。另一位受到歡迎的政治新人是羅伯特．「貝托」．歐洛克（Robert "Beto" O'Rourke），他在德州參議院選舉中挑戰泰德．克魯茲（Ted Cruz）失敗，在二〇一八年中期選舉中則以有尊嚴和具建設性的方式行事，並支持促進政治真言和文明的「真相誓言」活動（Pro-Truth Pledge）。聚焦於特殊原因的政治企業家精神持續增長，是一種受歡迎的新趨勢，例如由美國線上（ＡＯＬ）創始人史蒂夫．凱斯（Steve Case）設立的社會影響導向投資基金「其餘的興起」（The Rise of the Rest），旨在投資美國優勢地區（如矽谷或紐約、波士頓等大城）以外城市的初創企業。

「生物政治學」的理念，是吸引那些非職業政治家的人進入政壇。和長時間積極參與既定政黨的黨政官僚不同，那些人相信行為的特定標準，並且在非政治產業中具有一定的成就。獎勵沒有長期為政黨效力的人，聽起來可能很奇怪，因為政黨可以幫助他們了解民主制度如何運作，以及哪些議題與人們有關。我個人比較憤世嫉俗的反應，是由於缺乏問責制和允許人們以政治理由討論政策問題的文化，政治家沉浸於政黨生活，導致他們不具備良好的問題解決能力和決策能力。

在這種生物政治框架下，政治候選人會表明自己在過去十至十五年大部分時間都不是政黨內的活躍分子，並且列出一大串自認為形塑他們成為決策者的工作經驗和成就，這些工作經驗和成就讓他們成為了解社會特定面向如何運作的人。現在已經有一些類似但更具體的倡議，例如「三一四行動」（The 314 Action）❹旨在讓科學家更積極參與美國政治；現今在國會中，具有科學背景的議員人數已經遠多於具有法律背景的議員。

雖然這麼期望是不實際的，但是生物政治家可能也會簽署指導他們如何競選、如何透過媒體溝通，以及就任後如何表現的行為準則。然後，在這個框架之下，他們可能會配合不同募資活動的規則（以便募集更多公共資金）、配合媒體與社群媒體的播送時間、使用選民地址資料庫，以及利用公共或國有媒體（電視和電臺）宣傳活動。如果這些聽起來很天真，請考量巴西的情況。巴西的政治動盪，政治體系尤其腐敗。在許多反腐敗的公眾集會和抗議活動中，其中一項要求是要求更換一批沒有政治背景的候選人。整體來說，特別是在美國、英國和整個歐洲，許多優秀且具有經驗的政治家，正試著從不同的國家重新進入政治舞臺，然而，鑑於公眾對新政治面孔與新

❹譯注：「三一四行動」（The 314 Action）是一個非營利政治行動委員會，使命是尋找具科學、技術、工程和數學背景的學者，請這些學者提供專業智能，並結合必要的技術與資金，以促使政治活動成功進行。

政治思想的強烈興趣，我認為，老一輩的政治世代最好應該去支持並輔導新的候選人。

支持生物政治家發展的其他要素還包括：禁止政治家競選十年內曾經由其家人擔任的公職職位，並且禁止具親屬關係的政治家擔任相近的職務。如果這些禁止規定同時適用於地方層級和國家層級，這些規則將大大減少新人進入政治舞臺的阻礙。菲律賓已經嘗試這種規定，但可能因為法律規定不夠嚴謹，因此仍無法阻擋某些家族（例如卡米金省的羅穆阿多家族〔Romualdo family〕即是一例）操弄這個體系。最近，印尼在二〇一五年通過一項法律，禁止現任公職者的一等親親屬（無論姻親或血親）競選公職，必須等現任公職者離職五年後方可參選。

在國家和地方層級的公務職位設定任期限制，是與上述類似的措施，因此受到平衡派大力支持。這項措施可以為新候選人開闢出一條道路，協助他們參與國家政治與地方政治。在地方和區域層級施行這種措施可能更重要，因為地方和區域層級的問題更為明顯。

可能還有其他的準則可以應用於此，但首要目標是向平衡派學習，以避免今日的貴族以謀略擊敗新的想法與潛在的政治新血。我們從最近的變革所學到的教訓是，成功進入政治體制的新人，往往是憑靠著「融入」而非「摧毀現有體系」的方式。同時，還有許多需要更換的地方。新的守則或教條、新的政黨結構，以及外部人士參與決策的新管道，全部都非常重要。政治制度變革只是平衡派挑戰的一部分，至於如何面對權力，則是下一項考驗。

六　當大國還是當強國？

奇德利部長的決斷

一九八〇年代英國有一齣叫做《部長大人》（*Yes, Minister*）的諷刺劇，把一九七九年至一九九〇年的首相柴契爾夫人，以及大部分的下議院議員全都調侃了一番。這齣劇也是柴契爾夫人最喜歡的電視節目，它從一九八〇年一路活到一九八四年，後來又換了個名字改叫《首相大人》（*Yes, Prime Minister*），從一九八六年播到一九八八年。故事發生在吉姆・哈克（Jim Hacker）的行政事務辦公室裡，這位虛構的內閣大臣無論想在部門中推出什麼改革、制定什麼法案，都會被他的常任祕書韓福瑞・艾波比爵士（Sir Humphrey Appleby，由奈傑爾・霍桑〔Nigel Hawthorne〕飾演）巧妙地擋下來。整齣劇的主旨，就是顯示政治人物在官僚主義與老練的公務員面前有多麼無力。

劇中的韓福瑞爵士這位「屬下」，總是有辦法把哈克大臣的政策導進死胡同，確保所有的新點子都無法實施。這齣劇本身非常好看，同時也提醒一個更重要的問題：新的政治人物經常面對難以改變的系統與做事方法，也就是技術官僚體系。

美國的頂層官員會在政府換人做時一起下臺，所以沒有韓福瑞爵士那麼不可動搖。但在他們底下的財政部、國務院等公務員系統，慣性就幾乎大到難以撼動。而且近年來，政府一直沒有足夠投資培養這些機構，導致頂尖員工的人數不足。例如川普上臺之後第一年，國務院的專業外交人員數量就減少了一二％。

那麼，我們前兩章提到的那些如今不可或缺的新點子、新政黨、新政治人物，甚至是理想派的政治人物，一旦碰到像是《部長大人》那樣的可怕官僚體系，會變成怎樣呢？

我們來想像一下，平衡派執政之後，指派了一位立場堅定但毫無政治經驗的新秀擔任財政部長。這位政治小白兔叫做凱瑟琳・奇德利（Katherine Chidley），她學識淵博、事業有成、寫過政治暢銷書，並且是一名母親。[1]奇德利要找出一個永續成長的經濟模式，讓社會走向平衡，即便聽起來太過理想也要勇往直前。此外，她也決心避免這種模式造成債務水準、資產價格、貿易上的失衡。不過在那之前，她得先掌握整個財政部，以及了解經濟與金融之間的微妙差別。

奇德利無疑是個聰明的女人，甚至是聰明的知識分子，但她不是經濟學與金融學的專家。這位新任的財政部長，一不小心就會被赤字、國內生產總值預測規則這類經濟學術語搞得團團轉。各行各業都有自己的規範、形式、術語，在外人眼裡就像一堆看不懂的火星文，金融與經濟學也不例外。而且跟其他領域一樣，這些金融與經濟火星文，正是圈內的專家為了把一般民眾擋在外面，不讓他們參與未來決策而刻意把簡單的東西說得很難。很多時候，官僚都利用這些形式和術語來維持現狀。因此在奇德利上任最初幾週，她將看到一大堆內在祕辛，學習分辨哪些東西只是表面上的經濟成長動力，哪些東西則是真正驅動長期成長的因子。那些真正有用——例如投資人類發展之類——的因子，都需要時間才會發揮效果，然而一旦成功就能讓國家變得強大而難以擊倒。

奇德利剛上任幾天，請了她的「韓福瑞爵士」來幫她上課，包括經濟成長前景如何、經濟成長從何而來，以及要如何增進這個國家的經濟成長等等。誠實的官員這時候可能會直接說出我們知道的事情，說目前經濟成長越來越低、限制越來越大。但直接這樣講太難聽，所以官員可能會把國際貨幣基金組織、世界銀行、經濟合作暨發展組織等機構的大量研究結果與政策報告扔到奇德利部長的桌上。

成長道路的盡頭

此外，官員可能還會拿來二十國集團（G20）與七大工業國組織（G7）會議的一大疊報告，讓部長了解國際政治經濟局勢。各國政治領袖在這些會議中的嚴肅聲明，都是由旗下的「夏爾巴人」（sherpas）認真擬定出來的。最近這些聲明的模樣，大概不脫「經濟成長是首要之務。我們將努力促進成長，採取實際行動」之類。光是在G20的網頁上，就有一堆「我們將加強G20經濟成長議題，催生新的成長動力，並開拓新的成長空間」這樣的文字。[2]但這些聲明的真正意思，其實是G20成員國既擔心經濟無法繼續成長，又找不到促進成長的方法，或者不打算採取必要的促進措施。這些成員國更該擔心的是，一個成長極低甚至零成長的世界，將爆出哪些後果。

官員扔出這海量的文獻，是為了巧妙地提醒奇德利，目前全球各地的經濟成長都已經下降，經濟狀態通常很差，而且被減稅等一次性因素搞得更差，未來也很可能繼續糟下去。從全球金融危機以來，已開發國家與開發中國家的長期經濟成長水準平均值都已下降，目前正處於一九八〇年代以來的最低谷。[3]世界銀行與國際結算銀行（Bank for International Settlements, BIS）最近的報告也都證實，全球難以繼續成長。[4]它們的報告中列舉了許多限制成長的原因：利率上升、央行正常化、景氣循環漸趨成熟、還有人口結構這類結構性因素等等。而且這類機構的報告也都承認，全球化與金融市場自由化這些在過去三十年締造超高經濟成長的環境條件，未來可能不會再出現。

奇德利部長讀了報告，開始了解經濟的麻煩局勢。一方面，全球化速度正在減緩，方式正在轉變。另一方面，目前非常漫長的景氣循環也即將結束。家庭與企業想賺錢卻欲振乏力，政策決定者（尤其是央行）也只能竭盡全力防止經濟陷入嚴重衰退。無力的原因可能是過去累積的不平衡。全世界從一九九〇年代末以來，就再也沒有全面清算或清除過經濟體系中的失衡。照理來說，應該要重組債務和企業，並由鼓動冒險的人承擔金融風險，但政策將許多風險蓋了起來，一直悶在檯面下，於是政策制定者也只能一直頭痛醫頭、腳痛醫腳。

回頭看看二戰後各國的經濟發展階段如何演進，就會更了解漫長的全球化時代為何已經結束。先從一九五〇年代開始吧，當時各國經濟成長都相當緩和，北韓的成長率平均比南韓更高，美國則擔心經濟會被蘇俄超越（一九六〇年代蘇俄的國內生產總值接近全球一四％，日本在一九九〇年代也不過只占全球一七％）。但蘇俄不久之後就發現，如果生產力無法進一步提升，成長就會觸頂。

歐洲在一九六〇年代也相當繁榮，德國與法國的經濟更是因為大型國有企業、基礎建設、人口結構、歐洲跨國貿易而大幅提升。到了一九八〇年代，歐洲的成功模式被英美國家取代，英美兩國在稅收、放鬆管制、金融服務等改革下，刺激了經濟與社會變革。

雖然一九九〇年至一九九一年出現國際經濟衰退，但上述力量依然一直延續到一九九〇年代。中國等新興國家開始迅速成長，而共產主義垮臺之後的全面全球化，更是將全球經濟推上新高。雖然兩德在一九九〇年代初統一之後經濟成長趨緩；二〇〇一年至二〇〇二年則發生了網際網路泡沫；但這些事件都只是暫時中斷了成長，全球經濟成長水準直到二〇〇〇年代中期都一直相當高。然而，這種成長很大一部分是由不斷增印的債券，以及債券衍伸出的新興金融商品所堆出來的。二〇一五年的電影《大賣空》（*Big Short*）就說得很清楚。

於是金融產品與金融服務，取代了航空製造業、人力銀行、奢侈品、技術與電信服務業這類既有實體產業，成為經濟成長的主要動力。說得更正式點，雖然金融產品只是風險的購買與重分配，國民經濟會計制度卻將它們視為經濟活動。此外，這些風險在二〇〇七年前分配得也並不夠好，房地產危機就是個很好的例子。廉價資金推高了房價，高房價推高了交易槓桿，形成奇特而危險的衍生工具，最終擴大了房地產業對經濟的影響。上述轉變每發生一次，銀行就賺一次錢。到了二〇〇六年，美國公司的收入已有接近四成來自金融業（現在這個位子變成了科技業。從監管的角度看，科技業可能是新的銀行業）。

金融堆出的成長最後化為泡影，導致全球金融危機，後來金融危機又引爆了歐債危機。在危機之後，風險與流動性的週期就在大部分時間中影響全球經濟，各國央行注入的貨幣驅動了整體經濟環境與最終的經濟活動。流動性週期造成的波動，每隔一段時間就擾亂市場、嚇壞央行官員、讓企業變得謹慎而延緩了重新投資的速度。這些風險週期與流動性週期也扭曲了景氣循環，讓國內生產總值與股市在薪資、投資、生產力、平等都沒有實質改善的情況下，依然可以復甦。跟史上大部分的景氣循環相比，這次的循環既詭異又醜陋。

一次景氣循環有多久？

在經濟上，景氣循環這個概念直觀而無聊。但在政治人物眼中，景氣循環卻會影響他們的事業成敗。在景氣開始復甦時當選的政治人物，會把經濟成功歸功於自己；在開始衰退時當選的人，則會設法擺脫經濟的負面影響。例如老布希（George H. W. Bush）就是在一個漫長的景氣高峰當選了總統，即便在一九八八許下承諾：「讀我的唇：不加稅」，但面臨一九九〇年的衰退仍然在政治上陷入困境，最後無法連任。政治人物有時候會覺得自己可以控制景氣循環，但其實通常都只能隨波逐流。因此優秀的政治人物會調整措辭來因應，例如在景氣回升時說政府必須要引導經濟活動中的動物本能（animal spirits），衰退時說問題是瘋狂的投機者造成的，需要好好管理。

我們的奇德利部長可能會想看一下美國全國經濟研究所那個專門研究景氣循環的網站。[5]對外行人來說，研究景氣循環似乎很詭異，但景氣循環可以支配人們的生活，可以決定政治人物的成敗。

美國全國經濟研究所蒐集了一八五〇年代至今的景氣循環資料，把循環分為擴張與收縮兩個階段。每個循環平均持續五年（五十六個月）。但全球化改變了一切。全球化時代的兩個循環時間都是史上最長的，第一個從一九九〇年七月到二〇〇〇年三月，第二個從二〇〇一年十一月到二〇〇七年十二月。此外，前者的擴張期橫跨九十二個月，後者更有一百二十個月。經濟史上擴張期的平均值約為三十個月，只有一九六〇年代的擴張期長度可以跟全球化時代媲美。

根據美國全國經濟研究所宣布的時間，目前的景氣循環是從二〇〇九年六月開始，已經歷一百二十個月的擴張期，是史上第二長。但重要的是，這個擴張期的平均增長水準低於歷史平均值。至於其他國家，中國目前的擴張期更神奇地高達二百一十個月，這不禁讓我們擔心，眼前的奇蹟能持續多久？

值得注意的是，全球化延長並強化了景氣循環之後，人們開始以新的模式來解釋經濟。在柯林頓第二任期的後半，就有人把經濟成長與通膨都「不太熱也不太冷」的狀態稱為「金髮女孩經濟」（Goldilocks）。接著，在二〇〇八年九月，全球金融危機爆發幾週前，英國首相戈登．布朗提出「既不繁榮，也不蕭條」的概念。

如果政治人物與政策制定者開始讚嘆經濟奇蹟，通常都代表一個很長的擴張期即將結束。在長期經濟擴張的過程中，會出現一層層的槓桿與過度投資，最後與其他因素一起累積出一大堆風險與失衡。長期擴張的後期，市場經常都會預期經濟成長將繼續維持高水準。銀行經理、投資者、企業也會變得過於自信，並且過度投資，有時就因此負債。至於歷史上那些較短的景氣循環，則產生了相反的效果：這些時候的負債額度較低、頻率較高；衰退期通常都會清除掉失衡，也就是清除那些利潤不高的貸款、仰賴紓困維生的公私立殭屍企業，以及資產泡沫。俗話說得好，景氣循環不會死於衰老，而是通常都結束於失衡引發的後果，而失衡通常都是利率不斷上升造成的。

目前的景氣循環不僅跟過去比起來相當漫長，更充滿了規模前所未有的貨幣與財政刺激。各國推出這些刺激，讓成長率降低、投資變得極少、生產力放慢，讓這個「擴張期」出現了學者所謂的「長期維持低利率」（lower for longer）和「長期停滯」（secular stagflation）。[6]不過川普總統上臺之後，至少終結了美國的長期低成長，讓小型企業的活力因為動物本能而增加，它們預期監管會更寬鬆，而且降低企業稅也會為企業與家庭提供刺激。

川普的支持者會指出他的早期政策助長了國內生產總值，但我認為那都是典型的短期政策，並不會創造新的成長，只是把未來的成長先借來用而已。這些政策暗藏長期風險：它會讓公債不斷增高、財政赤字達歷史高峰，沒有錢去緩衝日後的衰退、貿易關係不斷惡化、人力資源投資不足。這跟典型的房地產開發模式一樣：借一堆債購買房地產，衝高短期資產價值與租金流，然後把房地產賣了。這種方式拿來搞房地產還好，但拿來經營整個國家，尤其是美國這種大國就相當令人擔心，因為它的成敗完全取決於國家的經濟本身能不能自然成長。目前我們還不確定世界各地的成長趨勢是否已顯著回升，研究甚至發現有很多部分都在下跌。

為什麼經濟無法繼續成長

羅伯特・戈登（Robert Gordon）教授解釋目前的經濟為何無法自然成長的方式，比上面更清楚。他認為，目前我們獎勵的許多創新都不會提高生產力，即使是那些會提高生產力的創新，對於經濟成長的貢獻也不如過去交通運輸或都市化那些創新。社群媒體就是個好例子。戈登問說，如果要你在放棄臉書帳戶跟放棄室內廁所或自來水這些舊創新之間選一個，有多少人會選後者？社群媒體的確讓人際互動與消費（無論是上班網購還是閒暇時消費）變得更方便，但未必能提高生產力，畢竟它只是把櫃檯服務人員換成了機器。人工智慧也許可以提高生產力，但提高程度目前未知。此外他指出，還有其他因素會限制經濟成長，包括消費者、企業、政府的債務、人口結構、氣候變遷風險等等。他在一篇論文中有趣地表示：「一七五〇年前經濟幾乎沒有成長，因此經濟本來就未必會一直成長下去！」他認為過去二百五十年內的快速成長，可能是人類歷史上獨一無二的一段插曲，未來幾十年的消費成長水準可能只有〇．五%。[7]

看看目前困擾市場與經濟的許多斷層線，就會覺得戈登的理論越來越合理。市場很在意那些「分裂」（disruption）。目前有一大堆新科技，或者科技帶來的新方法，大幅降低了組織與供應鏈的成本，讓既有的商業模型顯得沒有效率。目前最流行的例子，就是也許可以大幅降低金融服務成本的區塊鏈。第二名則是克勞斯．施瓦布（Klaus Schwab）在《第四次工業革命》（*The Fourth Industrial Revolution*）裡提出的「租賃經濟」（rent economy）。施瓦布是世界經濟論壇（俗稱達沃斯論壇）的創始人。他在書中指出一些重要的例子：Uber是全球最大的計程車公司，但並未擁有任何汽車。Airbnb是全球最大的「旅館業者」，但並未擁有任何旅舍。

這些事情在傳統經濟學家眼裡當然是一場災難。景氣循環，原本應該是由投資增加、薪資僵固性增強、企業的強勁獲益能力推動的；但這些因素在從二〇〇九年開始的大部分復甦裡都沒有出現。在此同時，這些「分裂」會加劇收入與財富不平等，激烈的破壞更是會讓利益集中到資本家與少數股東那邊。至於Uber那種定價模型，則是會在完全沒有創造社會利益的狀態下，持續壓低勞工收入。這種模式很少投資員工，員工技能不會增長，生產力自然拉不起來。

生產力的問題還不僅如此。近年來學院裡的學者與企業聘請的科學家都越來越多，具有生產力的創新卻變少，或者說越來越多的創新對生產力的幫助跟早年的Excel試算表或半導體晶片比起來，都顯得微不足道。史丹佛大學的尼可拉斯・布魯姆（Nicholas Bloom）跟同事們一起分析了各種行業、產品、企業之後，發現研究工作顯著增加，研究的生產力卻急遽降低。英特爾創始人戈登・摩爾（Gordon Moore）的摩爾定律說，積體電路上可容納的電晶體數量，每兩年就會增加一倍。布魯姆等人則補上脈絡說：「如今要符合這個定律所需的研究人員數量，超過一九七〇年代初的十八倍。」[8]他們研究各種產業、各個國家，都發現一樣的現象。無論是半導體，還是小麥、棉花、大豆這些軟性大宗商品，甚至是藥品降低死亡率的能力都符合相同規律。要麼研究人員的生產力越來越低，需要越來越多人才能搞出創新；要麼有效的新點子很難出現。這個現象值得擔心，因為先進國家的人民已經開始拿經濟問題怪罪移民，但其實生產力才是推動成長的動力。

為什麼蘇俄輸給了美國？

近二十年，我確定生產力是國家進步的核心。我在美國的時候曾與一位同事共用辦公室，他畢生大部分的時間都在研究俄羅斯經濟。當時俄羅斯經濟史上幾乎沒有東西可以用來當成經濟崩潰和危機管理的研究案例。但其實美國在一九五〇年代一直擔心經濟會被蘇俄超越，甚至到了一九六〇年代還在擔心。蘇俄在那段時間因為基礎建設、國防開支、加上大量的農業產出，經濟成長率一直相當亮眼。

但蘇俄沒過多久就碰壁，因為它無法提高生產力。中央經濟的管理模式，以及缺乏靈活的勞動力和資本市場，都嚴重限制了創新；工藝流程及軍事與太空以外的新科技，也都不能蓬勃發展。於是，蘇俄的生產力增長有限，幾乎無法利用資本市場讓資金彼此競爭，而且幾乎沒有對外貿易，於是經濟停滯不前。

蘇俄的經濟衰退，證明生產力是經濟進步的核心，在某些意義上也是社會進步的核心。非常粗略地說，只要明智、有效地將勞動力與投資資金，投注在既有資源或創新之上，利用它們製造更多產出，那麼經濟就會成長。這在經濟學叫做「總要素生產力」（total factor productivity）。生產力是讓開發中經濟體從早期成長階段（例如農業與製造業）轉向更高級的成長階段（例如服務業與科技業）的關鍵因素之一，也是已開發國家和社會繼續維持高經濟成長率的主力。

照此說來，二〇一二年至二〇一七年的成長率就相當令人擔心。開發中國家與已開發國家在這五年間的經濟成長率都降到歷史最低水準。一項長期資料顯示，如今美國的生產力水準是一八八〇年以來最低，歐洲大部分地區也差不多。[9]說得更細一些，美國的總要素生產力在一九九六年至二〇〇六年平均為一％，在二〇〇七年至二〇一二年下降至〇・五％，在那之後更一直在零點附近徘徊。[10]在生產力中，長期或「結構性」的生產力比短期更重要，因為它是國家與人民提高產出的能力。而影響長期生產力的重要因素，則包括管理制度或政治體系的優劣，以及教育程度等等。因此，如今政治人物去攻擊美國聯邦準備系統與國務院這類機構，以及公共教育支出減少和教育普及率同時下降，都相當值得我們擔心。

此外，生產力下降也會導致一些麻煩的問題，而且在科技明顯進步中的社會裡會更麻煩。也許有些人會說，生產力通常很難衡量，而且效果往往要隔一段時間才看得到。例如社群媒體、3D列印、機器人這些新方法與新科技對生產力的影響，目前都還沒反映在生產力上，而且即使它們提升了生產力，也需要改變計算方式，例如更精確地納入線上經濟的產值才能看得見。[11]說不定還會有人說，如果要真正提升生產力，就需要更多機器人！

也許有人會以為，全球金融危機之後的失業率極高，應該是因為企業已經努力設法簡化了流程，提高了生產力。但目前資料並沒有這麼說，反而表示勞動市場的新趨勢可能正在傷害生產力。

英國經濟就是個好例子，它的生產力近年來大幅下滑。該國勞動市場正在流行一種類似「零工時合約」（zero-hours contract，雇主沒有義務提供最低工時或工作地點，勞工也沒有義務接受雇主指派的工作）的東西，同時也有極大量的民眾自己創業或「註冊為公司」，這些趨勢都可能讓勞工喪失公司提供的生產力優勢與學習機會。而在生產力下降的同時，失業率也下降，薪資卻沒有明顯上漲。英國央行首席經濟學家安迪・霍爾丹（Andy Haldane）做了一項有趣的研究，發現英國目前的勞動力市場和十七世紀工業革命之前很像。[12]當時許多人都同時打兩、三份工，沒什麼獨特技術，議價能力很弱。嗯，看來我們離平衡派的世界真的沒那麼遠。

生展力低落還有另一個更明顯的原因：自全球金融危機以來，投資就一直不溫不火。背後的原因包括，低成長減少了投資機會，但無法阻止企業用金融方式繼續成長。低利率讓許多高階經理人開始著重金融工程（管理顧問可能稱之為「金融生產力」），利用低成本發行債券，募集購回股票與配息所需的資金。回購的股票變多後，每股盈餘看起來就提高了，高階經理人就藉此獲取更高薪資。

在更廣的層面上，商業領袖在過去十年中對市場都沒啥信心，而且可能因此延遲了投資。此外，這段期間有許多地區都出現龐大的投資熱潮，而熱潮後期的生產力漲幅並不高。中國就是一個關鍵例子，推動該國早期經濟成長的國有企業，後來出現了各種問題：企業不賺錢、借太多錢投資建築與房地產、管理階層變得傲慢自大。

此外，還有兩個原因會讓生產力降低與「平衡」的概念有關。第一個是全球化逐漸轉為多極世界。西方國家的公司在推動全球化的過程中，直接將資本投資於世界各地。但如今趨勢正在反轉。保護主義、智慧財產安全，以及開發中國家的成本不斷上升，都讓大型跨國公司逐漸把資本撤回母國。美國總統逼美商回流的力道也越來越大。

很多時候，減少跨國投資和強制外商回流，都只能在一開始增加生產力，之後就會遞減。墨西哥美商的問題就是個好例子，複雜的供應鏈以及兩國勞動市場動態的差異，都讓回流的美商很難繼續維持既有物流方式並繼續獲益。此外，勞動報酬與企業獲利的關係從沒像目前這麼緊張過。美國企業與美國股東的成長非常亮眼，勞工的收入成長卻不高，實質薪資與國內生產總值之間的比例已接近歷史最低。這表示企業如果不提高生產力，不提高勞工薪資，可能就無法以目前的生產模式繼續維持成長。

還有另一個平衡派的觀點，可以解釋生產力為何降低：社會脫序、人類發展不足。脫序（anomie）是一種異化、疏離、與社會失去關係的狀態，美國的自由黨團、茶黨黨團這些激進保守派，以及法國極右翼的國民聯盟、極左翼的不屈法國（La France Insoumise）等等，全都是脫序引發的後果。[13]這種時候，社會學先驅之一涂爾幹（Emile Durkheim）的著作就相當重要，但目前注意到他的人卻出奇地少。涂爾幹的主要研究之一，就是哪些因素能讓社會團結在一起，社會整合與集體意識又是如何誕生的。其中一項研究結果就指出，整合程度較低，尤其是員工之間待遇不平等的社會，政治總有一天會走向極端。美國、英國、義大利等國現在就陷入這種狀況。公司為了提高效率而降低成本的做法，可能會造成社會失序；而社會失序有時候也會反過來讓員工變得混亂或不敬業，降低職場生產力。失序嚴重、經濟生產力降低的兩個原因，是欠缺在職員工培訓，以及社會平均教育程度低。以美國為例，那些教育程度停滯不前的地區，生產力都較低。[14]而根據經濟合作暨發展組織的資料，英國、美國、澳洲、日本、西班牙用於人力培訓的公共支出，都比丹麥和法國等國家少很多。[15]

注定走下坡

如果你覺得這聽起來還不夠慘，那我再講一些阻礙長期經濟成長的因素好了。其中一個就是人口結構，它從一九八〇年代到大約二〇一〇年為止一直幫助經濟，但現在可能會變成拖累。人口老化的危機很大，美國六十歲以上的人口比例，從二〇一〇年到二〇五〇年預計將增加三九%。[16]某些政府已經成立研究機構，探索人口老化對經濟的影響。例如美國國家研究委員會（National Research Council）裡面的人口老化對總體經濟長期影響研究委員會（Committee on the Long-Run Macroeconomic Effects of the Aging U.S. Population）就非常重要。他們的研究結果很不樂觀，人口結構未來十年將讓美國國內生產總值降低一．二%，之後十年預計再降〇．六%。同時，人口老化也會降低生產力。員工生產力低，生育率又低，意味著長期利率將結構性降低，低成長也將成為新常態。[17]

委婉地說，在債臺高築、人口結構變化，以及其他經濟陷阱等諸多斷層線影響下，讓經濟繼續成長將是一項重大挑戰。而國際貨幣基金組織與經濟合作暨發展組織的預測，更是支持了這種可能性。[18]我們不能把最近幾次景氣循環中的週期性成長，和長期經濟成長混為一談。我認為週期性的景氣榮枯都只是過眼雲煙，只有從長期經濟成長趨勢，才能看出國家的經濟潛力與實力。

而且長期經濟是否能成長，也關乎人們能否創造財富、維繫生活品質。

麻煩的是，隨著全球化逐漸退潮，未來的成長照理來說將相當低，很多政策制定者和企業卻依然認為經濟可以繼續成長，兩者之間有一道鴻溝。自從一九九〇年代初的衰退之後的十年來，利率下降、有利的人口結構、新興經濟體的崛起這一大堆有利因素，就讓經濟神奇地一直維持成長。但未來的經濟，就很可能要走下坡了。

可憐的奇德利部長，在聽完這一連串低成長、人口結構問題、生產力降低的不利因素之後拉長了臉，覺得自己怎麼不是去當國防部長，而來當財政部長呢？低經濟與後續的災難，沒有新方法是無法解決的啊。

她眼前有兩條路，如果她願意的話還能有第三條。第一條路是請她的官僚提出一項迅速有效的經濟魔藥，例如波士頓大開掘（Boston's Big Dig）❶之類的，避免人民無法接受未來經濟很可能走下坡的事實。第二條路是訴諸民族主義，如果成長幅度低於過去二十年的水準，她就把責任全都怪到其他跟該國搶生意的經濟體身上，然後大聲向選民宣傳她將奪回被外國人搶走的經濟成長。除此之外還有第三條路，只是實行起來困難重重，政治上也不討喜：她可以設法找出有哪些因素能推動國家長期發展與穩定，然後打造一個架構讓這些因素發生。

❶ 譯注：「Big dig」是一項穿越波士頓市區的巨大工程，規畫穿過城市心臟的93號州際公路（I-93），號稱美國史上施工最長、耗資最鉅的城市交通建設。工程耗時十餘年（一九九一—二〇〇六），花費超過一五〇億美元。

我們把三條路分開來討論，先說說基礎建設。[19]自從二〇一一年以來，政府就一直把量化寬鬆促進經濟成長、提高通膨的功能當成政策的主力。它的確穩定了金融市場，也降低了利率；卻似乎不太能增進經濟潛力。真要說起來，量化寬鬆本來就不是用來提高經濟潛力的，只是這招的力道和央行的力量太強，讓很多政治人物樂於把許多風險都扔給央行承擔而已。至少在美國，一直有人討論要不要大規模推出實體基礎建設計畫。美國的公路、鐵路、機場、電信系統惡劣狀況，一直是吸引投資的好標的。好幾本詳盡縝密、在很多情況下很有說服力的書籍與報告都指出，美國與許多國家的基礎建設極需升級。[20]例如羅莎貝絲・肯特（Rosabeth Moss Kanter）的《動起來：讓美國基礎建設重回領先地位》（*Move: Putting America's Infrastructure Back in the Lead*）就相當值得一讀。我自己常在美國旅行，美國的鐵路、公路、機場、電信系統跟許多新興國家——尤其是中國與中東——的嶄新智慧型基礎建設相比，真的需要澈底檢修。[21]如果美國好好升級基礎建設，應該可以完美因應下一場經濟衰退。麻煩的是，我們的錢似乎不夠。即使川普政府積極減稅，經費也不足以讓美國以縝密的計畫將基礎建設全面升級。

而且，經費與時機又引出另外兩個問題。美國的公債比例位於歷史高點，財政赤字也高得異常，整個國家就像背了一大筆貸款跟一屁股卡債的人一樣，幾乎沒有餘裕推出精心規畫的基礎建設。要說起來，在財政上趨向保守的議員這麼多，國會竟然允許財政赤字如此迅速飆漲，還真是不可思議。但其他國家也沒好到哪裡去，很多都無法增加開支。即便是德國這些少數有辦法的國家，似乎也不打算這麼做。

此外，推出基礎建設的時間點很重要。這類計畫要花很長時間才會發揮效果，例如假設你要促進二〇二一年的經濟成長，你在二〇一八年就必須寫好項目。而且看看波士頓大開掘的故事就知道，基礎建設很容易出現財務效率不彰的問題，因此需要嚴格管理。[22]此外，政治決策的影響，也往往讓基礎建設的最終效果低於預期。由此可知，基礎建設最適合的用法是預防下一次的經濟衰退。在二〇二〇年代初期的衰退中，經濟成長會降低，同時會發生一些債務重組，此時基礎建設的刺激會更有用、效率更高、更有助於穩定勞動市場。不過基礎建設總是需要長時間規畫，而這些極為複雜的項目內容，可能會成為貪腐與效率不彰的溫床。

因此我們應該建議奇德利部長，她可以根據需求事先畫出基礎建設藍圖，但必須等待適當的執行時機。同時她也要知道，基礎建設只是打造國家的方法之一。國家的長期興衰通常並非取決於道路的優劣，而是取決於人民的素質、與人民相關的體制、人民制定的決策與法律，以及人民適應變遷的方法。

為什麼我們需要國家

要了解國家的興衰，可以先從觀察那些偉大的城市開始。這種時候，伊安・摩里士（Ian Morris）的《西方憑什麼》（*Why the West Rules—for Now*）以及人口統計學家西蒙・庫斯滕馬赫（Simon Kuestenmacher）研究中的資料，就很值得參考。這些資料整理了過去四千年來全球最大城市的盛衰。其中巴比倫、尼姆魯德（摩蘇爾南部的伊拉克古城）、亞歷山卓這些城市，都曾是偉大文明的焦點，如今卻都成為新聞中的悲劇角色。中國的超級大城更是驚人地多：南京、西安、杭州、北京都各自在西元六〇〇年至一八〇〇年間登上「全球最大城市」的寶座。到了十九世紀，最大城市的寶座一度被倫敦搶走，但很快地又換成了紐約。不過如果我們根據各時代的全球人口數與發展程度來調整「最大城市」的排名，那麼史上最大的城市很可能非古羅馬莫屬。耶穌誕生的時候，古羅馬有一百萬居民。如果換成當代的話，等於東京塞了超過七千萬居民！此外，古羅馬的影響力也高得相當驚人，它主宰全球大約五百年，直到西元五〇〇年左右才不再是權力與人口中心。

羅馬、亞歷山卓、南京的教訓很值得當代人警惕。如今中國正在崛起、英國與美國陷入政治危機、歐洲大部分地區則還沒擺脫經濟問題。我們可以從這些古城的興衰看出國家為什麼會失敗，這也正是平衡派關注的核心問題之一。這又讓我們想到愛德華・吉朋（Edward Gibbon）的《羅馬帝國衰亡史》（*The History of the Decline and Fall of the Roman Empire*），研究經濟史，尤其是研究經濟衰落的時候，這本書很值得參考。吉朋在這本書中認為，羅馬帝國之所以瓦解，是因為變得自滿、體制被削弱、公領域中的領袖不再在乎公民德行（civic virtue，也就是後來馬基維利所稱的「德性」〔virtu〕），不再為國家或人民的公共利益而努力。

在吉朋之後，唱衰國家的著作就絡繹不絕。奧斯華・史賓格勒（Oswald Spengler）在一九一八年寫了引發爭議的《西方的沒落》（*The Decline of the West*），近年來歐洲先是有蒂洛・薩拉辛

（Thilo Sarrazin）的《德國自取滅亡》（*Deutschland schafft sich ab*），然後又出現埃立克・齊默爾（Eric Zemmour）的《法國在自殺》（*Le suicide français*）和米榭・韋勒貝克（Michel Houellebecq）的《屈服》（*Soumission*）。美國也差不多，《國家》（*Nation*）雜誌的湯姆・英格哈（Tom Engelhardt）、CNN的法里德・扎卡利亞（Fareed Zakaria）、《金融時報》的艾德華・盧斯（Edward Luce）都寫過美國即將衰亡的文章。這類著作顯示，唱衰西方的聲音再次增強，同時也表示我們正位於一個十字路口，見證著印度與中國這些國家的崛起，以及英國甚至美國這些國家的衰落。如今許多人都開始好奇，究竟怎樣的方法才最能讓先進國家重獲生機，怎樣的管理方法又最能讓新興國家順利邁向下一個發展階段？

為什麼國家會失敗

影響國家興衰的兩個重要因素，分別是體制的優劣以及公民的德性。從亞歷西斯・德・托克維爾（Alexis de Tocqueville）的《民主在美國》（*De la démocratie en Amérique*）到戴倫・艾塞默魯（Daron Acemoglu）與詹姆斯・羅賓森（James Robinson）的《國家為什麼會失敗》（*Why Nations Fail*），討論國家興衰的著作都不斷出現這兩個要點。我認為在英國脫歐、二〇一六年美國大選、歐元區壓力未解的餘波中，《國家為什麼會失敗》和《羅馬帝國衰亡史》可以給各國的部長級官員生動而重要的啟示。

除此之外，這些文本也在國際關係的討論中引進兩個主題：第一個是許多昔日大國都想重拾舊日光輝（它們也許可以稱為「想要再次強大的國家」），第二個則是究竟有哪些因素會讓國家興盛？這樣的討論，會導出兩種彼此互相競爭的國家發展方向。有些國家會試圖攻擊異己，以民族主義的方式重拾榮光；有些國家則會試圖改善制度與結構，締造強健的體制和穩定的經濟發展。俄羅斯採取了第一種，紐西蘭則是第二種。

此外還有另一種因素，也許有助於統整國家為何興衰，為何持久強盛。這因素就是發展、經濟、人口結構的循環。要了解這個因素，可以參考華特・羅斯托（Walt Rostow）的《經濟發展階段》（*The Stages of Economic Growth*）、艾文・托佛勒（Alvin Toffler）的《第三波》（*The Third Wave*）、尼爾・豪伊（Neil Howe）的《第四次轉向》（*The Fourth Turning*）等書。

金融市場可以看出一個國家的興衰，股票市值的長期變化會顯露出各國國力的走向。舉例來說，一九〇〇年的英國股市市值占全球二五％，美國一五％，德國一三％，日本趨近於零。如今美國的市值占五一％，日本八％，英國與德國則分別降到六％與三％。[23]金融實力的變化，告訴我們各國實力的消長變化多麼劇烈。

至於貨幣的價值，則更能顯露每個國家的興衰。用吉朋的話來說，國家的衰亡直覺上通常與貨幣貶值有關。例如制度強健、國內生產總值水準高的瑞士，就是過去一百年來貨幣唯一沒有貶值的國家。近年來，無論是俄羅斯、南非，還是土耳其，新興國家的政治強人破壞了制度之後，貨幣都在貶值。例如土耳其的經濟就因為總統艾爾多安（Emine Erdoğan）讓女婿負責經濟部與財政部而受傷（想像一下如果川普任命女婿傑瑞德・庫許納〔Jared Kushner〕為美國聯邦準備系統主席，市場會作何反應吧）。政治風險以及低品質的體制，通常都會讓貨幣貶值。對此美國應該引以為戒。

貨幣會反映出各國在世界中的地位，例如美元如今就儼然已是全球金融體系的關鍵。打造二十世紀的世界秩序以及全球化的主要動力之一，就是美元成為國際準備貨幣。美元在二戰後的地位，強勢到當時法國的財政部長瓦勒里・季斯卡・德斯坦（Valéry Giscard d'Estaing）說出美元的特權實在「太囂張」（exorbitant privilege，又稱過度特權）之語，因為美國不但可以發行美元，還能要求其他國家購買美元。在季斯卡說出此言之時，美元與黃金掛勾，而法國與一些其他國家為了降低美元的優勢，紛紛將持有的美元換成黃金。這後來成為了尼克森總統決定讓美元與黃金脫勾的基礎。不過自此以來，美元依然都是最強勢的貨幣之一，許多開發中國家都將自己的貨幣與美元掛勾。

貨幣的價值與波動很難預測。據我所知，預測貨幣走勢是金融界最困難的任務之一。我最近讀到一篇非常新穎有趣的貨幣行為論文，題為〈火星還是水星？國際貨幣選擇的地緣政治〉（Mars or Mercury? The Geopolitics of International Currency Choice），作者是巴里・艾肯格林（Barry Eichengreen）教授以及歐洲央行的兩位經濟學家。[24]

〈火星還是水星〉認為，衡量貨幣價值的方法可以分為兩種。比較常見的方法稱為「水星法」，根據利率與外匯儲備這些變量來衡量貨幣的強勢程度。另一種則稱為「火星法」，認為貨幣的強勢程度反映各國在世界中的地位，也就是各國的制度與同盟關係有多強健。該論文分析了一戰以來的資料，發現軍事與地緣政治聯盟是解釋貨幣強勢的重要因素之一。那些在地緣政治上有利的國家，能夠與盟友進行密切的貿易與經濟往來，並獲得盟友信任，貨幣因此強勢。

論文的作者們造出一個框架，去分析如果美國切斷與其他國家的外交連結，美元會產生什麼影響。他們認為，如果美國變得更為孤立主義，戰略盟友購買美國金融資產的熱度就會降低，美國公債的買家就會變少，公債的長期利率可能會上升到一%。

如果奇德利部長有時間使用辦公室的彭博終端（Bloomberg Terminal）軟體，*可能還會發現土耳其里拉最近的走勢也符合「火星」假說。她會看到里拉在二〇一八年的波動如今雖然趨緩；但衰落主義的幽靈越強大，「讓〇〇再次偉大」的說法就越流行，而金融市場正等著要對這樣的趨勢發表意見。

如果她真的想阻止衰退，讓美國再次偉大（其實說「重新變強」更合適），就會想知道政治人物應該追求哪些目標，採用怎樣的計分卡。例如歐盟《馬斯垂克條約》的金融標準就相當好，但歐盟國家通常都無視這些標準。當代的政治人物幾乎都不會明確說出自己要採取怎樣的計分卡、方法和目標。背後的原因之一，就是很多政治人物只要說到經濟，目標就無非是「就業」、「成長」，或英國前首相哈羅德・威爾森（Harold Wilson）口中的「你口袋裡有多少英鎊」。

「就業」、「成長」、「繁榮」是最容易讓政治人物拿來闡述的目標，而且往上一層看，這些目標也比較容易衡量。相比之下，打造高品質的永續經濟成長，就困難很多。此外，政治人物經常高喊「促進經濟繁榮」之類的神奇口號，但其實維持穩定永續的經濟繁榮（例如家庭淨資產持續成長）相當困難。如果經濟成長即將減緩，聰明的政治人物就會在國內與國際演說間不斷主打不平等的問題，只要高舉這個旗幟，接下來就可以把所剩無幾的成長果實，從一群人手中搬到另一群人手中。比較粗糙的政客甚至會直接推出民粹型政策，阿根廷前總統胡安．裴隆（Juan Perón）就說過這種政策滿有用的：「我親愛的朋友：把所有能給的東西都給人民，尤其是給勞工吧……經濟是一塊彈性最大的大餅，沒有人真正了解經濟，所以大家都不敢討論它。」[25]

另一種更時髦的高風險說法則是高喊「讓人民幸福」，或者「終結人民的痛苦」。這實際上的意思，就是要壓低人民痛苦的兩大來源：通膨率與失業率。最近的政治界非常喜歡把幸福掛在嘴上，但幾乎沒有任何國家正在實際設法讓人民過得幸福。幸福的來源之一，是人民擁有穩定的家庭生活（目前甚至有學術研究支持這個想一想也知道的說法）。[26]此外，社會必須平等而博愛，每個人的財產必須與同儕大致相當。馬克思就說過，「房子的客觀大小並非重點。如果你家旁邊的房子跟你差不多小，你的房子就能滿足你的社會需求；但如果你家旁邊蓋起了一座宮殿，你的小房子看起來就像破落戶一樣。」[27]用博愛與平等的角度來看，北歐國家與阿爾卑斯國家都因為社會結構與福利制度完善，而在幸福程度上名列前茅。此外，心理健康對幸福程度的影響也相當重要；但可能是因為它的影響機制相當複雜、被許多國家列為文化禁忌，以及很難以此獲得

＊許多金融分析師都使用這套軟體，來閱讀各種市場資料與市場分析。

政治利益，政治人物通常都不敢去處理心理健康的問題。

政治人物通常不喜歡遵守政策目標，因為目標很難實現，光是要讓景氣循環站在你這邊就夠難的了。而且說真的，政治鬥爭比具體的政策目標有趣太多。那些「讓○○偉大」、「讓○○再次偉大」，以及各種「夢想」之類的政治宣言，實在太好用了，它們的承諾大到別人無法判定你究竟實現了沒，通常都可以把實現的代價扔到別人身上，還能利用人民的懷舊之情為自己辯護。

令人驚訝的是，幾乎沒有政治人物會提出比「偉大」更重要但沒有那麼吸睛的願景。例如當代幾乎沒有政治人物會主動捍衛公共財，很多國家甚至直接開倒車，放任教育逐漸私有化、環境惡化，讓健保體系危機四伏。如今在這個各國都在撙節的不穩定世界中，優質的公共財已經變成維持穩定的力量之一。但卻有越來越多政治人物看不見公共財能夠帶來的利益，沒有更勇敢地捍衛公共財的價值。也許公共財的價值是不可能在推特上解釋清楚的，它幾乎一定會牽扯到增稅，以及惡名昭彰的政府支出。對此我也只能感到遺憾，我認為許多投票支持極端政治的人都扼殺了很多公共財，扼殺了高品質的教育、宜居的都市空間及平價的醫療。

「我們做對了哪些事？」

奇德利部長在消化這些資訊的時候，將開始了解所謂的「偉大」、政策計分卡與公共財之間究竟有怎樣的關係，然後開始著手制定一個可行的國家發展計畫。國家興衰的各種因素，是我在寫前兩本關於愛爾蘭的書時想到的。二〇〇六年，在愛爾蘭經濟崩潰之前，我寫了《愛爾蘭與全球問題》（*Ireland and the Global Question*）。愛爾蘭是一個小型開放經濟體，因為全球化與當時歐元區整合而受益匪淺。當時它正在享受有史以來第一次的經濟繁榮，對之後即將突發的經濟嚴重崩潰毫無準備。我那本書想討論的就是，要打造怎樣的緩衝機制，例如由高技術勞工管理的強力機構、優質的公共財及戰略思維，才能讓這樣的國家因應全球化的負面影響？

在信貸危機嚴重破壞愛爾蘭經濟之後，我懷疑愛爾蘭的經濟奇蹟是否只是幻影，該國政策是否有價值。我和羅瑞・米勒（Rory Miller）教授決定分析愛爾蘭模式究竟是怎麼垮的。後來這些研究論文就結集成為《我們做對了哪些事？》（*What Did We Do Right?*）一書。我們請十二個不同國家的作者，分別以客觀的態度分析愛爾蘭做過的事情中，有哪些可以讓該國繼續擁有優勢。

我們以一種獨特的思路討論問題：國家應該重視哪些因素才會富強，才不會一直跟著全球經濟潮起潮落，一直被社會經濟失衡的壓力搞得喘不過氣。富強的國家未必擁有強大的軍事力量或龐大的國內生產總值；反而常有促進人類發展、抵抗經濟衝擊、建立穩定社會之類的能力。[28]一個國家富強或有彈性，表示它能夠理解並減緩外部的衝擊、具備永續成長的經濟框架、擁有促進社會穩定與人類發展的政策方針。[29]國家的實力不只是一套政策，而是一種思維方式或政策文化。新加坡和瑞士這樣的國家就是好例子，它們非常了解移民、匯率波動、世界貿易這些外部力量可能衝擊該國社會，所以總是做好準備。

我參與的好幾個研究項目都發現一個明顯的現象：那些國家實力得分最高的國家，都是最全球化的國家。[30]有趣的是，這些國家的「創新精神」、「繁榮程度」等得分也名列前茅。[31]它們大部分都是充滿活力的小型經濟體，例如新加坡、紐西蘭、瑞典、瑞士、芬蘭、挪威等等，少數則是某些大型已開發國家，例如荷蘭、英國，有時候還會有美國。這些國家的教育、法治及教育資源配置都很好，而這些都是無形的基礎建設。很多時候，無形的基礎建設對國家的未來而言，比有形的基礎建設更重要。

影響國家實力的因子，包括政治、法律、社會經濟等。其中的政治因子包括政治穩定的程度及組織機構的強度等。法律因子包括法治程度、租稅政策、保護智慧財產與實體財產的方式。社會經濟因子則有很多，研發能力、商業流程、員工教育培訓等等皆是。

我們可以說，無形基礎建設包含了五大支柱：教育、醫療、金融、商業服務、科技。[32]雖然開發中國家即使只投資實體基礎建設也能締造高經濟成長，但只要不投資無形基礎建設，就無法永續維繫高生產力與人類發展。很多開發中國家都因為沒有無形基礎建設，紛紛在實體基礎建設帶動經濟成長之後，生產力就上不去了。

無形基礎建設

每個國家的人均國內生產總值水準，與其無形基礎建設的優劣緊密相關。新加坡、荷蘭、瑞典都是好例子。諾貝爾經濟學獎得主勞勃・梭羅（Robert Solow）研究過技術與人力資本這些無形因子如何影響經濟成長，發現決定已開發國家經濟成長水準的主要因素，就是科技進展與人力資本的升級（不過我要補充一下，還包括以更聰明的方式使用科技）。

直覺上，我們很容易就能知道某些無形基礎建設會改善社會與經濟。例如教育是人力資本的關鍵決定因素。教育品質會影響到幾乎所有層次的經濟產出，尤其是高中教育的普及程度與人均國內生產總值之間的相關性特別強。歷史上也有很多經濟體因為重視教育投資而順利成長，臺灣、香港、韓國、新加坡成為一九九〇年代的亞洲四小龍就是很好的例子。事實證明，政府是否投注教育，日後將大幅影響該國的經濟成長。

由於人類預期壽命越來越長，老年人口比例越來越高，醫療保健的品質將是決定人均產出的另一個關鍵。無論古今中外，優質的醫療保健，幾乎全都會提高經濟的活力與人類發展程度。許多經濟體的經濟發展程度，都因為人民健康不佳、預期壽命較低而嚴重受限。俄羅斯就是個例子。也正因如此，俄羅斯總統普丁（Vladimir Putin），在二〇一八年大選之後的演講中強調，未來將投資醫療保健。不過一般來說，許多開發中經濟體目前依然不會優先改善公共衛生的品質，而美國和其他已開發國家則是越來越忽視這件事。精神疾病的流行、濫用鴉片類藥物、肥胖問題，都讓社會品質與人類發展程度每況愈下。

雖然不同的無形基礎建設通常會對經濟產生不同影響，但在其中一項表現優秀的國家通常在其他項也很強。我們通常可以從一個國家有多麼重視無形基礎建設，看出該國有怎樣的發展心態與文化。因此，雖然剛開始發展無形基礎建設的國家可以專注提升單一指標，但仍需要花時間讓自己的視角變得更全面，讓制度、法治、人力資本成為國家發展的核心。如神話一般的北歐模式之所以很難直接套用到其他國家，原因之一就是這些國家的發展模式都基於法律與做事方法，而這些東西絕非一夕可成。

有趣的是，如今正處於戴雅門（Larry Diamond）所謂的「民主退潮」，也就是民主國家變少的時代，[33]許多國家維持高經濟成長的祕訣並不是靠民主，而是靠無形基礎建設。新加坡就是一個例子。雖然經濟學指出民主與經濟發展之間的相關性很高，但越來越多人懷疑兩者只是相關，不是因果。越來越多人認為，對經濟發展而言，體制的優劣與法治之類的無形因素比民主更重要。

大量證據表示，經濟體的體制，或至少體制的優劣，決定了它的資源如何分配、誘因與契約都長成什麼樣子。優秀的體制會增加信任、鼓勵投資人力資本，有助於降低商業衝突。這點以計量經濟學的方法來解釋就很清楚，把各國的人均國內生產總值和世界銀行評定的法治分數，以及政治自由分數拿來比較，就會發現法治分數與人均國內生產總值之間的相關性比較高。這表示要讓經濟成長，法治比政治自由更重要。[*]世界銀行從二〇一七年以來，就用百分比表示法治分數。各國的得分之間差異很明顯。（舉例來說：第一名的紐西蘭是九八％，美國是九一％、比利時八八％、立陶宛八一％、義大利六二％。倒數幾名的國家分別是中國四四％、奈及利亞一八％、阿富汗四％。）[34]在這個電子商務日益流行、金融市場對經濟依然扮演重要角色的時代，「信任」比以前更重要。

你很難讓政治人物去推動無形基礎建設。它非一朝一夕可成，但政治人物都很愛衝短線；而且它是用人打造出來的，高度仰賴人民的生活品質和審慎的思辨，不是什麼降低企業稅、提高關稅，或者在選民面前說漂亮話就會有用的。是啊，你是可以推出那些民粹政策，什麼美墨圍牆蓋起來、對富人課徵懲罰稅、把移民趕出去之類的。但問題就解決了嗎？各國政府就會去處理生產力不足之類的長期困境嗎？東歐與南歐的政府就會整治貪腐嗎？亞洲的政府就會建設足夠的醫療照護體系嗎？

國家的實力

無形基礎建設只是國家實力的元件之一。除此之外，國家要富強還需要提高人類發展程度（可以以聯合國的人類發展指數衡量）、讓經濟更開放、降低總體經濟波動，以及改善政府的治理品質（這與無形基礎建設略有重疊）。[35]

大部分國家的實力強弱，都符合政治經濟發展的研究結果。「國家實力」的重要性，是法蘭

* 世界銀行的「法治」得分，表示「成員對於社會規則的信任程度與依賴程度，尤其是合約能否確實執行、財產權能否保障、警察與法院的素質、犯罪與暴力的發生頻率」。世界銀行《全球治理指標》（*World Governance Indicators*），「常見問題」篇。http://info.worldbank.org/governance/wgi/?xyzallow#home.

西斯・福山（Francis Fukuyama）《政治秩序的起源》（*Political Order and Political Decay*）一書的論述基礎。這本書主張，社會與經濟要進步就需要強健的體制、公領域的信任、法治，以及有效率的國家。簡單來說，「就要像丹麥那樣」。[36]

進步的小國實力比較強，這一點都不奇怪，但這種說法有取樣偏差。它過度強調老牌的小國，讓人一聽就想到瑞士和北歐國家，再不然就是新加坡和香港。事實上，大國不一定比較差，小國也不一定比較好。澳洲與英國的國家實力排名都不差，反倒是很多小國都沒有站上國家實力的第一排。匈牙利、賽普勒斯、葡萄牙、愛沙尼亞都遠遠落後於其他更發達的歐洲小國。一般來說，國家實力指數比較低的大部分都是非洲國家，但裡面既有大國也有小國。

我認為「國家實力」這個概念所包含的架構、資料、政策規定，都是國家發展的關鍵。但它們只是經濟政策的其中一面。我在這本書的前面章節強調，光靠經濟模型來決定政策是不夠的，我也建議以一種更現實、更像偵探的方式來輔助。我認為，無論是本章說的奇爾德利部長還是其他人，只要有人想了解政策的實際運作機制，都必須研究國家運作的微觀層面。對此，我有一個稱為「布列塔尼大酒店症候群」的理論。為了讓歐盟、國際貨幣基金組織以及歐洲央行這「三頭馬車」曠日廢時地討論希臘金融從屬條款，國際貨幣基金這類組織的顧問一旦抵達雅典，都會直奔市中心，然後一直待在希臘議會對街的布列塔尼豪華精選大酒店裡面（Hotel Grande Bretagne，話說這家飯店很讚）。因此，這三頭馬車的工作人員一直都只能看見該國的權力中心和第一流的飯店，對希臘其他地方的經濟悲劇幾乎一無所知。這樣是不行的。要真正了解一個國家，請避開該國權力中心，去看看它的三、四線城市。

在這方面，我最近開過一次不錯的會。地點不是在紐約或波士頓，而是密西根州的底特律。[37]底特律曾經是全美最有錢的城市之一，最近則變成最窮的。我跑去那裡開一個振興城市的小型會議，看見市長邁克・達根（Mike Duggan）和丹・吉爾伯特（Dan Gilbert）等幾個當地企業家一起帶領民眾同心協力讓城市重獲新生。吉爾伯特跟朋友在市中心投資小型公寓，想辦法說服勞工、餐廳老闆、藝術家搬回來復興家園。達根這個該城市有史以來少數的白人市長，則在幾乎住滿黑人的城市中用力關注「微觀層面」。他在市民下班之後跑去市民家中一起討論城市的問題，利用他管理醫院的職權設法讓白人與黑人社群在工作時能夠彼此信任並重視路燈破掉之類的「小問題」。

開會時，我發現兩件很重要的事。首先，聯邦政府推出的那些政策，例如企業減稅、保護主義、量化寬鬆之類的，都不會讓底特律再次偉大。但更重要的是，底特律嚴重欠缺無形基礎建設。如果底特律要再次發大財，就需要改善當地大學的前景、提升教育、更關注市民的身心健康、讓被科技淘汰的勞工獲得新技能，以及建立更本土的在地機構。美國毒品法庭的例子也跟這個很像，它結合當地的各種設施形成支持網絡，非常有效地幫助鴉片類藥物成癮的美國人重獲新生。[38]

底特律的故事顯示，我們的奇德利部長不能被國際貨幣基金組織的會議，以及政策團隊的同溫層牽著鼻子走，應該要多花點時間去聽聽投票給她的人怎麼說，看看這些選民遇到的經濟問題細節是什麼。她上任幾週之後學到很多。先是知道了必須根據景氣循環的機制來制定政策，然後認識到之前金融危機後的復甦極為脆弱，最後了解負債過高、生產力過低、央行力量過大等因素將如何限制未來的經濟前景。她的顧問提出了一些神奇的政策，例如只要減稅就能促進短期經濟成長。她的某些同事則醉心於「讓國家再次偉大」的想法，想要把全球化終結的責任與終結後的問題扔給別國承擔。幸好，奇德利部長年輕又有耐心，希望自己能在政壇上待久一點。她發現國家實力的概念很合理。如果國家制定政策時，重視的是如何讓經濟具有韌性，以及投資無形基礎建設，就可以解決問題。奇德利看見未來幾年可能會出現經濟衰退，而且全球經濟成長率正在下滑，她知道這種方法才是最好的。

她決定以國家實力為政策框架，推出長期計畫，制定連貫而詳細的政策指標，將國家帶向新路。國家實力就像一種解毒劑，可以解決各國經濟逐漸失去動力、債務失衡日益嚴重、公共財越來越不受重視的問題。因此，我們的奇德利部長決定參考那些國家實力堅強的國家（大多數都是先進的小國）怎麼做事情。另一方面，重視國家實力的政策方針也能實現平衡派重視的因素，例如法律的公平性與明確性。只不過，在奇德利部長制定方針、打造出一個更優質的經濟成長之前，她得先解決幾個失衡問題，例如史上最高的債務水準，以及央行對市場與經濟的影響過大等等。這就是接下來的主題。

七　金融界的西發里亞合約

學著獨立，別再靠央行給的安全感活下去

美國證券交易委員會編過一本厚厚的財務報表撰寫指南，請著名投資家華倫・巴菲特撰寫前言。[1]而巴菲特的意見，就是要讓事情儘量簡單明瞭。他說自己在解釋東西或者撰寫金融相關的文章時，都把讀者想成他那兩個很聰明但沒有金融專業的姊妹。這個建議對我相當受用。我也經常問我的姊妹「你聽過比特幣嗎？」、「量化寬鬆是什麼？」之類的問題，看看我是否說得太難。你們也許會覺得我的姊妹真的很倒楣，不過我的重點是，雖然金融影響人們生活的許多層面，但即使是我姊妹這麼聰明的人也會覺得它令人生畏、難以了解。

央行的角色就是個好例子。它實際的功能相當複雜，不過至少可以說，它會影響我們的抵押貸款、我們的退休金、我們的投資，以及年輕人的儲蓄能力。因此，當金融開始走向極端，我們就得小心點。目前至少有兩個彼此相關的金融問題，正在威脅經濟、政治、社會。第一個問題是，全世界的債務水準已經超過了之前全球金融危機的比例；第二個則是央行的力量已經過於強大，影響了各國的政治，甚至侵蝕了民選官員的政治責任。

回頭看看平衡派的時代背景，可以讓我們更了解當代的局面為何變成如此。平衡派在發表最終版的《人民協定》之後幾年，哲學家霍布斯出版了《利維坦》這本後世著名的政治哲學名作。霍布斯在這本書以及之前的《法律的元素》（*The Elements of Law*）、《論公民》（*De cive*）中，都對人性相當悲觀。他認為人民必須先臣服於利維坦，社會才能產生秩序。

利維坦是一種超越人類的存在，在英國內戰的時代中，它同時代表國王與議會。[2]霍布斯認為，為了維持秩序，並讓社會政治更可預期，人民必須犧牲一些自由。不過，平衡派對人性的看法比霍布斯樂觀許多。他們希望每個人都不需要利維坦這種統治階級的管轄，也可以獲得自由，並免於可能的專政壓迫（不過在平衡派當政時期，霍布斯大部分都住在巴黎，無法得知他是否曾與平衡派或新模範軍有過互動）。

犧牲自由，換取秩序

如今的人們越來越喜歡用利維坦那種犧牲自由以換取秩序的管理方式來解決問題。例如在旁觀者眼中，中國就是一個限制自由並管制言論，藉以提升秩序、促進國家發展的例子。由這種觀點看向全世界，就會發現如今的管理概念分成了兩邊，一邊是平衡派的人民協定，另一邊則是利維坦式的思維，兩者的競爭越來越激烈。前者是傳統的共和主義，認為應該用強而有力的制度，以及民主與自由的道德觀，讓世界各地不但更獨立，而且連結更緊密。後者則希望將國家甚至公司的權力交在小集團手中，讓人民交出自由，換取秩序與國家威望。這兩種不同的觀點，不只是民主與否，或者開發中與已開發國家之間的差異，它還會影響各國的金融環境。例如英國、美國、歐洲、日本這些已開發國家的中央銀行形式，都開始逐漸投向利維坦的懷抱。

自從全球金融危機以來，各國都開始做這種魔鬼交易。它們讓央行付出巨大心力維持經濟與金融穩定，並允許央行深入影響政府政策、政治、金融市場領域。很少人知道，如今這三個領域已經都成為央行的地盤了。

自從一九九〇年代以來，只要發生經濟危機，各國的政治、經濟、國際組織就會向央行屈服。近年來央行甚至已經成了「唯一有影響力的機構」。[3]英國央行內部人士保羅．塔克（Paul Tucker）在《非民選的權力：追尋央行與管制型國家的正當性》（*Unelected Power: The Quest for Legitimacy in Central Banking and the Regulatory State*）中對此事說得相當有力。這些利維坦式的魔鬼交易，已經讓各國為了追求金融與經濟穩定，給予央行過大的影響力。不過要強調一下，這不是在暗示央行從業人員密謀獲取權力，只是說這世上幾乎沒有人會想方設法扔掉手上的權力。總之，這種魔鬼交易付出的代價越來越高。它已經讓金融市場對於經濟與金融失衡，以及不平等的現象越來越不敏感；同時也讓政治人物對一大串迫在眉睫的問題變得麻木。

「你一定是誤解了」

現代央行的神祕力量，始於一九七九年至一九八七年的美國聯邦準備系統主席保羅．沃克，後來又延續到從一九八七年一直當到二〇〇六年的主席艾倫．葛林斯潘（Alan Greenspan）。[4]在一九九〇年代，如果你想要預測未來利率走勢，看看葛林斯潘最近的公事包塞得多滿就可以。[5]如果公事包脹脹的，就表示美國聯邦準備系統主席帶了一堆佐證資料，想說服同事必須升息。如今的人不需要那麼麻煩了，央行人員會主動釋放訊息，讓投資者知道未來的利率走向，有時候甚至會把話說得非常白。例如歐洲央行總裁馬里奧．德拉吉二〇一二年七月在倫敦演講中的那句

「不惜一切代價」就令人非常難忘。當時歐元區的經濟舉步維艱，周圍國家（義大利、西班牙、希臘、葡萄牙、愛爾蘭）的債券收益率非常高。德拉吉在演講中，先是說歐元就像一隻熊蜂，照理來說應該胖得飛不起來，沒想到卻飛起來了。之後卻又說，鑑於歐元發展過程中有許多結構性進展，「我想告訴你們另一句話。在我們的職責範圍內，歐洲央行已經準備不惜一切代價保護歐元。相信我，這樣就夠了。」[6]

葛林斯潘則幾乎不花時間去澄清。他的名言是：「如果我已經說得很清楚，那你一定是誤解了。」[7]這句話成了各家央行總裁那堆一點也不清楚的名言之一。一九二〇年代至一九三〇年代那位守口如瓶的英國央行總裁蒙塔古．諾曼（Montagu Norman）就說過：「永遠不要解釋，永遠不要辯解。」葛林斯潘這代總裁，以及保羅．沃克這些前輩，都不斷在壓抑通膨、提升利率，沃克甚至將利率提升至二〇%。不過他至少相信，投資者與經濟體必須承擔經濟失衡的後果。

但如今央行則以開放和明確著稱，這些特徵主要就是為了導正葛林斯潘的作風。人們普遍認為華爾街的虛胖、金融業對美國房地產的影響力越來越高，以及這兩者最後導致的全球金融危機，主要就是美國聯邦準備系統的監管與貨幣政策造成的。諷刺的是，葛林斯潘博士論文的主題，就是探討經濟活動與資產價格之間的連繫，以及資產價格上漲對於商業週期的威脅。

各國央行為了彌補葛林斯潘時代的錯誤，紛紛變得過猶不及。它們在二十一世紀最初幾年對市場干預太少，於是如今干預過多。如今幾個重要央行具有龐大的影響力，甚至有時候已經開始主導市場。一九九〇年代末，也就是全球化初期，著名貿易經濟學家賈格迪許．巴格沃蒂

（Jagdish Bhagwati）稱美國跨國公司為「資本主義的B－52轟炸機」。[8]但當下的重要央行已經取代了跨國公司，央行的影響力甚至超過了「B－52轟炸機」，達到了「帝國」或「金融之神」的程度。各國央行都在這個已經相當緊綳的世界中製造出更多危險的斷層線，而且也許都沒有意識到，他們變成了這個世界必須重新平衡的原因。如今可以充分證實，各國央行對於經濟與金融問題（其中歐元區的許多問題，都是結構性或設計問題）的過度反應，已經正在削弱它們的可信度，創造出新的風險。

《倫巴底街》

央行的力量並不是一直都這麼龐大。歷史最悠久的央行，是一六九四年成立的英國央行（當時它是政府的債務管理部門），以及一六六八年成立的瑞典央行，這些央行都歷史悠久，但過去並沒有這麼巨大的市場調節能力。[9]

過去幾百年來，戰爭融資、國家破產、金融危機都比現在更頻繁，很多時候的後果也比現在更慘烈。例如十九世紀後半葉出現過好幾次鐵路泡沫，畢竟一九〇〇年的鐵路股票占美國股市市值的六〇％，英國股市的五〇％。此外，金融恐慌在十九世紀（例如一八九三年那次）也比近幾十年來更頻繁，原因之一就是當時的金融體系幾乎沒有安全網，而且許多當代的央行那時候都還不存在。

這個危機頻繁，銀行動不動就倒閉的時代，讓《經濟學人》的早期作者之一，記者沃爾特・白芝浩（Walter Bagehot，《經濟學人》就是他岳父經營的）寫下了《倫巴底街》（*Lombard Street*，倫敦金融中心的所在地），總結他對英國銀行系統的觀察。他的建議之一是，在金融危機中，央行應該讓具有償還能力的機構獲得自由貸款，只要這些機構能交出高品質的抵押品，而且貸款不會扭曲金融誘因就可以。後來到了全球金融危機時期，又有人想到白芝浩的這句藥方，可惜的是，義大利與葡萄牙這些銀行體系脆弱的央行，越來越忽視這類建議。[10]

白芝浩見證了第一波全球化浪潮的崛起，後來到了一九〇〇年代初，這波浪潮的後期引發了一九〇七年那樣的金融與經濟危機，以及一些政治危機。二十世紀初的嚴重經濟動盪，讓美國發現自己需要一個中央銀行。於是聯邦準備系統在一九一三年就此成立。

利亞卡特・艾哈邁德（Liaquat Ahamed）的《金融之王》（*Lords of Finance*）把央行獲得權力的故事寫得更清楚。這本書的熱情與細節不僅令人耳目一新，更以故事的形式講述了過去的一小撮人如何規畫政策，並為我們今日熟知的金融體系奠定基礎。美、英、法、德的央行領袖，在一九二〇年代成立了第一個「拯救世界委員會」。[11]跟當代的央行官員相比，過去的這些領袖顯得更陌生也更難理解。但他們的行為讓我們學到的智慧之一，就是金融危機的餘波會長期影響政治。一九二〇年代和一九三〇年代的德國就是一個好例子。

一九二〇年代的其中一個政策問題，就是央行應該如何應對資產價格泡沫。它們究竟應該提早阻止價格上漲，還是應該承認這既非央行的責任，也不在央行的能力範圍之內？從事後來看，金融市場泡沫通常都很明顯，但在泡沫發生時，通常我們可以從市場中人們的行為來觀察泡沫是否存在。[12]查爾斯・金德伯格與羅伯・艾利柏（Robert Aliber）合寫的《瘋狂、恐慌與崩盤》（*Manias, Panics, and Crashes*）可能是討論泡沫的經典；但查爾斯・麥凱（Charles MacKay）的《異常流行幻象與群眾瘋狂》（*Extraordinary Popular Delusions and the Madness of Crowds*）也早在一八四一年就提醒我們，投資者與政策制定者不會從歷史中學到教訓。

魔法師的學徒

源於美國房地產市場的全球金融危機，具有許多典型的泡沫特徵。當時出現許多不同形式的槓桿，無論是大量的衍生性商品合約提高了房價下跌的風險、家庭大量舉債購屋讓房屋價格虛浮，還是銀行的業務模式，都使房價不斷飆漲。

這些銀行與銀行家有如歌德（J. W. Goethe）筆下的《魔法師的學徒》（*Sorcerer's Apprentice*），他們發明的全新金融手法，最後變成了一顆顆炸彈。也就是說，金融危機的責任應該要歸到銀行業與金融服務業身上。此外，央行官員最近有許多作為，都是為了平息金融危機的傷害。雖然我們批評央行官員用來恢復經濟成長的手段過於極端，但不應該忘記他們為了弭平傷害而做出的努力。

在央行不斷與金融市場和經濟交手的過程中，泡沫總是無可避免地不斷重演。在一九九〇年代末的新興市場危機中，以美國聯邦準備系統為首的各國央行推出了一連串的緊急降息，結果因此助長了十年後的網際網路泡沫。同樣地也可以說，過去為了因應全球金融危機而制定的那些政策（至二〇一八年止，全球降息超過七百次），讓今天的經濟與市場充滿各種風險極高的行為。各國央行似乎都不想要暫停一下，從根本解決經濟問題；只想繼續走一步算一步。目前大部分的央行都還沒有調高利率，很多央行官員都像歐洲央行總裁馬里奧・德拉吉那樣，在任內讓利率一直只降不升。即使是已經提高利率的美國聯邦準備系統，依然握有大量的地方政府債務，而且在思維與心理上都一股腦兒地期待量化寬鬆政策可以持續進行。

量化寬鬆

關於央行與泡沫的討論始於葛林斯潘時代。目前主流討論的重點是，央行是否應該使用所謂的「總體審慎政策」（macroprudential）引導金融的起落，如果應該的話又該怎麼用。舉例來說，央行若要減緩房價漲幅，未必需要提高利率，也可以要求銀行縮緊抵押貸款條件，例如降低房貸的成數。中國當局目前就開始面臨許多這類問題。該國的房價飆至歷史高點、企業產能過剩、大部分人的債務水準也相當高，於是中國當局開始去槓桿化，試圖降低企業、商人、個人的債務。

自金融危機爆發以來，各國央行紛紛使用兩種方式回應來自二〇〇七年的衝擊。第一種方式是量化寬鬆，將利率降至零點或負值；第二種則是監管制度，提高銀行資產負債表上的資本，並嚴加監督銀行的活動細節。[13]在很多地方，這些方法都緩慢地推升了經濟成長，降低銀行的風險。但央行在最近幾年的擴張程度卻已經過高，即將引發新的斷層線。它們播下的種子，將催生出一個更加多極化的金融體系。未來銀行彼此之間的連繫，將比全球金融危機之前更少。大部分的銀行業務都會限於當地，不會橫跨不同地區。

量化寬鬆是各國央行應付金融危機的主要手段，最早可追溯到班・柏南克二〇〇二年的演講。在葛林斯潘之後接任主席的柏南克，當時還是美國聯邦準備系統理事。他那場演講也許源於一種假想，想著如果當時的美國同時出現了一九九〇年代日本房價泡沫崩潰之後那種低通膨與低成長，美國聯邦準備系統該怎麼做。柏南克在演講中列出九項重大政策，表示如果美國面臨嚴重的金融經濟衝擊，理論上美國聯邦準備系統可以推出應對。但他當時大概沒有想到，後來這些措施大部分都由他親身付諸實行。

美國聯邦準備系統最早推出的緊急措施之一，就是在二〇〇八年底宣布將購買房貸抵押證券（mortgage-backed securities, MBS）。從那時起，美國聯邦準備系統就照著柏南克的演講那樣，推出了一項重大的量化寬鬆政策。簡單地說，它購買政府債券，壓低長期利率，因為債券的價格與利率或報酬率反向變動，央行一旦推出額外需求，債券價格就會上升，報酬率也就隨之下降。此舉立刻提振了金融市場信心，讓美國銀行能夠發行大量債券來支援自己的資產負債表。而且企業與家庭一旦看到長期利率下降，在之後的較長時間中也會更願意投資和消費。

我覺得最適合拿來解釋量化寬鬆的東西就是醫學。當你心臟病發或事故失血，醫生經常會給你腎上腺素，刺激你的心跳，改善當下的狀況，讓醫生有更多餘裕實施長期的療程。但央行的腎上腺素不是只打一針，而是連續施打了過去十年。央行總裁應該都知道，腎上腺素無法修復斷腿，也無法移除心臟血栓。但歐洲央行總裁德拉吉的病房裡卻塞滿各種患者，有些甚至又瘋又病。貨幣對這些人而言就像毒品，只能舒緩疼痛，卻無法改善病情。而且隨著時間過去，這些病人與身邊的人會開始對毒品上癮。所以那些比較自律的醫生和央行總裁，會先用貨幣當嗎啡暫時止痛，然後進行經濟重組，例如允許破產、讓那些無效的公司與銀行倒閉、幫新企業研發技能以及提供資金。

窮人為什麼變得更窮？

有些央行官員討論過上面這些問題，但幾乎沒有人去解決。所以隨著量化寬鬆實施越來越久，對經濟的長期影響力就越來越低。[14]一開始量化寬鬆的時候，市場報酬與經濟成長都大幅成長，但到了川普當選美國總統之前幾年，各國央行即使投注大量力道，市場的回饋也又慢又無力。經濟成長與通膨都無法回應新一輪的量化寬鬆，評論家紛紛說經濟陷入了「長期停滯」或「新常態」（意思是低經濟成長）。阿蒂夫・米安（Atif Mian）和阿米爾・蘇斐（Amir Sufi）在《窮人為什麼變得更窮？》（*House of Debt*）中指出，那些深受家庭債務水準高、房價低、經濟前景不確定所苦的消費者，拿到額外現金不會增加消費，而是會存起來。種種因素加成下，美國的經濟復甦就變得相當遲緩。而且在許多時候，只要繼續實施量化寬鬆，人們就會覺得經濟問題還沒解決，消費者繼續擔心不確定性。最後的結果，就是幾乎無法直接降低債務水準。

除了美國，英國、歐洲、日本也紛紛開始量化寬鬆。原因之一，可能是各國央行都以美國聯邦準備系統馬首是瞻，而且那些較重要的央行以及為他們服務的學者都嚴重陷入了一言堂現象。此外，量化寬鬆至少在初期可以讓該國的貨幣明顯貶值，讓出口導向的公司變得更具競爭力，因此相當受到各國歡迎。只是這種競爭力是以侵蝕其他國家的競爭力換來的。

因此，美國以外的地區也會想要跟著實施量化寬鬆。最後的結果，就是巴西前財政部長吉多・曼帝嘉（Guido Mantega）口中的「貨幣大戰」：各個主要經濟體都偷偷地，甚至有時候正當光明地進行貨幣貶值，藉以彼此抗衡。例如美國與日本剛開始量化寬鬆的時候，歐元的價格居高不下（每歐元兌一・三八美元），但歐洲央行一旦暗示將要量化寬鬆，並且開始實行之後，歐元就幾乎跌到與美元一比一，而造成的效果之一就是提高了德國出口商的競爭力。這對德國這個歐洲主要出口國來說當然是好事，但也讓其他貨幣區開始懷疑歐洲央行正在偷偷貶值貨幣。

量化寬鬆一開始只是為了救火，如今卻變成常態。例如英國脫歐之後，英國央行就再次啟動量化寬鬆。至於瑞典央行，則可能變成了央行總裁被量化寬鬆洗腦，整個央行提油救火的最佳範例。瑞典央行在二〇一六年至二〇一七年間持續實施量化寬鬆，雖然將國內生產總值提高了將近五％，卻也加劇了通膨，房價上漲近一〇％。

都給你玩就好了

量化寬鬆會嚴重影響市場，並讓現實世界的指標相比之下顯得無關緊要。打從二〇〇九年美國聯邦準備系統第一次啟動量化寬鬆，至二〇一八年十月以來，標普五百（S&P 500）指數上漲了近二七〇％、歐洲高收益指標（European high-yield benchmark）上漲二三〇％、摩根士丹利資本國際（ＭＳＣＩ）的新興市場指數上漲一五〇％。相比之下，美國的通膨、薪資、房價總體來說只上漲了二〇％。也就是說，整個金融市場都被各國央行牽著走，而「玩」量化寬鬆也變成了各種資產的投資者歷久不衰的主題。在許多意義上，各國央行如今都幾乎變成了整個「市場」。理由一：它們主要以債券的形式，擁有當地的大部分金融市場。有些央行甚至還擁有股票，例如日本央行就擁有該國股票市值的三％，以及該國指數股票型基金的六〇％，它在全日本八百三十三家持股公司中名列前十。

理由二，央行讓許多市場都變成了單向而擁擠的投資部位。投資者很難跟央行交易，也很難在市場上套利。舉例來說，如果你看空法國的經濟與政治，就可能會賣出甚至做空法國債券，但量化寬鬆很可能會讓這種策略無利可圖。如此一來，市場就不會再注意基本面資料，以及世界經濟的風險。英國脫歐就是個好例子。脫歐後股市一開始下跌，但在各國央行總裁重申支持量化寬鬆的立場，以及英國央行將利率降至該行一六九四年成立以來的最低水準之後，股市又重新回升。

更廣泛地說，持續實施量化寬鬆會讓投資環境變得很詭異。投資者不再重視基本面，反正只要跟著央行的方向走就可以。此外由於量化寬鬆壓低長期利率，市場將更需要那些能夠產生收益的資產，因此很多時候就會找上高股息股票，以及高風險公司債券。這有可能造成資本錯置（capital misallocation），因為當國債這類政府債券的收益被量化寬鬆壓低，原本會購買的投資者就有可能被迫購買其他收益資產。但這些高風險的公司債券（也就是高收益債券）、高風險的國家債券（新興市場債券）、股票等等，都沒有政府債券安全，因此投資者手中資產的風險，就會超過他們原本預期的風險。甚至，某些公司的行為還會惡化這種問題，它們有時候為了讓股票更具吸引力，會發行債券來提高股息，結果就讓公司在景氣差的時候更容易出問題。

這可能的結果之一，就是退休金與保險公司無法再以合理的價格買到收益夠高的資產，因而無法付出應付的金流。因此，未來的退休金負擔可能就更高。此外，低利率環境也會讓殭屍企業苟延殘喘，延長經濟風險、降低經濟生產力。[15]

我希望各位能從這邊看到，中央銀行不但神祕而複雜，也與我們的日常生活息息相關，只是我們幾乎感覺不到它的存在。[16]央行在過去的十年內掌控了銀行系統、退休基金的財富、歐元區這些多邊組織的神聖性，以及貨幣的漲跌。

各國央行對全球金融危機的回應，無疑降低了市場的混亂程度，或許也成功避免了全球經濟陷入更嚴重的衰退。但央行的做法可能造成一個更嚴重的問題，它把重新檢視經濟斷層線的時間往後拖，沒有提高經濟潛力，反而製造了金融市場與國際經濟的新風險。當央行的力量與重要性與日俱增，市場與政府的力量就隨之削弱。如今，央行已經成為整理國際經濟的主要力量，也因此成為好幾條斷層線的中心。

斷層線

第一條斷層線，就是量化寬鬆讓財富不平等嚴重擴大，達到數十年來最高的水準。理論上，量化寬鬆是為了降低長期利率，讓家庭可以獲得更便宜的資本。但由於監管制度變嚴格、信貸危機影響銀行放貸標準、許多家庭與企業早已債臺高築或變得風險規避，實際上只有很少家庭能夠申請到低利率貸款，或者有閒錢購買危機後的廉價資產。[17]

例如二〇一六年九月，義大利政府債券的收益率為一．一％，抵押貸款利率卻接近七％。也就是說，量化寬鬆會讓那些原本就能獲得資本的人借錢的利率變低，資產也變得便宜；但一般家庭不會受惠，借貸利率依然是七％。有時候，那些房地產基金甚至在獲得廉價資金之後購買更多房地產，結果推高了房價，讓百姓更難負擔。

在許多國家，人們有錢之後都會去買股票或公司債券這些證券，因此顯然會從量化寬鬆中獲益。二〇一八年的股票市值，就因此接近了一九二九年與二〇〇〇年的史上最高水準，公司債券也是水漲船高。雖然說在不確定的時期持有高風險資產的人，理應得到一些補償；但從相對財富的角度看，量化寬鬆最後就是讓持有證券的人變得更有錢。歐洲央行總裁德拉吉就是因為如此，才在二〇一七年五月出席荷蘭議會作證時說，他看見了一個太陽能鬱金香狂熱，因為第一任歐洲央行總裁威廉・德伊森貝赫（Wim Duisenberg）之子彼得（Pieter Duisenberg）提醒他說，目前歐元區金融資產（政府債券）的價格，就像十七世紀中葉的鬱金香狂熱一樣泡沫。

此外，股票與公司債券這些資產的價格，目前已經高到一定會影響未來收益的程度，這會限制退休金的價值成長。千禧世代碰到的問題也越來越大，如今已經很難有資產的收益高到足以支付他們退休後的生活所需。此外也不能忘記，央行競相降低利率，會讓那些傳統以儲蓄為主，以及那些不敢投資金融市場的家庭，在財務上陷入弱勢。

最重要的是，從均衡的角度來看，量化寬鬆、市場、政治三者之間的連結很重要。在學界、新聞界、政界，都有一些人把金融市場當成一個大賭場（例如二〇〇二年時任財務大臣的宮澤喜一，就這麼形容日本金融市場），[18]或者當成富人操縱局勢與財富的工具。這未必完全正確。市場是傳遞訊息的重要角色。公司與國家的許多健康狀況，以及整個世界的情況，都可以從市場價格的水準與變動看得出來。

市場會提出重要的警報，尤其在經濟政策錯誤時，它很快就會知道。柯林頓的政治顧問詹姆斯・卡維爾（James Carville）就曾說，如果可以轉生的話，他希望轉生成為債券市場，因為債券市場的力量太大了。[19]像艾德・亞德尼（Ed Yardeni）這樣的投資策略師，則曾把債券市場當成抵抗惡政的義勇軍（bond vigilantes），因為當政府不計後果地以高收益率借債，就會被債券市場懲罰而無法得逞。債券市場遏止了政府的過度借貸以及通貨膨脹。[20]

而歐元區國家債券的收益率，以及各國經濟健康程度之間的關係，則是央行影響市場的好例子。我們再次回來看看義大利。在滿長一段時間中，義大利債券的收益率都略高於德國。在一九九〇年代中期，兩者收益率差距接近八%，表示義大利的通膨率高於德國，風險比較高。但二〇一七年的收益率差距卻降到略高於一．五%，這表示市場認為這兩個投資部位幾乎一樣安全，奇怪的是，義大利的負債明明很高，成長也很低，怎麼會這樣？你自己想想，如果某個家庭負債累累，收入只夠勉強支付貸款利息，銀行會給這家人低利貸款嗎？不太可能吧，但義大利與葡萄牙這些國家的債券收益率現在就是這樣。人們可能會問，原因究竟是市場對義大利的債務風險定價錯誤，還是迷迷糊糊地被歐洲央行牽著走。答案是後者。投資者原本應該要為風險進行定價，但卻都去聽央行的了。

歐洲央行官員會辯稱，刻意壓低義大利債券利率是必要之惡。理由是債券收益率上升會傷害該國經濟，拖延必要的經濟與政治改革，導致該國銀行體系更不穩定。憤世嫉俗的人會說這種方法只是歐洲央行的遮羞布，購買義大利債券只是在用複雜的方法暫時掩蓋歐元體系的缺陷。他們可能還會說，歐債危機的演變過程證實，只有市場開始動盪，歐洲政客才會被迫採取行動。也就是說，如果要在歐洲推動政策改革，就得讓市場陷入危機。美國人與亞洲人大概會覺得這說法很怪，真的照做只會適得其反；但歐盟早就習慣了。因為許多歐盟國家的方向與重點都不同，如果沒有危機，大家根本不會同心協力。

不過，被逼著改革，依然是改革的最糟方式，而且緊急狀況下大家也無法好好執行。希臘與愛爾蘭的撙節計畫就是好例子。另一種比較好的選擇是，不要讓市場一直吸食量化寬鬆這種毒品，或者至少限制只有在收益率高到某個水準下，為了避免債券市場瘋狂擠兌，才進行量化寬鬆。後面這種市場環境，會讓政治人物與政策制定者更有道德勇氣，去堅守歐元框架內制定的規則。也會讓債券市場更準確而真實地反映經濟與各國財務的健康狀況。這樣就能迫使政治人物推動經濟改革，並讓他們引導投資者、企業，甚至是家庭，以一種更負責、更謹慎的方式去面對債務。

央行的未來

美國聯邦準備系統從二〇一八年開始緩慢謹慎地退出量化寬鬆計畫，其他主要央行也暗示未來的政策即將正常化。背後究竟是什麼算盤，到下一次經濟衰退或金融危機就知道了。它們可能只是先從目前的非常規貨幣政策往後退一步，準備下一步更用力狂衝；但也可能是願意放下自己目前擁有的壓倒性權力。

央行官員未來有三條路可走。第一條是維持現狀，繼續用央行的資產負債表來控制市場，同時試圖刺激經濟成長。這樣就得討論如何「打造新工具」，設法發明一些能讓經濟脫離蕭條的新措施。[21]但這條路很可能只會讓市場更扭曲，讓政客更不急著推動改革，讓人們更不相信央行是個獨立的公共機構。

不過出乎意料的是，根據各國央行最近發表的聲明，貨幣經濟學家普遍支持在經濟衰退時實施更激進的貨幣刺激政策，而不是讓央行放棄干預，轉而主打財政政策去促進經濟成長。[22]例如美國與歐洲的央行官員都在公共討論中指出，世上主要央行目前的心態，都預設零利率或負利率政策。但我擔心一旦發生嚴重的經濟衝擊，例如中國全面衰退，這些看似激進的政策應該無法拯救全球的經濟需求。

至於第二條路則是央行官員們退後一步，讓政治人物推動更積極的財政政策。因為在如今貨幣便宜的環境下，積極財政政策可以點燃各國經濟的餘燼。這招在某些情況下可能有效，但如今來得太晚。基礎建設之類的財政政策，需要一段時間才會產生效果，因此通常都是在經濟跌到谷底的時候使用。一方面減緩當下衰退的衝擊，一方面奠定未來復甦的基礎。而且錢花得明智的時候，通常復甦得最有效。撰寫本書之時，美國和中國這些大型經濟體都即將面臨下一次自然衰退，或可能走向衰退。這種時候它們最好把財政籌碼攢在手裡幾年，不要現在馬上推出，才會有效。至於財政政策的反面：結構改革，例如讓勞動力市場更活躍這類的事情，則是大多數政客都不願意做。

央行的第三條路，是完全停止目前各國央行一連串的非常規措施，改推一個極為大膽的方案：用全球環境協議或核武器協議的思維，起草一個全球性的風險協議或條約。這份協議要讓全球的主要央行都同意，除非滿足某些預設條件（例如巨大的市場和經濟壓力），否則不能使用量化寬鬆這類非常規措施。當然這種時候，最好是讓各國央行的政治領袖來簽署協議，而非讓央行官員承擔責任。如果協議成功簽訂，市場就能為風險訂出適當價格，政客也會設法因應經濟風險與斷層線。如果真的萬不得已啟動非常規貨幣政策，政策也將比現在有效許多。我個人偏好這第三種方案，但我總覺得大多數央行官員都會選擇第一種，繼續讓央行像死星一樣噴發貨幣。

終結所有協議的協議

各國央行官員未來十年將面對的關鍵挑戰，就是如何在低成長高負債的環境下，讓全球化走入多極世界。要讓這個自由流動的資本世界，逐漸變成由各個圈子掌權的政治經濟多極世界，過程應該會相當嘈雜緊張。之後美國將陷入自然衰退，原因包括利率上升、學生貸款（目前已超過一兆五千萬美元）以及汽車與房屋的信貸壓力、公司債券與公司治理問題、日益保守的消費模式、保護主義的風險、中國經濟的問題。中國經濟的重大危機，將對全球需求造成威脅，下面列出的恐怖場景可能只是九牛一毛。[23]中美兩國能否在消化經濟弱點之後浴火重生，將決定雙方未來二十年的競爭關係。其中，中國的風險又大於美國，因為中國至少從二〇〇〇年後就沒有出現過官方意義下的經濟衰退，同時房地產業很可能開始減速。房地產或債券一旦陷入低迷，通常都比正常的週期性衰退更嚴重。[24]

因此，中國的經濟發展速度之後應該會被卡住一段時間。而中國因債務問題造成的經濟衰退，將讓一九九〇年以來由全球化與債務週期混合而成的全球局勢，自然而然地畫上句點。英語世界國家在二〇〇八年債務危機中首當其衝，目前已經面臨政治後果。但到了二〇一一年歐洲發生危機，當地政治人物依然反應太慢。歐盟各國領袖舉行了五次高峰會，才決定要運用哪些措施遏止歐債危機對金融與經濟造成的危害。照此推斷，如果之後不久發生了以中國為核心的第三次危機，大概也不意外。

新經濟，舊債務

中國經濟的危機也表示，中美歐這三大舉足輕重的地區，都已經因為承擔太多風險與債務而受傷。歐洲以及一部分美國地區的故事已經告訴我們，高債務水準的重擔，可能嚴重衝擊成長趨勢，並造成嚴重社會問題。上一個景氣循環延續下來的「舊」債務，以及那些因應「舊」債務的方式，可能會阻礙之後的經濟成長。如果用醫學來類比，這些舊債務就像是卡在動脈裡的脂肪，到了某個程度如果還不動手術，血液就難以繼續流動。

全球金融危機之後，國際債務水準最初下降了一點（尤其是金融界最明顯），但在量化寬鬆之後又重新回升。二〇〇八年全球債務水準（包括家庭、企業、政府、金融公司）占國內生產總值的比例是三〇〇%，達到歷史高峰；後來這個紀錄被打破了：二〇一八年底的比例高達三二〇%。從二〇一四年到二〇一八年底，我們看到政府債務增加、銀行債務減少、公司債務增加。

此時，新興市場國家的家庭債務也在穩定上升：在一九九〇年代末亞洲金融危機期間，家庭債務一度達到其國內生產總值的七五%，如今已提高至九〇%，這表示許多新興市場的消費與房地產都相當繁榮。其中，中國的債務比例創下了歷史新高。國際貨幣基金組織的數據指出，中國目前的債務是國內生產總值的二五〇%，而該國大幅舉債的現象，往往是金融與房地產危機的前兆。[25]吃過這類苦頭的西班牙人與愛爾蘭人，應該都會同意這種觀點。隨著中國債務逐漸增長，該國對全球經濟的影響也逐漸降低。如今人民幣債務額外增加，對全球經濟的影響已比五年前小很多。[26]

至於已開發市場的家庭債務水準，則剛從二〇〇九年的高峰走下來。在澳洲、挪威、瑞典、瑞士、加拿大、荷蘭這些房價上漲的國家，家庭債務水準已推向高位，這通常都意味著危險。[27]美國值得注意的壓力指數則包括，目前企業債務占資產的比例已高於二〇〇七年，家庭信用卡在這七年的逾期債務總額則達到十二兆美元的高峰。國會預算局（Congressional Budget Office）發布的長期展望，黯淡得令人沮喪。[28]它指出美國債務占國內生產總值的比值將達到史上高峰，並非常客氣地說「國家已面臨巨大風險」。至於其他已開發國家，尤其是歐洲的債務水準，也同樣危險。

各國央行維持的低利率讓債務得以增加。它們為了維持短期穩定，而讓債務堆積如山，增加長期風險。綜觀整個二〇一九年，逐漸降低的量化寬鬆加上逐漸升高的通膨，可能會戲劇性地引爆這顆債務大炸彈。在歷史上，債務激增的過程中通常經濟都會先成長一段時間，然後驟然滑落。債務水準高（占國內生產總值八〇%以上）的地區，通常國內生產總值增長率都較低。例如債務占國內生產總值五〇%至七〇%的國家，國內生產總值成長率通常都比債務占國內生產總值一一〇%以上的國家高出兩個百分點。利率較低時，與不良貸款相關的風險並不那麼明顯；但利率一旦上漲，違約率就可能迅速飆升。

自從美國聯邦準備系統二〇一八年推出一系列升息以來，美國的升息潮就一直緩慢蔓延。隨著兩年期美國國債收益率逼近三%，負債的公司、新興市場國家、家庭也將承受更多壓力。世界上其他地方的利率，目前則仍低得異常。德國的失業率非常低，但五年期利率從二〇一四年以來就一直是零，最近才剛剛升至正值。這表示投資者目前還不信任歐元區的復甦。

新興市場的政府債務也已經上升，雖然說目前只接近國內生產總值的五〇%，比許多大型已開發國家的九〇%低很多。政府債務中增加最快的是企業的債，該現象大多發生在中國，以及新加坡、香港、智利、泰國這些與其往來密切的國家。而且中國的一帶一路計畫，也在其經過的國家如巴基斯坦與斯里蘭卡製造了一堆債務。

雖然中國的經濟管理有時堪稱奇蹟，卻無法避免經濟引力的影響。該國有好幾條經濟斷層線：國有企業因為複雜的原因而無法獲利而且槓桿率過高、房地產價格極高、金融服務業理財商品充滿未爆彈。雖然說不靠慘痛經驗就學不會債務的教訓，但全球化速度降低之後，經濟成長也會減緩，因此那些大型經濟體如今顯然必須降低債務水準，改善風險管理方式。

歐債危機引發的討論焦點之一，就是各國如何減少債務。其主要方法就是促進經濟成長、允許提高通膨，以及重組債務（歐債危機深化之後，國際貨幣基金組織這些機構對債務減免的想法如今已發生改變，變得更務實地傾向支持債務重組，可惜對希臘與愛爾蘭等國來說為時已晚）。

雖然歐盟與國際貨幣基金組織為整個歐元區打造了一個以撙節為主的解方，但並未有效降低當地的債務。歐洲主要經濟體的債務，如今都位於幾十年來的最高水準，遠遠超過了可維持的程度。法國與西班牙的債都占國內生產總值的九九％，義大利更高達一三二％。愛爾蘭在這方面相對成功，債務占國內生產總值比例從二〇一三年的一一九％，降至二〇一八年的六八％，但撙節也對該國造成嚴重衝擊。

唯一比歐洲債務更嚴重的地區就是日本。該國的政府債務高達國內生產總值的二二九％。但日本也有大量的家庭儲蓄，因此欠的債一定可以找到買家。當然，日本的百姓應該會覺得這非常恐怖。值得注意的是，上述數字並不包括家庭與企業債務。這兩種債務在某些國家都已經極為龐大，最嚴重的就是中國。中國負債水準已經超過日本一九八九年的紀錄、泰國一九九六年的紀錄，以及西班牙二〇〇九年的紀錄。我們都知道接下來會發生什麼事，日本的房地產價格至今都還只有一九九一年的一半。同時也別忘記，美國的企業債務也在急劇上升，其中許多債務都是為了金融工程而承擔的。

因此，不久之後的衰退可能導致多國債務危機，以及一段時期的債務市場混亂。這時候，各國政府可能會用貨幣與財政政策來穩定經濟。但我們知道，在債務高、成長潛力低、人口結構不佳的狀態下，即便有什麼再天才的貨幣政策，所點燃的火花也可能很快就熄滅。因此政府唯一能做的，就是減輕經濟衰退的傷害。

央行官員（尤其是那些喜歡量化寬鬆的官員）之間流傳一個觀點：像日本這種高負債國家的

央行，應該乾脆直接吞下資產負債表上的政府債務。這些央行官員與會計的說法很漂亮，他們建議由央行融資將政府債務「貨幣化」：也就是說，政府印債券，然後讓政治或思想上與政府站同一邊的央行買下來，萬一央行資產負債表的會計事項部分太難看，就再要求政府發行永久債券來打平。聽起來就像永動機一樣神奇。

可惜這在現實中行不通。根據日本最近的金融史，假設政府真的這麼做，日本家庭會發現整個環境變得很詭異，因此更加風險趨避，並擔心自己的退休金可能會縮水，因此最後很可能再次引發通貨緊縮。同樣地，市場也會懷疑這種貨幣魔法，所以會重新評估整個日本金融體系的信用價值，最後導致日圓崩潰、日本公司債券收益率飆升，讓許多公司因此破產。如果其他地區也跟著這麼做，全球就會出現巨大的匯率波動，人們將對各國央行失去信心，搶購黃金或各種替代貨幣（甚至是比特幣）來避險。

總之，繼續進行基於量化寬鬆的實驗，可能會讓各國央行走上一條用貨幣來支持經濟的歪路。而創歷史新高的各國債務規模，更是讓事情複雜很多。它很可能導致我們所說的「量化寬鬆不平等」（QE inequality）：不同央行的量化寬鬆方法差異，會讓變數越來越多。對某些央行來說，繼續量化寬鬆可能還會引發市場反彈，成為政策失誤，例如匯率波動與經濟不確定性很容易讓央行購買資產的刺激效果全部付諸東流。

用貨幣魔法買下債務，只會產生新的金融問題。財政政策在某些時候也許可以讓經濟體脫離負債，但財政支出通常意味著借貸增加，所以那些最需要財政政策支援的經濟體反而會因此陷入困境。除此之外的方法，可能還有勞動力市場的結構改革，以及重新設定整個經濟體的誘因結構。但在現實中，那些債務水準最高的國家要推動改革在政治上都很困難，舉債簡單多了。由此可知，除非各國用瘋狂貨幣貶值來解決債務問題，否則到了二〇二一年，全球經濟可能陷入低成長，同時三大主要區域都陷入嚴重負債。這問題很嚴重，我們得設法解決。

布雷迪計畫與其反駁理由

某些狀況會讓經濟史學家想起過去的債務重組，而目前的困境讓我想起拉丁美洲國家的布雷迪計畫（Brady Plan）。該計畫源於美國前財政部長尼可拉斯．布雷迪（Nicholas Brady）。一九八〇年代中期，墨西哥與阿根廷等許多拉美國家陷入經濟危機，隨後出現債務違約。到了一九八九年，布雷迪領軍重組拉美國家的債務。布雷迪計畫的成果，是藉由讓銀行持有的拉美國家債務具有流動性，來打破原本的債務鏈。它還提供某些擔保與重組的方案，讓重組後的債券利率下降，並讓債務可以廣泛交易。畢竟如果沒有美國財政部支持，國際投資者就很可能不購買拉美國家的債務，因此這些國家幾乎無法為自己融資。

布雷迪計畫實行得並不快。從一九八二年拉美債務危機到開始解決危機，花了七年的時間。這可能表示各國政府要花很久時間才能充分了解債務問題，願意做出困難的政策決定。美國前財政副部長大衛．莫福德（David Mulford）就曾說，只有在各國政府都充分了解眼前的經濟問題，知道如果不使用經濟解方進行重組，自己的國家就會破產的情況下，它們才會同意布雷迪計畫。[29]

上述的一切，都意味著不久之後全球將再次陷入債務危機。目前的景氣循環已經走到最後階段，各國的債務負擔創歷史新高，利率也開始上升，這表示之後十年的經濟將相當不穩定。而且恐怖的是，這場債務危機可能會持續一段時間。歐債危機與拉美債務重組的故事告訴我們，問題爆發與解決之間往往相隔很久，屆時局勢已經非常非常糟糕。如果二〇二〇爆發危機，問題可能要等到二〇二四年才會解決。巧合的是，那剛好就是一九二四年國際債務會議（International Debt Conference）的百年紀念。在一九二四年前，德國因為一次大戰而經濟趨緩、通膨加劇、德國馬克崩潰，於是國際債務會議推出道斯計畫（Dawes Plan），舒緩德國的經濟壓力。它提出一種新的平行貨幣：地租馬克（rentenmark），以土地作為抵押品，能夠有效保障貨幣價值。在將近九個月的談判，以及德國惡性通膨連帶傷害到法國法郎之後，終於達成協議。道斯計畫減少了德國的賠款負擔，將美國支持的貸款注入德國，並暫時提振了德國經濟，讓德國局勢變得更穩定。但也因為這樣，在一九二九年危機即將爆發之際，美國與德國的命運更緊密地綁在了一起。

我認為，到了二〇二四年，中國與美國企業的高債務水準，將引爆全球另一波經濟衰退。屆時低生產力、政治動盪、政府預算耗盡等因素，將讓復甦的速度非常緩慢。各國央行可能會一波又一波地嘗試量化寬鬆，但幾乎不會有效，反而只會加劇匯率波動。這段時間中，已開發國家會先把衰退怪在中國頭上，然後再怪到美國的肥貓企業頭上。不久人們就會開始發現，其實這是十二年來第三次席捲全球的債務危機（前兩次是二〇〇七年的美國與二〇一一年的歐洲），解決方法唯有大規模地澈底重組債務。

當重大經濟危機發生，某些政府與央行可能會想要召開國際債務會議，但很多政府都不會自願參加。只有等到好幾輪量化寬鬆失敗、匯率劇烈波動、市場壓力龐大、全球即將進入長期衰退的時候，這種會議才會誕生。這場關於債務與經濟風險的國際會議，很可能會打開多極世界的新紀元。它會像一六四八年的《西發里亞和約》那樣，在三十年戰爭之後打造出一個新系統，讓各國自己承擔更多責任。而這次的新系統，將讓各國財務變得更健康。

雖然這種會議在現代歷史上不是沒有先例（一九二四年與一九五三年減免德國債務的會議就是例子），但仍相當罕見，因為它會讓前幾大經濟體的政府同心協力，造成全球級的債務重組。通常這種時候，國際貨幣基金組織這樣的組織會具有影響力；但由於全球化將逐漸轉向多極世界，我猜國際貨幣基金組織、世界銀行、世界貿易組織這類我們在二十世紀認為理所當然的經濟政策結構，到了二〇二四年都將不復存在。當這種國際債務會議出現，過去全球化所留下的債務循環就將結束，人們將開始嘗試以多極世界的方法建立新的金融規則。

我想像著那場會議將在新加坡的萊佛士酒店舉行，酒店的舊世界氣氛與一九二四年遙遙相應，豪華的程度則足以讓銀行家、部長、顧問在那裡逗留數週。所在的國家不僅管理良好，離中國也很近，相當方便。就像《西發里亞和約》鼓勵各國與剛獨立出來的小國承擔政治與主權風險一樣，未來這場債務會議的首要之務，也將是鼓勵各國承擔債務風險，不要再分散風險。會議將分為兩部分：一項是國際減債協議，另一項則是涵蓋各國央行與金融市場的風險合約。

其中的減債協議將包括：限制歐元區國家的債務發行；提出一個框架來分擔中國的政府、金融、公司債務；以及讓國際金融體系免受日本債務危機的影響。會議中也將提出其他問題，例如美國公司的負債過高等等，但人們會說美國的問題可以由市場力量解決。

其他國家的債務，各自因為其他因素而比美國麻煩很多。例如日本的交叉持股體系非常複雜，光是要釐清資產與負債的最終所有權就難如登天。中國人的玻璃心則會讓中國的債務難以重組；甚至會延伸影響歐盟與國際貨幣基金組織對待愛爾蘭、希臘、葡萄牙等國的方式。因為可能會有人說，重組後面這些國家的債務就是在羞辱中國，是讓其他國家從中國的欠債習慣中學習教訓。屆時如果局面真的這麼走，相關的債務重組就會困難很多。以上的各種麻煩都可能讓這場債務會議變得相當漫長，萊佛士酒店的酒吧想必將高朋滿座。

解決義大利問題

委婉地說，債務會議召集人要完成的任務將相當複雜。看看義大利跟中國就知道了。義大利是全球最大的債券市場之一，如果它發生像希臘那樣的債務危機，就很可能動搖到美國的債市。鑑於美國公債水準已升至歷史新高，我們得注意義大利的情勢。

每當歐洲即將面臨經濟危機，通常就會有人再次引述歐盟創始人之一讓・莫內（Jean Monnet）的名言：「只有在危機中，歐洲才能前進。」不過除了這句名言，另外一句也值得注意：「每個新想法都是壞主意。」它來自莫內的父親，一位法國夏朗德省干邑城的商人。這對莫內父子應該都會喜歡用債務重組會議這個舊瓶子來解決問題。當然，得在裡面裝新酒。

說到酒，我們就要繼續往歐洲南部看看西班牙、葡萄牙、希臘、義大利。這組國家與經濟合作暨發展組織其他成員之間的差異，就是它們的經濟從二〇〇七年到二〇一七年完全沒有成長。如果單看這些國家的狀態，它們一定會被債券市場嫌棄，但歐洲央行的存在以及歐洲央行會購買債券這件事，如今卻讓投資者以低收益率（也就是低風險溢價）買入西班牙債券的意願創下歷史新高，即使在無敵艦隊的時候，西班牙債券也沒這麼受歡迎。義大利也是一樣。該國債務超過國內生產總值的一三〇%，且處於結構性低成長，違約風險高，照理來說長期利率應該更接近五—六%，實際上卻不是（該國家庭債務相對較低，地區與全國債務較高而且表現不佳。這種債務結構比較接近開發中國家而非已開發國家）。

歐盟當然也有相應規則。當任何國家違反《穩定與增長協定》（Stability and Growth Pact），歐盟就會提出警告、訓斥、罰款。但這種軟弱的制裁方式，讓歐盟過去對希臘與法國的警告都沒效果，之後應該也不會有效。要讓各國遵守規則，最好的方法是導入市場紀律，讓過度積累債務的國家自己承擔後果，不要扔給整個歐元區。這樣才能讓各國避免訂出不當的政策。

歐元區大國想要降低債務水準將會相當複雜，政治上也會有很多難關。[30]而且在二〇二四年前，許多歐元區政府的債務都還會在歐洲央行手上，減債將更困難。重組歐洲央行手中的債務會碰到很多政治障礙，人們一定會激辯債務重組造成的損失要由誰來承擔。有一個可能是，歐盟與歐洲央行將在二〇二四年建立一個正式機制，讓成員國可以退出或被逐出歐元區，並付出相應的代價。這樣一來，某些國家可能就會違約並退出，而債務重組過程可能也會變得更清晰。

解決方法之一，就是讓公債與特定國有資產掛勾。這招特別適合義大利，例如可以讓義大利政府持有一批面值兩百億歐元、將於二〇三二年到期的公債，同時以價值一百六十億歐元的國有資產（房地產、收費道路、鐵路等）為該公債擔保。

也就是說，在法律規定的範圍下，讓特定資產來擔保公債的利息和資本價值。以義大利為例，可以讓從米蘭到威尼斯的高速公路收入，或者國有企業的股權，去擔保該國的公債。如果公債真的像許多人忍不住擔心的那樣違約，相關資產的所有權或其產生的收入，就歸債券持有人所有。

而這場債務會議的任務，就是具體規定哪些資產可以用來擔保債務，以及需要加上哪些但書。這會遇到很多政治難題，然而一旦成功就能將債券風險從整個歐元區移回其中的各個國家。這段過程將讓人們了解到，要麼整個泛歐洲能夠發行的債券總量有其上限，要麼大家就是像現在這樣把所有風險儲存在歐洲央行這個金融堡壘裡面。

也就是說，歐元區未來可能會修改發行債務的規則。根據各國經濟環境差異，每個歐元區國家也許只能發行相當於國內生產總值六〇—七〇％的債務。這樣的債務將被視為「歐洲債務」，由歐元區各機構支持。這樣一來，歐元區各國之間債券收益率的差距就會縮小，風險將重新回到各國政府身上，人們也就不會那麼質疑歐元體系是否不應該繼續存在。

在那之後，歐元區國家如果想要發行更多債券，就必須像銀行貸款一樣，提出項目或資產的收入作為擔保品。如此一來，政治人物與債務管理機關就會更審慎考量債務發行的目的，政府的支出在財政與金融上就會更有紀律。市場則會更了解，即使發生債務危機，也有一些具體的資產能支持債務。於是，就可以在不強制要求政府撙節的狀況下，恢復政府的財政紀律，同時讓新發的債券背後都有資產擔保。政府的貪腐會因此降低、違約率會下降、錢會更花在刀口上。而義大利等國，也能嚴加控管地方與中央的支出和債務。

另一方面，這種方式也會鼓勵人們為了促進新發展如建設新港口而借貸。這時就能輔以許多其他創新，例如發行某種「歐洲城市債券」，讓指定的歐洲城市在債券市場中籌募城市發展的資金。這招可以減輕全歐洲與各國政府的負擔，並讓資產與發展項目與債券本身綁在一起。如果有這種方案，義大利這類國家的地方發展可能就會改善：政府可以允許北方城市發行城市債券（該債券可能會以低利率在市場上流通），然後向北方城市徵稅或降低聯邦開支，將資本轉移到南方推動發展。

在這個時代進一步推動歐元區金融整合，說得好聽叫做富有挑戰，說得難聽就是極為困難。因此與其將風險分散到半生不熟的歐元區體系之中，還不如儘量將債務與借款人緊緊綁在一起。而上述方法的優勢，就是儘可能地讓債務負擔接近借款人。

那中國呢？

雖然中國也有類似義大利的風險，但可能必須採行不同的解方。中國的金融體系大體說來是封閉的。西方銀行與投資者直接投資中國的比例不高，全中國的股票只有二%在外國人手上，人民幣在國際貿易中所占比例很小，而且中國的銀行系統也沒有與全球金融體系充分整合。此外，中美兩國政府對資本外流的限制，也進一步將中國隔離在國際金融體系之外。

因此，中國爆發債務危機期間以及爆發之後，可能必須自求多福。不過還是可能有其他邀請中國加入國際債務會議的理由，其中最重要的就是中國有能力衝擊全球經濟，以及未來可能有辦法深化全球金融市場。中國一旦去槓桿化，就可能對將它在二十一世紀初對實體基礎建設採取的措施，施用在它的金融市場上。這麼一來，中國假以時日就會成為債券與股票市場的重要一員。

中國不只是世界二大經濟體，更是可以稱為「新興市場複合體」（emerging-market complex）的所在地。「新興市場複合體」目前從俄羅斯延伸到祕魯，最近又沿著絲路一路發展。中國為澳洲的房地產、智利的銅、紐西蘭的乳製品提供了邊際需求。中國經濟的長期衰退，將對世界其他地方產生影響。衰退時，中國可能會大幅貶值人民幣，連帶傷害到其他新興市場的經濟。因為許多貨幣相對弱勢的亞洲國家與新興經濟體的成長，都受到中國在全球化發展過程中允許人民幣升值的幫助。

中國的銀行、地方政府、企業全都負債累累，而這又助長了投資熱潮。中國目前投資占國內生產總值的比重是四三%，日本史上最高也只有一九七〇年代的三六%，南韓則是一九九一年的三八%。而且日本與南韓投資比例封頂之後幾年，都出現了房地產與債務危機。中國房地產相關債務的增長速度，只遜於三個國家私部門債務的歷史紀錄：西班牙（二〇〇〇—二〇一〇）、泰國（一九八七—一九九七）、愛爾蘭（一九九九—二〇〇九）。這三國之後也都發生了嚴重的銀行與經濟危機。中國的債至今為止都還沒爆，但史上每個債務增長得這麼快的國家，後來全都爆發了危機。中國到目前為止，一直採用一些時而靈活時而激進的點子，例如縮減重工業產能、試圖平衡大都市的成長與環保、引導製造業轉型為服務業等等，避免了這種局面。

但未爆的債務炸彈就擺在眼前。國際貨幣基金組織有一大堆研究表示，根據西方的標準，中國沒有任何流程、規則、框架可以大規模處理它的債務負擔。[31]國際貨幣基金組織的研究者在一篇論文中提到債務過度擴張的問題，然後問道：「中國會是例外嗎？」答案當然不是。[32]中國的下一次經濟衰退，會變成考驗多極化的試金石，它將點出中國究竟要採用較為正統的西方模式處理信貸危機，還是要再次展現它的中國特色。

從中國的社會與政治演化的角度來看，它的確有理由以自己的方式來解決這個問題。他們可能會以儒家的方式進行債務重組，避免推翻既有的社會與文化規範，並讓中共內部的政治現實來推動這件事。

這種中國特色的方式，會讓中國自己承擔堆積如山的債務，以及累積債務應負的責任。這樣也許就能將債務危機的政治衝擊降到最低，同時儘量壓低失業率。如此一來才不會像全球金融危機之後的美國及歐債危機之後的歐洲那樣，各自引發社會經濟面的大災難。在某種程度上，中國政府目前的做法似乎意味著它們意識到了該國的債務危機。而且在全球金融危機爆發前，中國政府的行動與溝通也比一些西方國家的政治人物更老練。

中國政府的提高警覺，與阿利斯泰爾．達林（Alistair Darling）這類英國政客有如天壤之別。達林這位財政大臣，竟然是在路過西班牙馬約卡島超市報攤時，才發現全球金融危機。他對記者說：「有人叫我去當地超市買麵包跟報紙。我的朋友找到英國的《金融時報》，我就買下來看看有什麼新聞。」雖然說這可能代表英國社會對脫歐事件的回應非常優秀，但財政大臣與整個財政部的反應慢到這種程度，依然不可思議。總之，達林看到那份報紙之後提早結束休假，回去處理英國北岩銀行（Northern Rock）的倒閉。

幸好，中國的官員不需要在放假買報紙的時候才緊急回國想新方法解決問題。他們可以直接從最近美國與歐洲的金融危機學取經驗：例如快速解決呆帳銀行的問題、不要讓債務危機增加國家的債務負擔、讓每個人自己承擔金融決策錯誤的代價（無論是商人或銀行家都一樣；在二〇〇八年，被擋住不准從事金融服務業的中國銀行家數量，超過了所有已開發國家），並且儘可能讓投資者自己解決資產縮水的問題。而其中可能最重要的教訓，就是絕對不要剝奪人民的公民權，以免他們上街抗爭。

中國處理信貸危機的方法可能是降息，也可能是讓人民幣緩慢貶值。中國已經開始開放債券市場，並被某些憤世嫉俗者認為是在將信貸風險輸出國外。而且在戰略意義的層次上，中國政府可以要求富商承擔自己所有的破產損失，藉此重新設定該國正在形成的社會秩序。在債務重組過程中，有些時候可以將債務轉換成股票，並將某些股票發給員工刺激商業成長，最終維持社會穩定（但要小心俄羅斯的教訓。俄國在一九九〇年代將國有企業的股權分給人民，結果股價暴跌之後被商人大舉收購，讓商人變成了現在的寡頭階級）。此外，如果就業率維持在某個水準以上，政府也可以根據企業支付的利息提供租稅減免，藉此降低企業重組可能導致的嚴重失業，畢竟後者只會讓經濟衰退更惡化。

區域經濟政策可能會是中國的重點問題之一。過去十年的經濟發展趨勢，讓中國沿海與內陸之間、一線與三線城市之間，財富與就業品質的差距越拉越大。如果利用這次經濟衰退的機會，在貴州這種較貧窮的地區建設新產業，同時嚴加處罰富裕地區的債務與房地產違約，可以聰明地防範未然。但如果不做類似的事情，中國各地方就可能在社會政治上再次產生極化。房價是一個明顯指標，像北京這種一線城市的房價，從二〇一〇年以來上漲了二〇〇%，是大連等二線城市的兩倍。

雅爾達會議2.0

既然上述的某些政策，可能可以完美地解決中國國內的經濟問題，那麼為什麼要邀請中國進入國際債務會議呢？理由有三個。第一個就是降低全球的債務總量，並開始重新刺激全球經濟成長。第二個則是可以讓西方的做法在一定程度上影響中國的發展。這種債務會議以及相關的風險會議，可能會變成設定多極賽局遊戲規則的重要里程碑，不僅像是《西發里亞和約》，也是一九四五年二戰戰後同盟國元首的雅爾達會議。

如果中國私人企業引進西方的破產處理規則、公司治理標準、債務解決流程，中國就能更融入國際債務市場；也能利用一些在信貸危機之後出現的新債券如垃圾債券與證券化債券為基礎，打造一個更為流動的市場。或者，中國也可以用一種更為中國中心的方式，打造一個完全不同的資本市場，走向萊茵模式的資本主義。「萊茵模式的資本主義」（Rheinish capitalism）是指歐陸的企業融資方式，這種方式採取雙重董事會結構，比債券或股票市場更仰賴銀行的融資。[33]中國及亞洲國家，可能需要一段時間才能打造出屬於他們本土的融資方式，而且成功與否將取決於中國的信貸緊縮有多嚴重。

邀請中國的第三個理由則是地緣戰略。中國可能會想透過參加債務會議，進一步向國際市場開放，並影響其他亞洲經濟體的債務重組。不過鑑於華盛頓共識（Washington Consensus，一系列與國際貨幣基金組織有關的國家在一九九〇年代訂定的自由貿易市場派政策）讓許多國家誤入歧途，中國可能不會希望國內經濟被西方擺佈。另一方面，美國在債務會議的戰略目標，可能是讓國際貨幣基金組織這類以美國為主的機構、美元（如果中國試圖打破與美元體系的直接關聯，人民幣與美元的關係可能會變得緊張），和以美元為主的資本市場，變得更有影響力。因此美國可能也不會出手幫忙，比起協助重組清理中國的金融體系，讓中國繼續背債可能對美國更有利。

讓中國參加債務會議的條件，是日本也要參加。日本跟中國一樣，都是封閉或較不開放的金融體系，大部分的公債都由國內投資者和日本央行持有。日本的經濟結構以及自從一九九〇年代末以來的經濟問題，諸如通貨緊縮、殭屍企業、成長緩慢等，都提醒我們債務與銀行危機有多可怕。

不過日本和國際體系連繫得更緊密，日本銀行在海外的占比以及海外投資者在日本的投資比例，都比中國更高。它目前依然是全球第三大經濟體，匯率能夠引起巨大的國際波動。而且它的作風也跟中國一樣相當獨樹一格，公司的治理、財務及所有權模式，都相當特別。[34]日本的債務顯然是一顆定時炸彈，它的私人、企業、政府債務加在一起，占國內生產總值的比例，居全球之冠。這些債務大部分可以在家庭與政府之間來回移動，但如果之後再次陷入長期衰退，整個國家可能就會被債務搞爆。我之前提過，那些樂觀主義者與理論家相信，只要日本央行買下國債，日本債務就會神奇地消失。但這其實只會引發其他風險，讓日圓、消費者、日本企業陷入更大的未知。[35]然而，如果日本進行債務重組，最終還是可能改變公司交叉持股制度，讓公司治理體系更國際化。

如今的世界站在完全全球化或者走向多極世界的十字路口。在多極世界中，各種不同的公司治理體系將擁有越來越大的影響力，而其他較弱勢、較寬容的治理體系則會像野草一樣四處蔓長。因此，最後將讓資本的成本，在資本自由流動的世界中提高，投資者有時甚至只能任由政府、大股東、公司經理隨意擺布。

在金融市場中，公司治理通常並不重要。治理較差的公司即使長期勝過治理較佳的公司，也不奇怪。但經濟一旦低迷，債務水準一旦高漲，治理良好的公司就會竄出頭，治理不善的公司往往得付出昂貴的代價。

如果各國有更多公司與監管機關採用嚴格的全球治理標準，就能結合出一群遍布全球的高標準企業，而企業也就未必需要以多極世界的方法分散給各國用自己的方式治理。[36]但我認為這很難發生。目前那些全面改革公司治理的實驗都失敗了。例如日本首相安倍晉三提出的「安倍經濟學」就想要斬斷日本企業間盤根錯節的持股關係，讓它們更西方（例如將資本還給股東），最終提高企業股票的權益報酬率。但這項改革沒有成功，後續的企業管理變革力道也很弱。美國也是一樣，它沒有建立正式的公司治理準則，只能轉向更激進的公司收購、股東行動主義這類管理措施。而監管機關和檢察官打擊白領犯罪的力道，也並未像一些人想像的那麼嚴厲。[37]

治理泡沫

美國的公司治理在許多方面都很泡沫：高階主管的超高薪水違反許多公司表現指標（將近三分之二公司的頂級高管薪資，與每股收益走向背道而馳。這是個非常有力的指標）、債務水準高得破紀錄、小股東順從得令人不安。美國上一次的公司治理危機是在二十一世紀頭幾年，最有名的例子就是世界通訊（WorldCom）和安隆公司（Enron Corporation）。這兩家的會計疑雲與高額債務都引發了大破產。相關書籍《安隆風暴》的原名就是「房間裡最聰明的人」（*The Smartest Guys in the Room*），聽起來有夠狂妄。[38]在本文撰寫之時，美國公司債務水準、債務比、高管薪水及其與公司績效指標之間的關係，甚至比二〇〇一年安隆醜聞之前更糟糕。整體看來，美國公司的系統性治理問題越來越大。

解決的方法有兩種。第一種比較傳統：讓市場看見公司的治理問題，並為其定價。第二種則是搞懂治理問題如何發生，確保它不再重演。要在美國這麼做，就得讓高管薪水與公司價值的長期增長連結得更緊密（甚至同時與持股員工的福利、環保、供應鏈等等連結得更緊密，但這可能不受美國人歡迎），讓公司自然而然地成長。同時，持有債券與股票的人也得更積極地介入公司管理。

此外，華爾街和矽谷如果能夠引進英國卡伯里準則（Cadbury framework，艾錐安・卡伯里〔Adrian Cadbury〕一九九二年為了改善企業治理標準而提出的一系列準則）[39]那種治理原則，可能會大幅躍進，畢竟許多科技公司在員工投票權這類方面的治理規則都很差。如果它們的收入與租稅報告標準能夠更清楚，也會有幫助。而且這些標準大部分都只要修改一下，就能適用於私人的有限公司，這樣一來，有限公司就不會像過去那樣一直偷偷地無視治理原則。但無論如何，成敗的關鍵依然是那些重要的治理標準能否在一個個重要的經濟體之間傳遞，以及美國公司能否在危機爆開之前解決治理問題。

自己的風險自己擔

當公司治理越來越重要，高負債風險越來越大，未來似乎就越來越黯淡。目前的債務水準顯示，之前的國際債務問題並沒有解決，只是繼續拖下去。這樣下去，經濟與金融發展遲早會受阻，許多國家的財富不平等將會加劇。各國的決策者過去二十年來都沒有解決債務問題。甚至可以說，自一九九八年亞洲與新興市場危機以來，各種因應危機的政策都是在玩拖字訣，從未像十九世紀那樣讓人去清除債務泡沫。這些政策全都在支撐呆帳、呆帳銀行，和不良投資，寄望通貨再度膨脹之後沖掉潛在風險。但我說這些話並不是在等著看好戲，我希望那些搞出風險的人在出問題的時候自己承擔後果。

並不是所有規避風險的方法都能成功。長期資本管理公司（Long Term Capital Management, LTCM）的教訓就是一個好例子。這家投資公司由一群知名的債券交易員與大牌學者組成，在一九九〇年代是全球最大的對沖基金之一，在固定收益市場中持有一系列高槓桿的部位。但當市場出現波動，該公司被迫平倉，進而導致金融市場崩盤，逼得其他投資銀行組成的財團必須援助該公司。我親眼看見該基金負責人之一在報告公司倒閉時哽咽不成聲。但其實該公司反而是罕見案例，大部分造成金融動盪的人都不會受罰，或者相對而言都不受動盪影響。那些銀行家明明做了更高風險的決策，並造成全球金融危機，卻幾乎都不用坐牢。愛爾蘭、希臘、美國的消費者與家庭在金融危機後也一樣，生活方式顯然無視公平正義。這種事以前不是這樣。在過去的危機，例如十九世紀的危機中，冒險的人通常都得面對慘烈的後果。但現在我們卻一次次地發現，那些決定冒險的人，似乎都把風險扔給另一群人去承擔。他們的高風險決策即便失敗，也不用承擔後果。

之所以會變成這樣，除了因為政策制定者想把風險分散到整個金融體系，也是因為人們想拯救全世界。但那些想要拯救全世界的方法，往往都會拯救到有能力被拯救、甚至不應該被拯救的人，並讓其他人繼續陷於泥淖中。在全球金融危機白熱化的時候，政策制定者看到了大部分的問題，並且推出了一些類似《多德—弗蘭克華爾街改革和消費者保護法》（Dodd-Frank Wall Street Reform and Consumer Protection Act）❶之類的嚴肅方案；但隨著危機後的恐懼逐漸退潮，那些阻止冒險行為的措施也逐漸消失。

冒險行為永遠都會存在，而且有很多經濟上的理由讓我們不該禁止。但正如平衡派在一六四九年的協議所言，「法律應該平等，因此應該為善，不可以明顯傷害到人民的安全與幸福」，[40]如果更能由決定去冒險的人承擔冒險行為的代價，世界會比現在好很多。

如果世界的確如我所言，需要召開一場前述的債務會議，那麼這場會議很可能也必須像核武削減條約或其他傳統國際關係條約那樣，由各大區域彼此討論之後，簽訂一份風險條約。這份條約必須讓世界對冒險行為更敏感，並更讓決定冒險的人去承擔冒險的後果。

目前許多國家都已推出風險政策準則，例如經濟合作暨發展組織就制定了一個風險管理架構，雖然很多國家似乎並不認為它有任何政策約束力。[41]雖然我們可以從公司治理這類領域著手，設法降低風險或至少詳細地揭露風險，但公司治理深受文化差異影響，很難讓各國採取相同的規範。所以比較有效的方式是找出各國與各地區共同面臨的問題，提出一些架構去遏止它們。

這類風險條約的核心，是讓參加者同意，只要市場與經濟沒有陷入極端狀況，就禁止推出非常規貨幣政策。它可以訂定通膨、經濟成長、市場或金融壓力的門檻，規定只要緊急情況沒有嚴重到突破門檻，各國政府與央行就不能使用量化寬鬆政策。這樣就能防止量化寬鬆政策讓市場麻木，防止企業莽撞地濫用槓桿與金融工程。各國的政治領袖還會因此注意到，不能每次遇到威脅就拿出貨幣去安撫，必須提出更積極的預防與治療方法去解決經濟危機。

最後值得再提的是，很多個人都沒有充分承擔自己造成的金融風險。在我看來，大部分的金融服務業從業人員都沒有承擔決策的後果，而是將大部分的傷害轉移給企業和股東，而且很多時候都讓最終購買儲蓄與抵押貸款產品的消費者承擔高昂代價。

這種時候，美國開國元勛羅伯・莫里斯（Robert Morris）的故事很值得參考。這位「革命的金融總監」提出了「新星星系」（Nova Constellatio）的想法：推出一種新貨幣，讓西班牙、葡萄牙、英國的貨幣更容易轉換為美國的貨幣。「新星星系」可以視為美元的前身，甚至歐元的前身。它的其中一項創新之處，就是幣種之間以如今習以為常的十進制，而非當時慣用的其他轉換

❶ 譯注：該法案旨在通過改善金融體系問責制與透明度，以促進美國金融穩定，並解決「大而不倒」問題，保護納稅人與消費者的利益。被認為是一九三〇年代以來，美國改革力度最大、影響最深遠的金融監管改革法案。

制度來兌換。華盛頓曾建議莫里斯擔任美國首任財政部長，但莫里斯拒絕了，改推薦亞歷山大・漢彌爾頓。後來莫里斯在一七九六年至一七九七年的土地投機恐慌中走了厄運，因欠債而被關了三年，直到一八〇〇年通過《破產法》（Bankruptcy Act）才重獲自由。

有時候人們會用莫里斯的故事來說明，不應該太嚴厲地懲罰冒險行為，不應該汙名化失敗的投資。如今美國的破產程序可能比歐洲更無情，但也更迅速，而且更不去汙名化破產者。這類法律的目的，是為了快速回收那些被債務所困的資產，並讓累積債務的人去承擔風險。照此說來，莫里斯的故事可能會在整個二〇二四年國際債務會議上重演。這場會議是為了讓全球化時代累積下來的債務不再拖累全球金融體系，並確保那些借太多債的人未來將直接承擔欠債的後果。重點是，投機者以及舉債執行計畫的人必須為自己的行為負責，不能把負擔轉嫁給最終消費者。

八　多極世界

全球國內生產總值向東移

我在二〇一八年參訪了世界貿易中心，當時位於曼哈頓下城的摩天大樓已經取代了毀於二〇〇一年九月十一日的兩座大樓。這棟壯觀的新建築，可說是針對九一一事件當天襲擊紐約的惡徒所展現的精采回擊。這棟全西半球最高的建築物，可以飽覽紐約市及哈德遜河周邊的景色。

曾經有一段時間，世界上絕大多數的摩天大樓都位於曼哈頓。這些大樓象徵進步與自信。如今，有一種既迷人又直觀的方法，可以觀察世界如何從以美國為中心的單極，轉而向多極發展。這方法就是查看世界上最高的一百座建築物的位置。摩天大樓（高度至少兩百公尺的建築）是用來衡量自信心與經濟大男人主義（economic machismo）的好方法（想想川普大樓）。在一九三〇年至一九七〇年間，世界最高的建築物當中至少九〇%位於美國，少數則位於南美和歐洲。在一九八〇年代至一九九〇年代，美國持續主宰世界最高大樓排行榜，但二十一世紀初期出現了劇烈的改變：摩天大樓開始出現在中東及亞洲。

目前世界上最高的建築物中，約有五〇%位在亞洲，另外三〇%在中東，僅一六%在美國，少數位在歐洲。二〇一五年所有已完工的摩天大樓之中，有四分之三都位在亞洲（尤其是中國及印度），阿拉伯聯合酋長國及俄羅斯則緊追在後。摩天大樓的發展軌跡，顯示了成長、都市化和進步觀念已經從美國擴展到世界其他地區。順帶一提，截至二〇一八年，美國在全球最繁忙的十一座機場中只占了三席（喬治亞州亞特蘭大的哈茨菲爾德傑克遜國際機場、洛杉磯國際機場和芝加哥的奧黑爾國際機場）。在這些機場之中，有些（北京首都國際機場、杜拜國際機場和上海浦東國際機場）在二十年前還只是新興的機場。這種基礎建設的發展模式，也顯示了世界的經濟重心如何向東移，現在甚至有作者將這樣的發展過程稱為「東方化」（Easternisation）。新加坡學者柯成興（Danny Quah）曾繪製一張精采的圖表，解釋在過去的二十年間，全球的國內生產總值重心如何向東方移動。[1]

像這樣的重心轉移，是世界平衡重要的一部分，即世界各地區之間的經濟實力平衡。這也有助於說明中美之間貿易緊張的背景，也就是說，這一切只是美國政治、軍事和商業菁英意識到中國已經迎頭趕上後的反應。令許多人（尤其是美國人）感到驚訝的是，這樣的平衡和某一個國家的國內生產總值與其他國家相較之下的升降無關，而是一種系統上、各國做事方法上，或是許多人口中的「世界秩序」上的改變。系統上的改變，往往會產生無法預期且強烈變動的後果，這點本書在前幾章已經概述過。簡而言之：不平等、負債和政治動盪等問題，現在正處於數十年來的最高峰。貿易緊張及由中央銀行控制整個經濟體系的現象，將使經濟和政治變得更加區域性。美國不再插手國際事務、歐盟變得更加自信、英國脫歐及中國的一帶一路計畫，在在顯示舊的做事方法已在衰退，準備迎向新的作風。最令人擔心的是，民主已不再是許多國家的主要政策目標。現在對許多國家來說，少一點的民主才是理想的形式。

西方人可能會對世界平衡感到恐懼，但對於發展中國家的人來說則相反，他們非常樂見一個更均衡、更多極的世界。西方的組織和政府，往往會認為自己有教育或包容這些發展中國家的義務，但這些國家將來恐怕不會再這麼有耐心地忍受這種上對下的態度。

即使目前仍在早期階段，但平衡帶來的不確定性，會使許多西方人開始緬懷過去，希望可以繼續享受全球化時期的繁榮。許多政治人物和組織，都不願承認全球化已走到了終點，甚至有少數人認為不會有任何新趨勢取代全球化。

若要維持目前的全球化局勢，需要幾項近乎奇蹟般的政策出現。支持全球化的政治領導者，必須就全球化的利益進行清楚的陳述，然後著手讓全球化帶來的利益分配得更妥善。此外，這類領導者還需要啟動一系列新的、超乎想像的貿易談判，處理英國脫歐所帶來的影響、美國重塑幾乎所有貿易關係的願望，以及更加鞏固日本與中國的貿易關係等問題。然而，越仔細思考採取這些措施所需要的政治努力和善意，維持全球化的可能性只會越來越渺茫。現在已經有許多人對全球化的好處產生深刻的懷疑。事實上，若繼續維持全球化，則人口、負債情形和生產力下降等問題很可能會持續存在並抑制成長。[2]

現今有些為了讓全球化復活（並限制可預期的負面影響）所採取的政策，已經引起了爭議和民粹主義。舉例來說，目前有許多人在呼籲「對科技徵稅」（taxes on technology）或對壟斷徵稅。這些方法雖然能夠影響大眾輿論，但充其量只是用左翼的民粹主義取代右翼的民粹主義而已。另一個與限制全球化過度擴張相關的政策鏈，是控制大型科技和社群媒體公司。現在的科技公司就和金融危機前的銀行一樣強勢，而且諷刺的是比一九九九年的科技公司還要強大（在營收和盈餘方面）。越來越多的證據顯示，大型科技公司是各產業的主導者。根據里奇蒙聯邦儲備銀行（Richmond Federal Reserve）的員工報告，少數大公司的密度在某些情況下甚至達到了鍍金時代的程度，[3]因此具有優勢的公司享有更高的利潤、更高的股票收益，和利益更高的合併交易。

該報告的作者也將寬鬆的監督管理（以及入行的技術門檻）視為龍頭公司崛起的原因之一。

因此，我們也常聽到有些人呼籲訂定一個呼應一九三三年的《格拉斯—斯蒂格爾法案》（Glass-Steagall Act）的新法案。《格拉斯—斯蒂格爾法案》將商業銀行和投資銀行的活動分開（當時某些銀行及其投資的部門，包括石油、鐵路和鋼鐵公司等，幾乎和現今的大型科技公司一樣強勢），而現在這個新法案將會拆散亞馬遜、谷歌，甚至是中國的電子商務媒體平臺騰訊控股有限公司（Tencent Holdings）等企業巨頭。新法案可能會規定要將雲端運算與電子商務分開，並把資料密集的活動分開進行以保護隱私。民眾普遍使用的搜索引擎可能會被歸類為公共財，而且必須具備錯誤資訊篩選工具，例如要優先呈現來自經過證實的來源所提供的資訊。舉例來說，在搜尋「氣候變遷」時，應該要優先呈現來自NASA、政府或聯合國所提供的研究資訊。雖然這樣的提案很有意思，但由於美國和中國的大型科技公司都是屬於政府的策略資產，所以不太可能會受到過分嚴格的對待。

再見了，全球化

最理想的情況，就是那些還在嚮往全球化的人可以認清現況，接受全球化已經過去的事實，然後為新的趨勢進行調整。許多人會抗拒這個事實，例如二〇一八年七月二十六日的時候，有三十五位外交政策專家在《紐約時報》上刊登廣告，打著「為什麼我們應該維護國際制度和秩序」

的口號，主張應該要維護現有的世界秩序及機構。我不這麼認為。全球化（至少許多人習以為常的全球化形式）早已失靈。全球化結束之後，世界可能會走上兩種不同道路。第一種情況比較危險，也就是如同我在前面所說，現代的全球化將會和一九一三年的全球化初期一樣戛然而止。這種情況對名嘴比較有利，因為他們能夠恣意描繪世界如何陷於末日恐慌之中。幸好，走上這條道路的可能性比較低。雖然許多只會紙上談兵的評論家非常樂見中國南海發生衝突，但很抱歉，我認為中美在海上發生大規模衝突的機率其實非常低。

另一條道路就是世界演化出新的秩序，也就是由經濟、法律、文化和安全網絡的運作方式截然不同的三大區域（也許是四個，取決於印度的發展方式）所組成的多極世界。這樣的趨勢早已出現，而且漸趨成熟。直到二〇一八年，「多極」都還只是理論上的概念，只會出現在文獻而不是現實世界中。[4]但這點很快就出現改變：貿易緊張、科技發展（例如量子運算）及科技相關法規，只是其中少數幾個讓世界分裂成不同區域的元素。多極性正日益受到關注，而且將會帶來兩大新觀念。首先，多極世界的每一個極點，必須是經濟、金融和地緣政治都強大的國家。再者，多極化的重要性不在於每個極點都很強盛，而是每個極點都會發展出在文化上一致又獨特的做事方法。多極世界和多邊主義不同，前者的每個地區會有獨特且相異的做事方法，後者則是會合力完成一件事。

中國尤其樂見世界從全球化走向多極化。早在二〇一七年的世界經濟論壇上，中國總理就已經稱中國是全球化最大的獲益者。中國從全球化及相關組織（例如世界貿易組織成員）獲得了許多利益，也在供應鏈中扮演重要角色，進一步推動了全球化的發展。[5]然而，貿易湧入中國之後，卻漸漸背叛了全球化的世界，成為更加區域性的模式。舉例來說，根據國際貨幣基金組織二〇一八年的資料顯示，與二〇一一年相較之下，柬埔寨、越南、寮國和馬來西亞與中國的貿易較多，與美國的貿易相對較少。這些國家（加上孟加拉和巴基斯坦）受到以貿易和投資為基礎的兩國關係所吸引，許多決策都開始深受中國影響。

然而，中國本身其實並未全球化。西方公司越來越難和中國公司在同等條件下於中國開展業務，而且流入與流出中國的資金和思想，都受到了嚴重限制。人流是另一項指標。中國內部的流動是動態的，或許人口移動比以前更加受到管控，但是與其他國家相比之下，進入中國的外國移民人數簡直微不足道，而且中國直到最近才成立了機構（在二〇一八年黨代表大會上成立的國家移民局）管理進入中國的移民。因此當中國成為重要的極點時，全球化程度會越來越低，甚至可說是在助長去全球化（de-globalization）的趨勢。

若不從單一國家，而是從更廣的範圍來看，我們可以藉由檢視貿易、國內生產總值、海外直接投資、政府預算規模和人口規模的整體趨勢，觀察世界變得多極化的程度。這些項目的集中度現在都比過去低（或者說是比過去更分散），而且越來越向極點集中。舉例來說，從二〇一二年到二〇一七年的五年之間，中國對澳洲的海外直接投資總額以每年二一%的速度成長，美國對澳洲的海外直接投資則相對只以六%的速度成長，顯示亞洲對澳洲的投資正在增加。[6]

許多趨勢都顯示，人口的流動漸漸邁向區域化，移民也變得越來越只在特定區域間或區域內移動。舉例來說，根據世界經濟論壇的資料，二〇一五年國際之間有二・四四億移民，但國家內部有七・六三億移民，尤其印度從一九九一年到二〇一一年，國內移居的人數就出現兩倍以上的成長。在國際移民中，有六〇％選擇鄰近國家。舉例來說，許多印度移民會移向附近地區生活，例如阿拉伯聯合酋長國、科威特或沙烏地阿拉伯。[7]

我們可以參考資料科學家馬克斯・嘉卡（Max Galka）的資料，他以圖表標示出世界各地的移民流向。[8]他以長期圖表的方式，呈現過去兩個世紀以來移民到美國的人潮。嘉卡的資料顯示，美國過去最主要的移民來自德國、愛爾蘭、義大利和東歐，而近年（自一九八〇年代後期以來）的移民最主要來自墨西哥。全世界最受歡迎的移民國家是美國、德國、加拿大、英國、法國、澳洲和沙烏地阿拉伯（根據二〇一七年世界經濟論壇《移民對城市的影響》報告）。然而根據世界銀行的資料，進入美國、英國和歐元區的國際移民（難民除外）的成長情形，目前進入了十五年來的最低潮。這可能反映出政治事件（例如英國脫歐）通常會影響移民是否選擇遷至該國居住。如今，最主要的移民人流，都是由戰亂等緊急情況所驅使，例如位於敘利亞的衝突正在不斷驅使移民流向土耳其、約旦和黎巴嫩。另一個由危機驅動的龐大移民潮，是從委內瑞拉前往哥倫比亞的難民，目前已有超過一百萬名委內瑞拉難民生活在哥倫比亞。[9]

世界上有個領域目前仍維持在全球化或單極的狀態：金融。從很多現象可以看出這個事實，例如全球股票和債券市場的期限仍由華爾街決定、美國的投資銀行在貿易與顧問方面勝過亞洲和歐洲的銀行，而且最重要的是，根據國際結算銀行的資料顯示，全世界仍非常普遍在使用美元

（全球所有交易中，約有一半涉及美元，歐元和日元緊追在後，人民幣則僅占外匯交易的二%）。[10]

雖然多極化的主要原因是經濟實力日益分散及區域化，但多極化也會反映在其他地方，尤其是軍事力量、政治和網絡自由、科技成熟度、金融產業成長，以及對於自身文化的特權和信心等。雖然這些現象的多極化不像經濟那樣容易計算，但還是有明確的證據不斷出現。我們可以觀察幾個初始因素，看一個極點會牽涉到哪些層面：一個國家的國內生產總值、人口多寡、是否具有帝國遺產、在區域經濟中的角色、軍事規模和複雜程度（例如絕對支出、戰鬥機和艦艇的數量）、在聯合國人類發展指數中相對於其所在地區的位置，以及是否參與區域組織（例如北大西洋公約組織或歐盟）。

在此模式下，歐盟、美國、中國（可能加上印度）都會是極點，但日本和俄羅斯還不夠資格成為極點。舉例來說，俄羅斯的多極化程度在某些方面（例如軍事上）可以獲得很高的分數，但就目前的狀態而言，俄羅斯可能永遠不會成為本書所定義的極點。俄羅斯在軍事上投資過鉅，現在積極出口軍事科技，向世界證明自己有迅速發起大規模干預行動的能力。總統普丁漸漸成為一些國家及地區的政客的榜樣，這些政客被一種傾向中世紀的強硬領導方式所吸引。普丁「指導式民主」的概念在全世界都有追隨者。[11]然而，若想要成為真正多極化的國家，國家的特色就必須制度化，而不是純粹來自一個領導人的能力。俄羅斯的經濟和金融結構都相當脆弱，人類發展指數的得分也低，無論普丁之後將由誰接班，都很可能無法如現在強大。

軟實力、硬實力

儘管如此，俄羅斯仍是一個國家如何善用硬實力的範例（根據詹氏資訊集團〔Jane's Information Group〕和智庫所進行之戰備狀態和戰術能力來衡量的結論）。[12]俄羅斯及其他一些國家都具有如核能、太空和網路戰爭等充分的硬實力。[13]從外交角度來看，某些國家可以在面對同樣的現況時，卻做出相當與眾不同且有礙國際和平的決定，俄羅斯正是這種國家。若從西方的角度看待俄羅斯的外交，會認為俄羅斯是一個魯莽、充滿侵略性又愛挑釁的國家，但俄羅斯則有不同的世界觀。將東歐國家將併入歐盟、北約組織領導的軍隊鋌而走險進入伊拉克和利比亞、西方導彈系統進犯俄羅斯邊界，以及西方支持塞爾維亞和烏克蘭革命等，凡此種種行為對俄羅斯來說才是挑釁。在這樣的世界觀下，俄羅斯決定強化各方面的軍事力量，努力消滅國界上的威脅，並藉此獲得在國際外交上的影響力。

與硬實力相輔相成的能力，就是運用文化機構來累積的軟實力。哈佛大學教授約瑟夫．奈伊（Joseph Nye，前甘迺迪政府學院院長及前國家情報委員會主席）認為軟實力簡單來說就是「合作的能力」，與其相對的則是「脅迫的能力」（硬實力）。[14]歐洲可說是軟實力方面的佼佼者。這裡舉一個簡單的例子：根據一份對於製造國標籤的態度研究，帶有德國、瑞士、歐盟或英國製造標籤的產品最受歡迎，而帶有中國、孟加拉或越南標籤的產品最不受喜愛。[15]從文化的角度來看，英國文化協會、英國廣播公司國際頻道（BBC World Service）、法國文化協會（Alliance

Française）和歌德學院是舊西方國家維持和發展軟實力的一些具體案例（中國則有孔子學院）。舉例來說，英國廣播公司被許多人視為新聞廣播的標準，而從軟實力的角度來看，英國廣播公司（國際頻道）投入了大量資源，以四十種語言製作廣播新聞和節目。總而言之，許多國家已經意識到，一個國家若有心想要成為地緣經濟的極點，就必須與鄰國建立網絡，並透過這個網絡與鄰國建立文化連繫。

大部分國家沒有軍事、文化或經濟實力，無法與大型極點競爭，而且許多國家的地理位置剛好位於兩個極點之間，例如澳洲在政治及軍事上和西方是重要的同盟，但在經濟上卻必須和亞洲諸國一樣以中國為中心。同理，印度明明具有成為獨特且強大極點的要素，卻因為對自己的能力缺乏整體的認識，也不懂如何運用這些能力，因此在地緣政治上還只能算是一個青少年。

印度在這方面相當有趣。印度的經濟正在快速成長，具有蓬勃發展的農業，而且若經濟基礎能夠成長且分配得更平均，就能擁有潛在的龐大消費產業。印度是民主制度國家，具有多元的地區與文化交流，而且是核能和太空研究大國。印度的軍隊不像俄羅斯那樣訓練有素且經驗豐富。對於一個面積如此大的國家來說，印度具有相對強大的軟實力，這是相當不尋常的現象。大國通常都經歷過帝國制、曾經捲入過戰爭，或曾多少參與過國際事務。相較之下，印度的發展過程相對溫和，人民也相對和善。印度在貿易和文化上與倫敦、杜拜和香港都保有連繫，而且印度是少數在國內和國際上的移民都非常活躍的國家，這代表印度是一個與世界密切連繫的國家。印度尚未做到的，就是運用自己的力量，發展成一個獨一無二的極點。

位在世界另一頭的拉丁美洲，人口和地理面積都很驚人，應該要能夠成為某種形式的極點，但是在外交政策、軍事力量、金融產業規模和創新能力方面，拉美地區則落後其他地區。此外，隨著美國境內西班牙裔人口成長、美國和古巴之間的緩和，以及美元的主導地位，拉丁美洲在很大程度上仍屬於美國極點的衛星區域。很可惜，拉美地區始終被華府忽視，最典型的例子就是委內瑞拉。委內瑞拉正在衰亡，而且實際上的人道危機比外界所知的更嚴重。在經濟上，這場危機可能導致中國深入控制委內瑞拉及其石油產業。在外交上，華府的消極反應，不禁讓人想起喬治・卡斯坦納德（Jorge Castaneda）幾年前在《外交事務》期刊上發表的文章〈被遺忘的關係〉（The Forgotten Relationship）中，為拉丁美洲和美國之間日益惡化的關係感到惋惜。[16]

在多極世界的框架中，拉丁美洲在許多方面皆有所不足，其中之一是缺乏跨區域的管理與集體行動的能力。其他地區都有明顯的獨特做事方法，以及快速決議與執行決策的能力，例如美國的總統、白宮、五角大廈和其他組織在外交政策方面永遠口徑一致，法國和英國的體系在日常決策上也是如此。

相較之下，歐盟缺乏一位能夠代表歐洲決定外交政策的人物（雖然歐盟設有官方的外交部長負責歐盟的外交事務和安全政策，但是擔任這職位的人很少能夠像馬里奧・德拉吉等人一樣具有影響力）。這名人物必須持續與其他國家的外交部長競爭。想像一下，在發生危機時，二十七名外交部長擠在一個擴音器前，而歐盟官方外交部長試圖從旁邊插話的畫面。在貿易和競爭政策等方面，歐盟確實具有相對明確和一致的立場，但若要想發展成一個極點，就必須在外交政策中傳達更一致的聲音。

規模是構成極點的兩個決定性因素之一（無論是經濟上或戰略上的規模）。另一個決定性因素，是極點在經濟、文化和政治方面的政策獨特性。每個地區或極點的目標，以及對於所謂「腹地國家」的共識和默許的程度，都會影響各自的獨特性。

榮譽地位

讓我們從美國開始，檢視每個極點的政策目標。美國的目標，是在經濟和軍事上維持目前與他國平等，卻又同時高人一等的特殊地位，並且持續對貿易和國際組織保有影響力。歐洲的目標是力求穩定，包括歐盟境內的政治穩定，以及歐元區內的經濟穩定。達成穩定之後，再從此基礎上加強歐洲工程的體制和框架。在受到過去幾個世代的經濟與文化成就影響下，[17]中國未來的目標（或稱「中國夢」）是成為具有經濟實力、甚至主導亞洲地區的國家。另外，中國也會希望握有亞洲地區的政策實權，讓亞洲國家都必須遵守中國的規則，而且這些規則不受西方國家和組織所管控。

評估每個極點的獨特性或特質，則是比較困難的事情。舉例來說，如果想要了解中國機構的特性或民主化程度，最容易取得的公開資料是來自世界銀行的全球治理指標等資源。[18]雖然中國在這裡的排名不高，但這並不表示中國的組織和政策機構沒有順利執行中國政府的目標。若以西方的眼光去審視中國或俄羅斯，就會恰好違背了地區獨特性的精神。

記住這一點之後，我們可以從五個要素去檢視每個極點的獨特性：管理、民主、人民控制、經濟，以及權力部署。歐洲由於其低度人民控制（例如言論自由）和高度文化發展（大量湧入歐洲的遊客或許可以證明這一點）的特色，可說是在民主方面最具獨特性的地區。歐盟的獨特之處，在於擁有自己的貨幣（雖然從制度方面來說，歐元體系並不算完整）。許多歐洲國家也各自擁有強大的組織，而且雖然歐盟的做事方法有點沒效率，但至少在管理及制定政策方面具有其獨特的作風。

在權力和部署方面，雖然歐洲在文化上非常獨特，但在部署外交力量或軍事力量方面則沒什麼效力（雖然有些人可能會認為歐盟的消極做法也是一種特色）。

引領當代全球化浪潮的美國，本身就具有非常明確的特色。美國的做事方法早已遍及國際組織和政策思維（華盛頓共識）。在上述的五個要素中，美國都具有自己的特色，而且在許多要素中都居於主導地位，只有在民主化的品質方面輸給歐洲。美國目前面臨的挑戰之一是部署軟實力。歐洲和新興經濟體分別在後共產主義時期及崛起的早期階段，就已經以更輕鬆的方式完成了軟實力的部署。隨著其他國家和地區漸漸產生合法而堅定的國家認同，美國的軟實力部署現在變得更加窒礙難行。

與美國和歐洲相比，很少有人會認為中國是民主政體，但中國打壓個人自由的獨特方法，以及從上而下的政治控制手段，都有效地促進了中國的主體性。若要從正面的角度解釋中國在這方面的作為，可以說中國遵循了馬基維利（Machiavelli）所描繪的「王子般的」共和主義方針，也就是針對共同利益制定政策，而對中國來說，共同利益就是強化中國（及共產黨）的威信。若以較不委婉的方式描述中國的作為，也可以說中國人民正受到來自政府的暴政所統治。

在其他變數方面，中國的軍事力量尚未經過考驗、軟實力並未妥善發展，而且許多非中國人都認為，中國由經濟帶領擴張的做法，反映了中國對自身實力的高度自信。舉例來說，中國會在貿易關係上不斷明確聲張自己的影響力，然後利用自身的規模和力量，向亞洲各國（甚至遠到澳洲）強加自己的影響力。中國面臨的挑戰，是如何透過軟實力獲得鄰國支持並偷偷進行區域整合，藉此監督中國南海，並使那些相信哈佛大學教授格雷厄姆・艾利森（Graham Allison）稱為「修昔底德陷阱」的人感到不知所措。[19]修昔底德是雅典將軍，他在經歷一場敗仗後，成為了歷史學家。修昔底德在他著名的《伯羅奔尼撒戰爭史》（*History of the Peloponnesian*）中，描述了西元前五世紀雅典和斯巴達之間的戰爭。艾利森最近的著作出版後，掀起了一股修昔底德熱潮。他在這本書中發明了「修昔底德陷阱」（the Thucydides Trap）一詞，用來表示已開發的強國（美國）與崛起中的國家（中國）之間免不了一戰的宿命。

極點若想要真正具獨特性，就必須在法律和政治方面有自己的一套做事方法。美國和歐洲在這方面是非常明顯的例子。中國在法律方面有一個有趣的趨勢，就是中國的法律和裁決正在不斷（偷偷地）挑戰西方的商業實力。中國也在軍事科技、電信和資訊科技等領域展現出獨立創新的能力，這些都是能否成為極點的決定性因素。[20]中國目前在太陽能、智慧型手機和電信科技領域領先全球，甚至發布了一套網路法，為中國劃分出了一個獨特的網路空間。在這個空間內，中國政府有權要求網路公司提供解密服務、社群媒體必須經過安全審查，而且有關中國客戶的資訊都必須儲存在中國境內。這個趨勢再次證明，當世界從完全成熟的全球化演變成多極化之後，國家冠軍企業將成為極點不可或缺的力量。就某種意義上來說，這些極點之中的冠軍企業，將會取代像蘋果公司這種立足全球的公司。

歐威爾說中了

我們可以透過地緣經濟極點的特徵和決定性因素，分析出強權之間的邊界。我們還可以透過二十世紀最重要的一本著作《一九八四》來帶入一些文學色彩。在喬治・歐威爾（George Orwell）的《一九八四》中有個非常有趣的框架，就是根據經濟實力和政府形式將世界分成三個區域：大洋洲、東亞和歐亞大陸。由於現在的世界早就充滿各種比小說還像小說的事情，所以或許這會是個不錯的分法，而且這三個區域剛好各自包含一個正在成形的主要極點。

雖然有些國家的分法有點強硬，但我們可以大致把世界上的主要國家分成以下類別：大洋洲（美國，也許還包括英國）、歐亞大陸（歐盟及土耳其、東歐和以色列）和東亞（以中國為中心的亞洲各國）。雖然現在的世界並不是完全和歐威爾的分類方式相同，但他提出的三大區域會是將來多極世界的大致發展方式。有些國家可以輕鬆滿足兩個類別的條件，例如英國、日本和澳洲。

我們可以透過來自歐威爾的分類靈感，仔細描繪出大洋洲、歐亞大陸和東亞大陸的發展藍圖。

大洋洲

在多極世界中，大洋洲（也就是所謂的盎格魯—撒克遜國家，主要是美國、英國、加拿大和澳洲）將繼續做他們最擅長的事情：在古典共和主義機構和民主的共同支持下，持續發展戰爭和金融領域。[21]

從平衡的觀點來看，美國和英國有個必須維繫的重要歷史遺產：這兩個國家都是全球化時代的起源，而且各自都在過去三百年來促進了民主的發展。尤其到了十九世紀，歐洲人就和亞歷西斯・托克維爾一樣，將美國視為歐洲應該仿效的榜樣。

全球化是從兩個盎格魯—撒克遜帝國誕生的：十九世紀以貿易和陸地為基礎的大英帝國，以及二十世紀和二十一世紀初的美國霸權。雖然大英帝國對其他國家帶來了不民主的影響，而且曾經試圖把世界各地有價值的物品都帶回英國，但不可否認的是，他們確實建立了文化、法律和語言結構上的傳播管道，而且這些管道從全球化時期至今都仍然非常暢通。因此，若將全球化視為法律、政治、經濟及文化的網絡，則全球化在許多方面都可說是具有強烈的盎格魯—撒克遜氛圍。

最初使全球化誕生的自由市場哲學，是由大衛・李嘉圖（David Ricardo）和亞當・斯密（Adam Smith）等思想家所提倡，並由美國和英國的決策者進行傳播。「自由市場是最有效的經濟活動」這個觀念，是親全球化陣營的核心信念之一。這種精神之所以會在學術界延續下來，是因為全球首屈一指的經濟學家之中，許多都曾經在美國東岸的大學就讀或工作過，而這些大學歷來都是世界銀行和國際貨幣基金組織等組織的主要人才來源。（約瑟夫．史迪格里茲〔Joe Stiglitz〕曾經抨擊過國際貨幣基金組織資深管理人員的觀念。）[22]

此外，對於許多國際金融機構——例如德國的中央銀行（德意志聯邦銀行）、日本金融系統的主要部分，以及拉丁美洲的經濟重構計畫等——來說，美國的金融機構都可以算是他們的始祖。美元仍然是世界的儲備貨幣，美國的聯邦準備系統被視為世上最強大的中央銀行，更重要的是，美國的投資銀行是全球金融體系的主要推手。金融危機並沒有削弱美國在這方面的重要性，而且大多數國際股市跟隨的仍然是華爾街的脈動，不是法蘭克福或上海。

東亞

與盎格魯—撒克遜相異的做事方法，正在亞洲扎根。自一九九〇年代以來，亞洲四小龍經濟體（新加坡、香港、臺灣和南韓）的表現已經超越了全球其他地區，而且四個國家現在都已經高度全球化。中國則是四小龍的經濟中心。在過去三十年以來，新加坡和香港不但經濟成長已經輕鬆超越了愛爾蘭和紐西蘭等面積相近的小國家，而且都成為了轉口貿易經濟（entrepôt economies），大量進出口商品和服務。其他亞洲國家紛紛仿效新加坡和香港，而這些國家的發展方式非常特別，簡直可以被貼上「辛納屈主義」的標籤（也就是，「照自己想要的方法去做」）。

廣義來說，中國和許多其他亞洲國家的共通之處，是採取積極的「柯爾貝爾式」經濟政策。讓─巴普蒂斯特．柯爾貝爾（Jean-Baptiste Colbert）是十七世紀末法國的財政部長，他以利用國家作為經濟活動的推手而聞名。從這個角度來看，柯爾貝爾主義代表國家積極參與經濟政策。若繼續拿法國比喻，則與當代中國更接近的體制，應該屬於拿破崙三世（一八五二─一八七〇）統治下的法蘭西第二帝國。那段時期不但民主非常有限，議會與新聞自由也受到箝制，而且時常對公共議題發聲的公民會受到嚴格監視。然而，當時卻也是基礎建設、創新和仕紳化蓬勃發展的時期。到了法蘭西第二帝國末期，皇帝的合法性逐漸減弱，所以拿破崙三世陷入了許多統治者都會掉入的陷阱：利用戰爭來鞏固自己的地位。他所犯下的錯誤，是企圖攻打普魯士。普魯士在俾斯麥（Otto von Bismarck）和赫爾穆特．馮．毛奇（Helmuthe von Moltke）的出色管理下，已經發展出強大的軍事力量。若拿破崙三世取得勝利，將使他成為全歐洲實質上的統治者。據說他的妻子歐吉妮皇后（Empress Eugénie）也曾提及征服普魯士的重要性。她說過：「如果沒有戰爭，我的兒子將永遠不會成為皇帝。」[23]拿破崙三世的統治在狂妄、戰爭和敗仗之下慘烈收場。在一八七〇年普法戰爭中的色當戰役結束後，毛奇終於屈服了。數年後，他和妻子歐吉妮的健康狀況逐漸下滑，最後在英國的奇斯爾赫斯特（Chislehurst）去世。

之所以要重提這段歷史，是因為政治和市場具有一些共同特徵：容易過度自信、傾向低估風險，而且兩者的發展都瞬息萬變。儘管全球化的亞洲國家在經濟和政治方面並未遵循盎格魯─撒克遜模式，但它們同樣具有完善的政府體系或結構，以及複雜的文化和社會常規。舉例來說，中國深厚的文化以及共產主義時期建立的政治結構，使政府當局能夠一邊推行促進經濟成長的政策，一邊保持對經濟和社會的高度控制。

這些馬克思口中的上層建築（superstructure）使亞洲國家有能力在某種程度上參與全球化，因此在認識中國的時候，不只要認識中國的價值觀和文化上重要的事物，還要懂得去質疑中國政府的目標。對於許多西方人來說，北京在政治上就如同邱吉爾當年形容的俄羅斯，是一個「層層包覆的謎中之謎」。[24]

然而，在試圖了解中國的過程中，許多評論家都犯了以西方的眼光檢視中國的錯誤。之所以會如此，一方面表示中國仍未完全崛起，另一方面證明了全球化的觀念（而不是適當的多極世界觀）仍然影響著許多西方人的判斷能力，使他們持續低估中國。從漫長的社會經濟歷史來看，中國的轉型（尤其是其經濟的轉型）其實在相對較短的時間內，就達成了巨大的成就。

在很大程度上，中國已經達成美國和歐洲各國政府花了更長時間才完成的目標，例如在二〇〇〇年，中國的家庭財產與美國在一九〇五年的數目相同（約六兆美元），但根據國際貨幣基金組織的預測，中國的家庭財產到了二〇二三年，就會與美國在二〇〇〇年的數目相同（六十兆美元）。[25]

近年來，我們開始發現中國擁有所謂的「學習型」政府，也就是他們會觀察美國和歐洲如何陷入金融危機、如何應對這些危機，並從其他極點的金融危機中汲取教訓。中國能夠對股票市場規則和貨幣管理進行快速調整，顯示北京學習市場溝通的速度非常快。中國的決策者無疑已經從已開發國家的中央銀行在過去十年來為了解決債務危機而採取的措施中，學到了這方面的知識。如果中國真的從歐洲的危機中學到了經驗，就會知道：首先，絕對不能以政府背上大量債務的方式，來解決債務和銀行危機。再者，絕對不能讓經濟上的重擔落到平民百姓身上，以免引起社會動盪。

中國未來的政治動力主要有兩個。第一個，也是最重要的一個，就是讓中國富強，並且同時不斷提升中國政府的聲望（也就是所謂的中國夢）。這目標聽起來似乎很理所當然，但這是驅使中國所有政治階層前進的動力，也是全國人民都已經內化的觀念。在川普承諾要「讓美國再次偉大」之前，甚至早在雷根揚言要「美國的早晨」再度到來之前，中國早已懷抱了這樣的夢想，但是西方國家直到現在才開始意識到這樣的想法。

西方評論家的辯論重點，在於中國企圖在多大程度上提高聲望。歐洲國家（以及後來憑著經濟和軍事實力迎頭趕上的美國）近百年來在許多地方帶來影響，也將帝國的勢力範圍擴張得又大又遠，甚至延伸到了中國的沿海地區（例如鴉片戰爭）。西方人可能會擔心接下來要輪到中國獨大，因此中國走的每一步都受到他們的嚴格檢視，例如中國是否會以其宣稱的「中國式解決方法」，更積極介入非洲的國際政治。中國的外交政策領導人不論在政策上或用詞上，都漸漸傾向採公開方式主張以美國為基礎的國際系統和做事方法早已失效。[26]中國在剛果等非洲國家的商業活動日益深入，讓人想起湯馬士・帕克納姆（Thomas Pakenham，盎格魯—愛爾蘭歷史學家，正式名稱為朗福德勛爵）撰寫的《非洲爭奪戰》（*The Scramble for Africa*）一書。他在書中詳細描述了英國、義大利、法國和比利時等歐洲大國在十九世紀瓜分與破壞非洲的過程。[27]中國也早已開始透過影視作品，在電影院裡宣揚中國在國際上的聲望，例如二〇一八年的《紅海行動》（*Operation Red Sea*）和二〇一七年的《戰狼2》（*Wolf Warrior 2*）等電影，都描繪了中國如何英勇地進行海外干預行動。這些虛構的干預行動是否能在現實生活中發揮作用，將會是一個重要的外交試金石，因為中國軍隊將來可能會在中國境外（亞洲外圍、非洲和拉丁美洲等地方）展開國家安全行動，但或許會明智地避開中東等地區。

中國可能會避免進行領土擴張，但會繼續利用其經濟規模，強迫其他亞洲國家在網路自由、安全和食品安全等方面遵守中國的標準與規則。一帶一路計畫巧妙地將中國的影響力擴及整個亞洲、中東和東歐（中國與波羅的海、捷克共和國、匈牙利、羅馬尼亞、塞爾維亞等十六個東歐國家，建立了「16＋1」貿易暨投資計畫），並隱瞞了這項計畫其實會損害這些國家的主權的事實。[28]

躲開無畏號戰艦

像過去的許多大國一樣，中國也展現了向區域貿易夥伴施加壓力的傾向。一旦雙方達成協議，中國就會再次降低施壓的程度。中國另一項迫在眉睫的考驗，就是例如印尼等人口眾多的穆斯林國家以敵對態度面對華人社群的問題。這類問題——而不是像南海海戰引來無畏號戰艦或紐澤西號航空母艦的問題——將成為對中國外交政策的重要考驗之一。

中國的第二個難題，是關於共產黨的內部機制。自從習近平成為中國國家主席兼共產黨總書記以來，洩露黨內工作和陰謀的黨員受到的處分變得比以往更加嚴厲（舉例來說，薄熙來是一位很有領袖魅力的中國政治家，他曾被視為中央政治局常務委員會的有力候選人，但他和妻子卻離奇地被指控謀殺了一名英國商人，因而被判入獄）。目前正讓歐洲政治團體大感頭疼的一些政策問題，可能也會在某些方面讓中國共產黨產生分裂，但我們不可能看到或聽到共產黨內部出現不同的聲音。

儘管如此，我們仍然可以看出黨內分裂成了幾個派系，例如年輕成員與老成員、職業政治家與高階軍官、習近平的支持者與過去政權的支持者等。此外，最新出現的諸多政策分歧，似乎某種程度上聚焦在都市與鄉村、反腐敗與相對自由放任、贊成宗教在中國發展與為了黨的利益而反對宗教，以及具有環保意識的成員與毫不在乎氣候變遷的成員等議題。[29]

科技問題也可能成為燙手山芋，因為中國現在是機器人和人工智慧的龍頭。雖然中國在運算能力方面仍在努力追上美國（尤其是量子運算方面），但中國在人工智慧方面具有一項優勢，就是能夠從人民和經濟活動上蒐集大量資訊，然後實際運用這些資訊。為了使生產力能夠維持經濟成長，就必須在工業和服務業中投入更多科技來減少人力成本，因此盧德主義派系在共產黨中崛起，也只是時間早晚的事。總而言之，科技將成為新興經濟體的一個政治問題。這些新興經濟體至今為止一直將注意力集中在勞力密集型產業，現在則充滿一股想要以科技提高生產力的衝勁。

在貿易等其他相關問題上，共產黨可能會鼓勵（或培訓）特立獨行的黨員針對國際上重要的話題發表意見。若有人以詭異的方式發表議論，公然反對和西方進行貿易（也就是公開上演一場反對共產黨領導人意見的戲碼），這個人可能只是用來影響貿易關係的擴音器。這種充滿創意且前所未見的方式，能夠讓黨魁合理拒絕對方的提議。舉例來說，在與西方建立正式關係時，可以安排這位特立獨行的角色發起抵制西方產品的活動。

從更高的層級上來看，中國人民的利益和黨的利益目前仍是同義詞，但如果發生債務危機，兩者之間的緊張關係可能就會加劇。這是因為國家利益會成為指導原則，藉此分擔這類危機所造成的損失，但是許多共產黨的支持者可能會對此原則感到不滿，因為他們大多具有商業利益，而且很可能會為了分擔經濟損失而受到影響。

有趣的是，現在的中國共產黨所面對的社會政治環境，很可能與當年平衡派所面對的相同，而且有可能再次出現一個平衡派型的團體（然後被高官貴族擊潰）。假設中國在二〇二一年陷入債務危機、失業率飆升至一〇%、工廠因為大量採用機器人而提升自然失業率、房地產價格下跌對存款造成重大衝擊、社會福利幾乎失靈、許多大城市仍舊充滿環境問題，那麼一般中國人民將會面臨平衡派所遇到的相同問題：對負債者的嚴厲處置、武斷施行法律、濫用環境資源，以及被少數政治菁英統治。

這種運動在中國（或至少在一些較貧困地區）的興起具有兩個意義。首先，這會成為中國社會政治發展的新里程碑。再者，這類運動將對既有秩序造成威脅，因此中國當局將投入大量心力斬草除根。事實上，中國當局已經在監視技術和基於人工智慧的行為分析科技方面，投入了無與倫比的資金。據估計，中國在國內安全的支出比外部安全高出近二〇%，其中最嚴加防範的地點是西藏、新疆維吾爾自治區和北京。[30]如同普特尼辯論的結果，中國當局在採取社會和經濟上的相關政策行動前，或是在採取政治行動打壓平衡派類型的運動前，可能會先舉辦公聽會（這點與十七世紀不同，因為社群媒體可能會使這類打壓行動變得更加困難）。

另一種可能有助於順利度過危機的發展，是中國當局在觀察全球金融危機和歐元區危機所帶來的政治餘波後，懂得由富人承擔經濟低迷的代價，並在經濟衰退期間建立某種形式的緊急社會福利架構。

歐亞大陸

雖然歐洲可說是中國的負面教材，但他們仍有自己獨特的做事方法。歐洲的資本主義不像盎格魯—撒克遜模式那麼激進，而且民主程度遠高於亞洲，但歐盟已經陷入二維幾何學的極限了。自一九九九年以來，歐盟的深度（例如引入歐元制度）和廣度都不斷在成長，目前已經遍及二十七個國家，雖然因為英國脫歐而少了一個，但仍然比二〇〇六年時大得多。歐盟的未來，取決於是否能夠以更有智慧的方式回頭加強這兩個維度（機構的深度和廣度），或是找到另一個能夠賴以為生的新維度。另一個重大挑戰，是移民問題。由於歐盟國家對移民的反對態度，以及移民的安全隱憂，歐盟可能必須至少對於來自歐盟國家以外的移民，對自由移動原則進行更精確的解釋。未來，歐盟與土耳其和奈及利亞等國家的關係，將受到移民問題的考驗。由於這兩個國家的人口不斷成長（根據世界銀行預估，奈及利亞的人口到了二〇四五年將超越美國），而且經濟、政治和體制都很脆弱，因此兩者都已被列為歐洲移民的主要來源。[31]若這些移民人數持續增加，最終將會引發另一波反對移民浪潮，並且使這些國家與歐盟的關係惡化。

移民問題就像德拉吉對歐元的大黃蜂比喻一樣，也就是管理歐盟的原則、法律和政策雖然在理論上行得通，但只要出現問題就會崩潰。歐盟在結構和願景上有一個問題，那就是歐盟的目標通常給人一種模糊不清的感覺，相信就連歐盟領導人也一樣摸不著頭緒。

根據我的經驗，亞洲、美國和中東人都對歐洲充滿了好奇心。從投資的角度來看，美國人（或至少身在美國的投資者）並不把歐洲本身視為可投資的地區，而是一種特殊情況下可以派上用場的資產，一種頂多可以用來交易而不是持有的資產。亞洲人無法理解，為什麼歐洲明明擁有領導單位（歐盟的行政機構歐盟執行委員會），但歐洲議會的地位卻低於某些國家的議會。歐洲人應該要從這點看出自己的民主制度有多曲折又沒效率。值得一提的是，若亞洲成立一個「亞洲聯盟」，初期可能會與歐元區成立初期（或美國立國初期）同樣一波三折。歐元危機和後續的餘波，大大折損了歐盟的信譽，降低了世人對歐盟運作的信心，也大幅改變了非歐洲人對歐盟的看法。在很大程度上，與歐元危機相關的事件，就像但丁《神曲》中的層層地獄。

現在，評論家和經濟學家都不免俗地必須聲稱「歐洲必將失敗」，並要求歐洲進行「改革」。[32]這個方法遺漏了幾個重點。首先，幸運的是，經濟實力不是歐洲唯一看重的目標。經濟實力與社會穩定發展的目標是結合在一起的。第二，歐洲是靠一種非常天主教式的政治教條團結在一起的（根深蒂固的盲目信仰那種）。這種教條將在危急時刻成為把歐盟維繫在一起的一股政治能量。第三，還是有很多歐洲人知道，即使是歐盟目前的形式，都比過去長期衝突不斷的歷史更可取。

歐盟有四個正式聲明的目標：促進歐盟公民身分、支持經濟和社會發展、維護正義與安全，以及定義並捍衛歐洲在世上的地位。在這些目標之中，最後一個可說是最薄弱的目標，而其他三個則相當於推廣一種開明的社會民主（我認為這種社會民主的好處完全被低估和輕視了）。然而，在面對如何妥善管理歐盟國家之間的關係、如何處理危機、如何面對移民和外交政策等領域的趨勢變化，以及如何在中美之間找到自己的定位等問題時，歐盟卻始終保持沉默。事實上，我們可以把歐洲的目標簡化為兩個。第一個目標，是找出能夠讓成員國及選民之間更輕鬆地保持和諧與團結的方法。另一個目標，是為促進社會民主訂立一個更明確的目標。由於移民、恐怖主義和財政緊縮的壓力，再加上極端政黨在全歐洲興起以及東歐政府的頑強抵抗，使得歐盟的這個目標一直無法如願進行。

歐盟可能會發現，在新興的多極世界中，擁有一個明確身分會是越來越迫切的事。如果將來美國離開歐洲自食其力、中國成為更具挑戰性的貿易夥伴，就會為歐盟帶來壓力（或動力），因此歐盟必須更明確定義自己的角色。由於川普政權採取了更加孤立的立場，已經有很多跡象表明，歐盟正在變得越來越孤獨。現在經常有呼聲要求歐盟發展自己的電池科技、人工智慧和軍事能力（即歐盟軍隊），讓歐盟成為有能力自立的組織。有些歐洲政客還要求歐盟建立自己的支付系統，藉此脫離總部位於美國的環球銀行金融電信協會（SWIFT）系統。[33]

歐盟在通往更加明確和自主的道路上，必須先克服一些障礙。其中一個主要的問題，是如何以實際上可行的組織形式，使外交政策最佳化。歐洲的外交部長很常由相對無能的二流政治人物擔任，例如凱瑟琳·艾希頓（Catherine Ashton）是其中最糟糕的例子（艾希頓是一位知名度不高的英國政治人物，她在擔任歐盟外交和安全政策高級代表的期間飽受批評）。若舉例來說明歐盟目前的權力動態，就像是在遴選外交政策委員時，比較被重視的不是個人的能力和地位，而是能否懂得不要去擋主要大國的財路。例如：法國外交部在面對馬德琳·歐布萊特（Madeleine Albright）或亨利·季辛吉（Henry Kissinger）等歐盟等級的官員時會怎麼做？德國的財政部又會如何看待強大的歐盟財政部長？

歐盟的外交部以及貿易（這是歐盟擁有重心與實力的領域）等其他部門之間連貫且有意義的合作，可居中調節歐盟與美中等大型極點的關係，而且可能成為歐盟共同防禦和網路安全政策的支點。任命更強大的外交部長，將會強化歐盟在國際舞臺上的行動能力。這樣的外交部長還可以向歐盟執行委員會學習他們過去在經濟與金融方面的危機管理中所習得的一些經驗。如果歐盟執行委員會的其他部門沒有從歐元區的經濟管理過程中學到東西，將會是非常可惜的一件事。

雖然歐盟執行委員會的某些層面需要加強，但這不應該成為擴張的藉口。就政治上來說，選舉結果和民意調查始終都表明歐盟公民不希望再納入更多成員國，似乎只有布魯塞爾是想要在成員數目方面進一步擴大的唯一推手。歐盟現在處於臨界規模，也就是說，若加入新成員（例如巴爾幹諸國），可能就會導致其他國家離開或開始建立在政策上與歐盟脫勾的團體。如果歐盟不夠謹慎，可能在贏得塞爾維亞的同時會失去瑞典，而我認為這筆交易非常不划算。歐洲也將面臨移民潮帶來的長期後果。這群移民主要來自非洲大陸，原因是非洲人口不斷成長。此外，土耳其對德國的影響力將在歐盟的移民政策中發揮作用（因為德國境內有非常多土耳其移民），而且可能會使奧地利和德國等歐盟國家之間的緊張關係惡化。

由於英國脫歐和整個歐盟間的政治動盪不斷加劇，因此我建議歐盟在英國離開之後，應該要建立一個正式程序，重新審視歐盟的目標和宗旨。這麼做可能會使歐盟的原則和政策產生變化，甚至可能會以更嚴格的標準決定哪些國家可以加入並留在歐盟或歐元區中，而且現有成員國可能必須被迫接受這些新規則。歐盟和歐元區的成員國，將來可能會因為嚴重違反政治或經濟上的價值觀而被驅逐出去。這是管理歐元區的必要機制，而新加入歐盟的成員將會非常清楚自己的責任。

三難的局面

歐盟的問題之一，是試圖同時達成太多目標：成為一個民主團體、成為一個順利運作的民族國家集團，以及成為一個經濟上（歐元）的強大聯盟。在多極世界中，其他的大區域可能會面臨相同的困境。全球化崩毀和多極世界出現，可能是丹尼・羅德里克（Dani Rodrik）所提出的「全球化的三難困境」的邏輯後果。[34]羅德里克是哈佛大學國際經濟學教授，也是全球化的學術專家之一。他的三難困境理論強調，任何一個國家都幾乎不可能一邊維護國家主權及民主的政治形式，一邊與世界經濟和地區經濟進行深度整合。

這種均衡的情形，是「平衡」這個概念的核心。根據平衡的概念，某些國家或地區會因為領導人（比起民主和自由）更重視統治權，因而使經濟整合程度降低。本書到目前為止提出的一些補救措施，例如減少不平衡（停止量化寬鬆並舉行債務會議）和承認國家實力等，都是為了緩解或解決這類的三難困境。

具體來說，英國脫歐、川普當選總統，以及歐洲部分地區出現政治上的抗爭騷動，在在證明了羅德里克的三難困境理論是正確的：某些國家確實透過民主的政治過程，把國家主權置於經濟整合之上。多極化是一種回應，因為在地區的層級上，極點會開始建立自己獨特的主權、經濟整合和民主模式，而不是繼續將自己變成千篇一律的全球化國家。

通往多極化的道路，不可能一帆風順。其中一個緊張局勢，是自從工業革命以來，世界上一次都只存在一個全球化軌跡和傳播的定位點（十九世紀是英國，二十世紀是美國），而現在至少就有三個定位點。這個狀態會為國際事務帶來全新且充滿不確定性的動力。

主要極點之間越來越相異的做事方法，很有可能造成摩擦、誤解或衝突。基本上，多極化就代表主要極點之間不會使用通用語言，而是會說不同的官方語言。基於貿易的緊張局勢也很可能會發生。還有一些緊張局勢來自不完全位於極點範圍內的國家（如前文所述，這類國家最主要是日本、澳洲和英國）的認同危機，以及來自俄羅斯等想要成為極點，卻缺乏基本條件的國家的野心。

從更基層的角度來看，眾所周知的全球化的結束，以及多極世界的開始，兩者將在政治辯論中成為更重要的議題。從區域邊界來看，人流、思想和資本的流動可能不會再如此全球化，而是會更傾向區域性。此外，隨著時間過去，主要極點的區域意識會持續增強，因而進一步強化資源流動的區域性。從消極的角度來看，更加多極的世界可能會是一個分水嶺，代表將來可能是民主的高峰，也可能代表區域內將開始為了爭奪民主價值、體制實力、政府手腕和控制實權而展開各種鬥爭。

平衡派或利維坦派

開始邁向多極世界的過渡初期，將與「平衡」息息相關，而且至少將在兩個方面發揮作用。首先，許多政治和經濟變數（從選民參與、負債，到低實際工資成長）將趨向平衡，成為「全球化結束」和「新世界秩序出現」的分水嶺。第二，國家和地區之間的力量趨向平衡，而在即將到來的多極世界中，每個地區將以自己獨特的方法做事。

在各國獨特的做事方法之中，最特別的就是平衡派所謂的「生而自由的權利」，或是第三章中提到的開放社會的觀念。平衡派提倡明確的政治公式，而歐洲人和美國人雖然能夠認同其價值，卻將在實際作為上逐漸背道而馳。這個理念最大的挑戰，主要來自日益接受低民主社會管理方式的已開發國家和新興國家，而隨著經濟逐漸開放，越來越多選民也會希望擁有一個更開放的社會，因此將會引起相關的衝突。

隨著世界朝向平衡型和利維坦型社會的方向發展，某些接近利維坦型的國家（例如俄羅斯）以降低民主和權力來管理秩序的方式，將成為許多人認為合理的生活方式。在其他國家中（尤以中國的例子最有趣，因為中國經濟曾經一度失去動力，直到後來才再度發展起來），受到高官貴族支持的利維坦派，以及支持機會平等和多黨制等接近平衡理念的團體，兩者之間的緊張關係可能會日益加劇。在這些國家中（尤其是中國），女性及同性戀等弱勢團體的角色和觀點將特別具有影響力。

新的世界秩序牽涉到大範圍的土地，而且治理方式受到平衡派和利維坦派影響。這樣的模式呼應了歷史上的幾個時期。雖然這次的範圍遠超過了英國海岸，但這裡很適合且值得再次複習一下平衡派（和霍布斯的利維坦派）的歷史。雖然普特尼辯論及平衡派在這場辯論中所扮演的角色在民主史上是非常重要的事件，但與當時歐洲四處爆發的戰爭相比，其實算是相當溫和的衝突。值得注意的是，隨著平衡派的第二份協議達成，三十年戰爭也即將畫上句號。三十年戰爭是丹麥、西班牙、法國和荷蘭等國家在德國進行的戰爭，這些戰爭摧毀了歐洲部分地區，例如德國有三分之一的城市人口及接近三分之二的農村人口因為戰爭和疾病而消逝。除了世界大戰，三十年戰爭或許是歐洲遭受過最具破壞性的衝突。然而在一六四八年，統稱為《西發里亞和約》的一系列條約，結束了三十年戰爭和八十年戰爭。

由法國紅衣主教朱爾・馬扎然（Jules Mazarin）籌畫的《西發里亞和約》動員了大量人力，共有近兩百個國家和小國參與。組成《西發里亞和約》的諸項條約，至今仍具有國際關係的格局，而且奠定了我們現今所知的承認民族國家的原則。《西發里亞和約》承認每個國家和小國的領導者（王子）選擇官方宗教的權力，並給予人民信仰與官方宗教相異的宗教（即基督教）的權力。更重要的是，另一條規定要求必須承認每個國家（和小國）的主權。這意味著將來因宗教而引發的衝突將會減少，而且各個國家和小國的行動也將更具策略性，例如形成同盟、尋求海外貿易，並在運輸和軍事科技上進行創新。

沒有太多證據顯示《西發里亞和約》是否呼應了一六四九年《人民協定》的平衡派或普特尼辯論的精神，不過《西發里亞和約》創造出的世界，很快就對英國的命運造成了影響。然而，我覺得目前的世界彷彿具有一種特別的音韻：當（由平衡派帶領的）政治變革不斷發生的時候，這個充滿國際關係的世界（如同西發里亞的聚會）也同時在產生變化。

《西發里亞和約》削弱了近三百年來在國際事務中掌管權力平衡的力量和結構。同樣值得注意的是，在《西發里亞和約》的時間點左右，中國的明朝正在從統治世界的大國邁向衰落。貿易疲軟、氣候變化、流行疾病和不平等待遇，是中國由盛轉衰的一些因素。國際事務中的下一個重大結構性變化，是在第二次世界大戰之後。當時出現了兩個超級大國，也成立了聯合國等國際組織（一九四五年）。

隨著共產主義垮臺，全球化開始以各種方式改變國際事務。首先，全球化促進了民主的傳播。第二，全球化透過貿易及經濟和金融的網絡，將各國綁在一起。第三，全球化在各個國家和地區，創造了一種共同的消費主義文化。全球化對國際關係的影響，就像是各個國家和組織之間的膠水，而且這款膠水的絕大部分都是「美國製造」。

在曾經被視為人口過剩的第三世界國家（例如印度和中國）的帶動下，全球化使世界經濟產出有了更好的分配。全球化目前即將走向終點，取而代之的是多極世界，而其中的一大考驗，就是平衡派和利維坦派之間在治理社會方法上的緊張關係。然而，政策共識仍然與全球化緊密相連，而且很少跡象顯示外交政策領域的思想家已經準備好捨棄現今觀看世界的方法。目前在國際事務上，我們正面臨新的衝突和典範轉移，因此需要找到方法來說明新的世界秩序可能會是什麼模樣。

九　全新的世界秩序

平衡派或利維坦派？

對於未來的發展，最關鍵的是地緣政治，而地緣政治的主要發展動力，將漸漸變成來自國家之間經濟、地緣政治力量與財富之平衡。接下來的二十年，隨著全球平衡的發展漸漸成熟，地緣政治的發展將深受兩個潮流所驅動。第一股潮流，是歐威爾式（Orwellian）的三大地區將主宰多極世界：大洋洲（美國，可能外加英國）、歐亞地區（歐盟加上土耳其、東歐與以色列）、東亞地區（以中國為中心的亞洲諸國）。第二股潮流，是上述這三極強權的意識型態會越來越不同，其差異將不僅是共產或資本主義的差距，而是在政治上分化為平衡派或利維坦派國家。

這些趨勢將在國際事務中引起許多新變化，我會在此描述其中一些改變，其餘部分將在本書其他章節中詳述。中型國家將很難在世界上找到自己的位置，如英國脫歐及其帶來的後果，將是備受矚目的嘗試案例。小型先進國家將團結在一起，而二十世紀的國際機構將式微，並被新的機構取代。

中美之間在二〇一八年的貿易爭端，正好顯現出二十世紀國際機構式微的狀況。在一九九〇年代相當活躍的世貿組織，在這次的爭端中僅能袖手旁觀。專為二十世紀設計的機構，將在越來越多方面力不從心。這些機構成立時想處理的議題，基本上都已經獲得化解（從新興國家的低度發展狀況到資助這些國家等問題），而且將來會出現許多更新、更複雜的問題取代這些過去的問題。

由大型極點驅動的世界，也將損害中型國家。因此，另一個問題是中型國家如何面對自己身為衛星、孤兒或附庸國的地位（這是脫歐派最喜歡用的術語）。英國、俄羅斯和印度就是這類例子。英國在受到脫歐影響後，可能會回歸法治大國的身分，成為全球法律、商業和企業治理的中心。舉例來說，英國可能成為跨國公司、法律糾紛及支付與數位貨幣全球標準化的首選地點（在這方面，瑞士早已捷足先登）。同理，若俄羅斯的經濟更加穩定，並得到其他國家的投資與信任，可能就會更具影響力。

印度與英國和俄羅斯不同，其經濟潛力正在成長。由於印度在國防上的花費越來越高，因此現在面臨經濟潛力與硬實力的兩難困境。非常有趣的發展是：印度加入澳洲和日本等比較傾向西方國家的亞洲國家行列，與美國成立美日印澳四國同盟（Quadrilateral Security Dialogue alliance, Quad）。美日印澳四國同盟以「共同的價值觀和原則」為基礎，旨在確保印度洋至太平洋地區的自由開放。這項聯盟計畫十年前就已展開，但由於中國的反對而被擱置。現在，由於中國的崛起，使這項聯盟計畫重啟，而美日印澳四國之間的商業和軍事往來正在成長。印度的軍事支出日益激進，成為美國國防武器極重要的市場之一，而且印度正在利用日本的資金與技術來建設高速列車網路。與美日印澳四國同盟（及北約組織）對立的，是成立於二〇〇一年的上海合作組織（Shanghai Cooperation Organization, SCO），主要成員為俄羅斯和中國（巴基斯坦亦為活躍成員，印度也是成員之一，但較不活躍）。美日印澳四國同盟和上海合作組織對於世界平衡具有重要意義，因為它們是地緣政治斷層線上的兩個競爭對手，兩者分別位於美洲和亞洲的兩大極點之間。這些由國家組成的聯盟（或者該說是幫派）將越來越頻繁地進行聯合軍事演習，大多數軍事裝備也會向盟友購得。

從美日印澳四國同盟、漢撒聯盟2.0到上海合作組織

同時，這個不斷變化的世界，也有解放其他國家的潛力。舉例來說，有一群小型先進國家（即奧地利、比利時、新加坡、瑞典、瑞士、愛爾蘭、香港、挪威、丹麥、芬蘭、紐西蘭、以色列和荷蘭）具有許多鮮明的特徵。小型先進經濟體也具有非常開放的經濟市場，而且會搶先在較大的經濟體之前接觸新的變化（例如世界貿易的波動），就這層意義上來說，它們可說是世界經濟礦坑中的金絲雀。這些國家也容易面臨同樣的難題。例如：在日本銀行和歐洲中央銀行實施量化寬鬆計畫之後，挪威和紐西蘭等國家的貨幣也變得更加動盪。從地緣政治上來說，這群國家越來越有動力團結在一起（北歐、波羅的海諸國、愛爾蘭和荷蘭早已組成了北歐小國的漢撒聯盟2.0，它們最初的目標是對歐盟財政政策採取更嚴格的做法），而且可能很快就被視為全球事務中的道德權威。[1]

因此，上海合作組織、美日印澳四國同盟和漢撒聯盟2.0很可能成為二十一世紀地緣政治的重要參照點。在我看來，它們將有助於形成新世界秩序的骨架。

就這方面來說，這種新興秩序的大規模實驗，是英國在脫歐後才發生的事。英國政壇發明了「全球化英國」（Global Britain）一詞作為他們對英國的未來願景，但這塊願景的畫布幾乎還是空白的，很少人真的在上面增添了色彩。全球化英國的演變，值得英國以外的地區（尤其是美國）好好觀察，原因如下：首先，英國脫歐是世界平衡的第一個重大事件。第二，全球化英國和美國

對於世界平衡非常關鍵。本書不僅描述了這兩個國家的許多趨勢，而且對許多人來說，這兩個國家正從偉大邁向衰亡，並且即將面臨自我更新的挑戰。美國應該對英國目前的困境引以為戒，因為美國和其他國家（例如義大利）可能會走上英國正在走的道路。我們必須仔細觀察英國是否能重塑自己以及將如何重塑。全球化英國將標誌出各國如何在不斷變化的地緣政治環境中重塑自身及重振經濟的能耐。英國和美國不僅是親密盟友，兩者還擁有大致相同的社會經濟問題與政治失誤。假如英國的保守黨分裂了，我們很容易預測美國的共和黨也發生同樣的事。

《熱刺》漫畫

上一章根據喬治．歐威爾的《一九八四》，解釋可能將主導多極世界的三個大極點。歐威爾的另一篇文章，也非常能夠解釋英國最近發生的許多事件。歐威爾在標題為〈男孩週刊〉（Boy's Weeklies）的文章中，概括了在《磁鐵》（*Magnet*）和《熱刺》（*Hotspur*）等漫畫刊物中盛行的外國人刻板印象，像是法國和義大利人總是「容易激動」、斯堪地那維亞人很「善良」，其他大多數民族則是「奸詐」。[2]他在一九四〇年創作的畫作，是一個以英國為中心的世界，在這個世界上，一旦離開英國海岸，進入英國境外那令人厭惡的劣等世界，就連驍勇的英國人也必須保持警惕。在讀那篇文章時，我想起了英國報紙上曾出現一則捏造的頭條，上面寫著：「海峽出現大霧，分隔了大陸。」

這種海峽內外的世界觀已經過時了，但它確實與英國脫歐辯論中的幼稚論調相呼應，而且突顯了在許多歐洲、亞洲甚至美國人眼中至今仍未消散的英國例外主義（exceptionalism）。實際上，英國脫歐的許多討論已經為國際政治事件定下了基調。恐嚇和霸凌成為了主要的溝通管道，而且似乎已經成為標準的討論方式。在英國脫歐的辯論中，雙方都犯下了用資訊轟炸這種低等手段來說服大眾的錯誤。政治已經失去民心，但政壇上依舊沒有出現絲毫明顯的政策，可以回應選民在政治上對於新的、連貫的、有建設性的解決方案的渴望。歐威爾的文章至今仍非常貼切，英國人從來沒有認為自己是歐洲人，這也許就是為什麼他們覺得離開歐盟相對容易的原因。

宏觀來看，有很多原因可以將英國脫歐視為歷史上的一個重要轉折。英國脫歐象徵破裂、由一群人造成的意料之外的倒退發展，並且是第一個讓世人感覺到事情正在發生變化的重大事件。這也是國家按照既定程序做出的第一次分裂，以及平民與權貴之間失去和諧的第一個明確訊號。

英國脫歐是對力量、財富和民主之間的關係進行壓力測試的重要指標。英國脫歐可能會破壞英格蘭、蘇格蘭、北愛爾蘭和愛爾蘭之間的關係，這讓我們回到了歷史上一七〇六年和一七〇七年平衡派以及蘇格蘭和英格蘭之間的聯合法案的時期。同時，由平衡派領導的辯論，卻與英國脫歐期間的辯論有很大的不同。據我們所知，平衡派的論述充滿希望、細節和建設性，英國脫歐派則消極、混亂又令人生厭。

尖銳又負面的英國脫歐辯論，還有一個既具有啟發性又令人擔憂的元素。它在英國這個大國內部打開了一個像隕石坑那麼大的政策真空，領導人不但沒有能力，也顯然不願意制定可信的脫歐談判計畫，只會不斷努力為英國脫歐之後在這世上的定位，構思一個有意義又可信的願景。若引用邱吉爾對布爾什維克主義的評論，我們可以說：「脫歐不是一項政策，而是一種疾病。不是一種教義，而是一種瘟疫。」[3]

衰落與毀滅

有人就是巴不得看強國「衰落與毀滅」，而英國脫歐之後的局面，就是他們想看的好戲。對這些看好戲的衰落論者（declinisit）來說，英國脫歐等同一場在真實世界進行的實驗，讓他們可以觀察，如果一個國家在全球多極浪潮中單打獨鬥，而且還要獨自對抗生產力、人口老化以及債務的重擔，會有怎樣的結果。第七章中提到，貨幣價格的長期走向能反映一個國家的興盛衰落，而貨幣市場已經對英國脫歐下了判決。

一七九四年時，美國剛推出美元作為其貨幣，當時美元對上英鎊是四．七五比一，在那之後百年，匯率基本上穩定維持住了（雖然在拿破崙戰爭期間，英鎊曾經一度下探，三美元就可以換一英鎊，而在美國南北戰爭期間，英鎊價值高升，十美元才能換得一英鎊）。不過，在第二次世界大戰後，英鎊與美元的匯率就大幅改變，到了一九五〇年，二．五美元就能換得一英鎊。在脫歐公投結果出來之後，美元對英鎊匯率更是降低到一．一八比一．四。[4]

除非過去三十年的全球化浪潮能持續下去，而且全球經濟繼續蓬勃發展，否則脫歐後的英國要成功發展，並不容易。但全球化時代已經過去，多極系統正在發展演進，而且在這個多極系統中，英國並不在最具影響力的國家之列。脫歐後，英國會發現，國際貿易環境變得比以往更複雜。在許多世界組織中，英國也將承受外界壓力，被逼迫放棄組織中的特權地位（例如聯合國安理會常任理事國一員之身分）。全球經濟復甦大概也不會再持續多久，而等到英國最後完全脫歐之時，全球經濟可能又再次蕭條。

相較於世界現在的三大極點，英國已經掉到二等國家的位置，約翰·索爾斯爵士（Sir John Sawers）等人已經公開承認這個地緣政治現況。索爾斯爵士是英國祕密情報局（Secret Intelligence Services）主管，十分了解國際情勢及其背後運作。[5]他曾警告，脫歐以後，英國在國際外交舞臺上的地位將大幅下滑，這就是現實與部分英國人所抱持的期待之間的巨大落差。許多英國政治人物發言時，還宛如自己身處一九四〇年代的英國（甚至一副還身處日不落帝國的口吻），而不是把眼光朝向二〇二〇年代的發展。這般現實與期待之間的巨大落差，將對英國政治造成重大傷害。這將導致英國政界分裂出兩種政治人物：第一種政治人物在想像英國的未來時太過感情用事，第二種政治人物——基本上是英國國會中比較年輕的議員——則是真正了解英國在現代多極世界中可以扮演什麼角色。

對這些年輕的政治人物來說，前方的道路曲折難行，這樣的局面讓我想起一個故事。這個故事發生在一九六四年，詹姆士·卡拉漢（Jim Callaghan）接任雷金納·麥德寧（Reginald Maudling）成為英國財政大臣（Chancellor of the Exchequer），而當時麥德寧將英國金融搞得一場糊塗。卡拉漢來到辦公桌前，看到一張麥德寧留下的紙條，上面寫著：「嘿，祝你好運。抱歉啦，要讓你收爛攤子了。」回到現代英國，脫歐正在進行中，或許唐寧街人士應該寫下同樣的紙條給英國下個世代的年輕人，尤其要寫給愛爾蘭及蘇格蘭的年輕人，因為脫歐將帶來經濟及政治的不確定因素，而這些年輕人將首當其衝。

英國走向全球後，會是什麼樣貌？這是英國政界面對的下一個重大挑戰。英國若要打造出屬於其獨特嶄新的角色，需要一些時間。脫歐後，英國想要成功，最主要的方法是在多極世界的三大極點之間套利（arbitrage）。從實務上來看，英國應該要將自身打造成三大極點區域之間共享貨品與服務的貿易中心及標準領袖（例如公司治理領域）。同樣地，英國也可以發展成為獨立於世界極點之外的供應國，供應特定貨品與服務（例如網路安全、人工智慧應用、媒體科技、製作內容之能力）。因為對於資源較為不足的國家來說，要發展這些貨品與服務，成本可能太高，而英國就可以成為這些貨品與服務的供應國。

如此一來，英國即可成為提供獨立及高品質服務的管轄區（jurisdiction），產業領域橫跨會計、法律、銀行，甚至是教育，全球的個人及企業都可以好好利用。來自世界各國的個人與企業群聚於英國，以符合世界標準的方式償付款項及解決爭端。脫歐後，英國有可能在全球經濟中扮演這樣的角色，但這是非常樂觀的預測。英國想要得到上述地位，過程將困難重重，因為脫歐對蘇格蘭、愛爾蘭、北愛爾蘭會產生顛覆性的影響，而歐盟及其會員國也可能刻意為英國脫歐的過程增添困難及考驗。此外，英國脫歐後，有可能失去其目前在國際組織中（例如聯合國安理會常任理事國）的領導地位。資金也可能從倫敦流向其他歐洲大城市，將來要跟印度及中國等國家簽訂雙邊貿易協議，也變得困難許多。

正面來看，英國是維繫國際安全的要角之一，這點將是英國的談判籌碼。而且如果將來歐洲或歐元區發生任何政治經濟危機，脫歐一舉就顯得十分明智，這也是有可能出現的局面。另一個好處是，英國可能因為情勢所逼，開始效法小國發展的方式。某種程度上來說，英國最後可能將自己定位為比較好鬥的瑞士，或是像日本之於亞洲那般：地緣政治上身處歐洲，但在政治及文化上與歐洲保持距離。

如果脫歐後的政策措施，朝英國政府所謂的「全球化英國」這個目標走，英國未來的政策可能將忽視脫歐的啟示：對移民抱持的敵意、已然遺失的英國身分認同，還有英國倫敦與國內其他地方的發展落差。跟倫敦相比，英國許多地區的經濟、社會基礎設施、無形基礎設施都發展不足。[6]取而代之的是，在後脫歐時代，英國許多重大政策都應該在國內實施，注意力也應該放在英國自身的需求，讓英國可以打造出新的經濟與產業結構。

世界全球化的腳步越來越慢，長期而言，英國經濟需要變得更平衡及穩健，而無形基礎設施正是關鍵。以專業術語來說，英國需要大舉創新，發展出針對企業稅、稅額減免及公司籌資等成熟完整的地方稅務體制。此外，倫敦以外地區的基礎設施應該要大舉更新，更新的規模應該要非常宏大。偉大的英國工程師伊桑巴德·布魯內爾（Isambard Brunel），他所主持建設的鐵路、蒸汽船大不列顛號（*SS Great Britain*）、高架橋、橋梁及隧道，改變了十九世紀英國的樣貌，而後脫歐時代的基礎設施革新，應該要同等宏大才行。

同理，英國的教育系統或許也該重新規畫，讓倫敦以外各地區學校，都能獲得必要的資金及專業協助，孕育出更多更好的學校。想達成上述目標，或許可以建立一個英國地區稅制系統來達成。這個地區稅制系統會針對不同地區課以不同稅率，尤其是在英國發展較差的地區，大公司需要繳的稅賦就比較低（或是較少社會變革及更具吸引力的投資沖銷）。上述措施多少會讓人減少住在英國首都的欲望。後脫歐時代，政府如果希望付出得到收穫，就要多投資英國國內的公共財及英國具有優勢的經濟產業，並且將外交政策調整得比較不強硬好鬥。

在這些部分，英國當局恐怕沒有太多選擇的餘地。其中一個原因是，脫歐已經刺激了蘇格蘭獨立運動，也可能導致北愛爾蘭的社會經濟與政治變化。對這些區域及愛爾蘭而言，脫歐是個歷史轉折點，新的政治及經濟旅程即將展開。[7]就像一九三九年的電影《綠野仙蹤》（*The Wizard of Oz*）裡的角色，英國各個構成國都在尋找不同的特質，或是需要解決各自面臨的挑戰。英格蘭需要駛出脫歐過程的震盪風暴，還必須拼湊出「全球化英國」的願景。蘇格蘭必須建立新的經濟基礎，而相關機制必須予以支持。北愛爾蘭必須擺脫目前靠國家支撐的經濟模式及僵化的政治系統。脫歐後面對明顯威脅及機會的，是愛爾蘭。愛爾蘭需要學習克服其長期社會經濟失衡的極端困境。

而上述這些問題所帶來的影響，都會超越英國國界，影響到全世界。首先，全世界都在關注脫歐局勢，看脫歐是會標幟出英國的嶄新開始及歐盟的謝幕退場，還是會帶出相反的結果。第二，全球的小國都在檢視，蘇格蘭及愛爾蘭決策層會如何處理脫歐帶來的重重挑戰，從新加坡到杜拜、新興市場及復甦的城市，無一不密切關注。第三，美國至少有八千萬人民對愛爾蘭、蘇格蘭及英格蘭有文化認同感，所以相關辯論所帶起的情緒共鳴，也擴散到英國之外。

脫歐後，蘇格蘭可能在二〇二〇年代再次舉辦獨立公投，這將會是英國的下一個挑戰。雖然許多相信脫歐對英國經濟有好處的人也認為，蘇格蘭一旦獨立，將會帶來經濟災難，但情況未必得如此發展。後脫歐時代有許多的機會，但也需要競爭優勢。舉例來說，蘇格蘭目前還沒有機會培養政策實力，尚未熟悉如何好好運用一個國家的聲譽品牌，以及如何進入市場。毋庸置疑的是，直至最近幾十年，倫敦都沒有搬出面向蘇格蘭的政策，對蘇格蘭帶來很大的限制。最明顯的例子就是，一九八〇年代時，蘇格蘭受（全球性）去工業化浪潮衝擊，但是倫敦當局卻沒有推出相應政策。現在，蘇格蘭的經濟模式將需以本章節所提及的小國模式向前發展。

蘇格蘭第一次獨立公投的相關辯論，主要著眼於獨立建國之後，帶來的經濟影響是好是壞。蘇格蘭絕對是頭幾個用試算表來進行獨立公投辯論的國家。這場辯論充滿了嘈雜而誤導人心的爭辯，爭論著蘇格蘭獨立後到底該採用什麼貨幣：是要用英鎊、歐元，還是新發行的蘇格蘭貨幣，但初期先與英鎊綁在一起？另外，這場二〇一四年的獨立公投辯論，太過注重高層次的宏觀政策，花太多力氣討論貨幣及公共金融。相較之下，蘇格蘭獨立後，在全球舞臺上想要成功所需要的投資條件，卻沒有受到充分討論。蘇格蘭將需要投入資源建立機構制度並加強能力，例如金融管理局（Monetary Authority）及財政預算責任辦公室（Office for Budget Responsibility）等財政政策機構。從全球小國經濟經驗來看，一個經濟體必須發展自身的經濟優勢，而對蘇格蘭來說，其優勢在於金融、旅遊、可再生能源及生命科學。

從世界地圖上，我們看向蘇格蘭西邊，來到北愛爾蘭。若以無形基礎設施發展程度及相關指標等人類發展指標來看，北愛爾蘭的表現很差。脫歐逼得北愛爾蘭必須調整與愛爾蘭共和國之間的關係，也重新考慮與歐盟之間的關係。北愛爾蘭的和平局勢仍然不穩定，也需要倫敦及都柏林當局點頭同意，為北愛爾蘭的社會經濟發展吹進第二股改革的風。北愛爾蘭不該被當作政治議題擱置不理，應該要好好培養其經濟及社會發展。

英國支付給歐盟的脫歐費用中，一小部分可以留下來，作為北愛爾蘭的「馬歇爾計畫（Marshall Plan）基金」❶，此做法將依循小國發展模式進行。這個計畫具體的重點可能包括類似奧地利及瑞士的技術學徒制度、運用比利時的社會影響力投資模式來重新劃分政治動盪區域的土地、效法北歐地區及瑞士於各社區投資文化企畫，以及培育如法律金融服務等特定產業成為全球佼佼者。上述基金將向其他小國學習，取法其專業與治理能力。向其他小國學習的其中一個好

❶ 譯注：官方名稱為歐洲復興計畫（European Recovery Program），是二戰後美國對戰爭破壞後的西歐各國進行經濟援助、協助重建的計畫，對歐洲國家發展與世界政治格局產生了深遠的影響。該計畫因時任美國國務卿喬治・馬歇爾（George Catlett Marshall, Jr.）而得名，但事實上真正提出與策畫該計畫的是美國國務院的眾多官員，特別是威廉・克萊頓（William Lockhart Clayton）與喬治・凱南（George Frost Kennan）。

處，在於可以避開人民對政治決策的負面印象（例如：相較於倫敦或都柏林的意見，瑞士技術官僚提供的建議比較容易為人民所接納），而採用細節明確、循序漸進的五年計畫，也可以加速決策，避免拖延僵化的程序。

邊界以南的愛爾蘭是小國贏家俱樂部的知名成員。二十一世紀頭十年，愛爾蘭大起飛，經濟已經復甦，從二〇一一年到二〇一八年，與其他歐洲經濟體相比，其成長率最高。不過，愛爾蘭的強勁經濟復甦，在其國內並未達到雨露均沾。考慮到愛爾蘭與美國之間的經濟連結，這點似乎不是很令人意外，而美國人民對於這種發展困境應該也能感同身受。目前愛爾蘭有兩個政策議題必須面對。

第一個政策議題是，愛爾蘭善於對國外提供服務，而這也是其他許多小型經濟體面對的問題。愛爾蘭最強的機構制度（例如外交單位及愛爾蘭產業發展局）都是面向國外，相較之下，許多國內機構制度運作得十分吃力。警察、健康照護及人民居住等部門面臨重重危機，簡單來說，愛爾蘭國內許多行政機構效率太差，並未跟上二十一世紀的腳步。

愛爾蘭面對的是結構性問題，與其零零星星解決各個浮現出來的症狀，更應該重新檢視其治理及公共服務方式。而規模較大的國家也有值得學習的做法，在檢討過程中，應該要納入參考，不過，若考量愛爾蘭人口同質性高、其地緣政治位置，以及政策制定者與大眾之間的距離，基本上新加坡及荷蘭的公共行政經驗，會比中國及德國來得有參考價值。上述檢討應該帶出新的公共行政方法及角度，讓愛爾蘭的公共行政變得更有彈性，而不是部門間壁壘分明。另外，應該快速推出試驗性專案，而不是花好幾年的時間才祭出龐大而難以推動的計畫，並且應該將教育及健康照護視為重要公共財。一些愛爾蘭的運動隊及文化機構可以作為範例。此外，愛爾蘭國家企業需要發展出更敏銳的治理及管理能力，也需要管理的原則立場（也就是將教育及健康照護視為公共財的原則），還需要好好監督，讓愛爾蘭扮演好經濟參與者及服務提供者等角色。

第二個政策議題是，愛爾蘭至今仍受其經濟失衡所苦，最顯著的問題就是愛爾蘭的房產價格及租屋費用居高不下，已經超過泡沫化時期的房產及租賃費用，因而導致住房危機。房地產市場過熱這個議題，愛爾蘭可以向其他小國學習。一直以來，對愛爾蘭來說，直接複製英國的政策模式是非常容易的，這導致愛爾蘭忽略了向其他開放小國取經學習（有個很好的例子是，北歐一九九〇年代發生了銀行危機，而愛爾蘭決策層一直等到凱爾特之虎〔Celtic Tiger〕❷遭受打擊倒下後，才終於注意到北歐的教訓）。而脫歐後，這樣的狀況自然會改變。

至於住房議題，中國國家主席曾說：「房子是用來住的，不是用來炒的。」[8]愛爾蘭需要做出相同的決定，接著依循這樣的方向，從財政與監管角度著手。更進一步的挑戰是建立國內經濟部門，而瑞典、瑞士與以色列（尤其是科技面向）是很好的取經對象。上述國家建立的文化、金融及人力資本條件，十分有利於中型企業發展。現在，全球許多國家爭相調降企業稅，而如若愛

❷譯注：愛爾蘭於一九九五年至二〇〇七年之間的經濟飛速增長期，被外界形容為「凱爾特之虎」。不過，這樣的盛景在二〇〇八年遭逢戲劇性逆轉，至二〇一〇年，其國民生產總值已縮水一四％，失業率也高達一四％。

爾蘭可以成功建立有利於中型企業成長的環境，就不需要太擔心這場企業稅競賽了。

整體而言，脫歐將為英國及愛爾蘭帶來許多巨大的變化與機會。其中一個現實狀況是，對英國及愛爾蘭而言，小型國家經濟模式會越來越重要。另外，英國與大英國協的互動將改變，就像英格蘭與蘇格蘭及愛爾蘭的關係會產生改變。脫歐，以及已開發國家和發展中國家的關係變化，都將限制大英國協會員國之間的地緣政治關係，而許多會員國認為，大英國協是奠基於過去的殖民基礎。

不再屈尊俯就

美國人對地緣政治平衡化的理解與想像，主要就是美中對立關係，但平衡化浪潮中還有其他重要性更高的變化。其中一個例子是英國與大英國協之間的關係，會透露出將來國際關係變化的方向。

從人口資料來看，奈及利亞與印度的人口及經濟規模將成長茁壯，最後，這兩個國家會覺得，大英國協對他們而言不再重要。大英國協的起源具有殖民色彩，機構實質意義不大。隨著兩國不斷成長，在大英國協內顯得越來越格格不入，國際關係就可能開始變調。過去英國與美國等其他強權國家，在外交場合中展現一副上對下的態度，將來的新興強權應該會對英美等國家大大失去耐心。

講到這裡，不免令人想到羅伯特．赫德（Robert Hart）。赫德是愛爾蘭人，過去兩百年來，中國歷史上有幾位具有影響力的外國人物，赫德正是其中之一。赫德出生於阿馬郡（County Armagh），在都柏林及貝爾法斯特（Belfast）受教育。從貝爾法斯特女王大學畢業後，他加入外交領事行列，被派遣到中國。赫德與中國人建立了良好關係，事業平步青雲，過沒多久，他就開始協助中國在各地建立海關，形成海關系統。一八六三年時，赫德還獲任為中國海關總稅務司（inspector general of China's Imperial Maritime Custom Service）。赫德帶動了中國現代化，包括提升中國港口與河運系統，以及簡化關稅徵收流程，其中關稅徵收流程提升之後，中國政府稅收很快就提升了二〇%。他促使中國政府建立海外大使館，並鼓勵中國官員學習外語。赫德在中國五十年的職業生涯中，另一個顯著的貢獻是，他建議其下屬，與中國人相處時，要避免冒犯中國人，以免留下不好的感受。至於中國人的感受如何呢？他們稱赫德為「我們的赫德」（our Hart）。

上述故事突顯出貿易系統與基礎設施的重要及複雜性，也顯示出赫德如何以尊重中國人的態度行商。故事中的一切，對於現代的我們具有高度參考價值。過去一個世紀多以來，歷史較悠久或是比較富有的西方國家，並未以尊重的態度對待新興國家，這樣的指控並不為過。上述西方國家態度在一些新興國家中種下憎恨的種子，尤其是印度。在上述這種殖民從屬的關係中，印度是很特別的例子，因為印度的體制架構、階級分明的社會體系與教育系統、獨立建國發展等，都是受其與英國的關係所影響。[9]

與中國相比，今日的印度經濟發展仍在相對早期的階段，沒有中國等級的財富及收入分配，更重要的是，印度也無法像中國那樣，非常強而有力地推行政策。印度已經開始發現自身軟實力之潛力，但是其硬實力及軍力方面仍缺乏經驗及專業（雖然印度有核子計畫及太空計畫）。總有一天，印度與中國之間的差異及摩擦會越來越大。若是中國在斯里蘭卡及巴基斯坦的影響力變強（目前花費在中國軍備上的費用已經遠遠超過美國軍用品），或是中國的一帶一路計畫侵犯到印度權益，或當兩國的意識型態漸行漸遠時，更可能增加兩國的差異及摩擦。

目前來說，英國會是印度很有效的參照點。脫歐威脅到英國的地緣政治實力及經濟規模，英國正努力處理脫歐問題，而印度則會成為英國的對比，形成有趣的反例。印度經濟會繼續靠著自身的力量快速成長，印度也會發現，其規模及日漸壯大的影響力（例如波斯灣阿拉伯國家中，印度移民扮演的角色）將帶來機會及責任，使印度得以提升參與國際事務的程度。等時機成熟，印度政治人物可能會想要在機構中強化目前的優勢，取代英國成為聯合國安理會常任理事國（前提是，到時候聯合國仍然具有國際影響力）。

此外，很有意思的是，印度擁有許多強盛活躍的經濟動能，可以驅動其經濟成長。目前，印度國家政策尚未有效統整這些經濟動能。印度的改革正開始影響其經濟結構，例如：二〇一六年十一月，印度政府廢止了當時面值最大的兩種鈔票——五百和一千盧比紙幣。此舉之目的是打擊黑市經濟（black economy），讓地下交易浮出水面，並逼使人民將錢存進銀行。這是個簡單的政策舉措，但推動後卻能對印度經濟帶來如此深遠的影響。由此看來，即使印度的改革之路可能會有些波折，但等到改革發生後，印度經濟成長的規模將非常大。

印度充滿了許多非常吸引人的小趨勢，例如社交媒體的影響及社會安全數位化。印度單一身分認證局（Unique Identification Authority of India, UIDAI）的「Aadhaar」系統，是目前世界上最大的生物辨識身分系統。政府根據居民的人口統計與生物辨識數據，給予每人一組十二碼的身分識別碼。其他重要的發展趨勢包括電信相關費用繳費系統之普及、農村經濟成長、如何以可永續的方式使印度都市化之挑戰，以及適切發展金融及財富基礎設施，使得資金在企業間流動得更順暢並改善財富分配等承諾。

小國的成功發展

本章節乃至本書中，主要探討的是大國的財富。這是可以理解的，因為大國之間的衝突會對世界產生廣泛的影響，而且其經濟地位舉足輕重。相較之下，雖然許多小國可能覺得這個世界是一隻猛獸，難以應付，但也有一些小而進步的國家，重要性日漸提高，正追求更大的影響力。

在第六章中，我們曾討論到國家強盛經濟模型（country strength economic model），這個模型的靈感來源是瑞典及丹麥等北歐國家的發展模式。如前文所述，這些北歐國家正是先驅，擁有強健的無形基礎設施。瑞典及丹麥都同屬一團體，這個團體內都是小而進步的經濟體，彼此素質越來越相近。這些小國會成為新類型的政治經濟體，也會形成一個非正式的團體，尤其若是強權或強極想要以比較間接低調的方式達成目的時，這些小國的影響力將更為顯著。

多年來，這些進步的小型經濟體的地理位置影響了其地緣政治命運，而小國與強大鄰國之間的關係，更是左右了小國的地緣政治命運（像是新加坡與中國、愛爾蘭與英國、芬蘭與俄羅斯等等）。[10]地理位置是國家命運的決定性因素，這點無庸置疑，而且有許多研究都支持這點，包括保羅．克魯曼（Paul Krugman）所著之《地理與貿易》（*Geography and Trade*），以及比較近代的書，像是提姆．馬歇爾（Tim Marshall）的用《十張地圖看懂全球政經局勢》（*Prisoners of Geography*）。然而，國家大小可能也變成了已定義變數（defining variable）。

已開發小國能脫穎而出，是因為他們克服了地理限制而建立其成功，且其社會經濟模型具有復原能力。他們的政策模型是凱瑟琳．奇德利類型的人物會密切關注的。這些小國各自使用些微不同的方式發展：以色列把重心放在科技及創新，瑞士重視高附加價值產品，愛爾蘭則是注重財政政策。但是，他們成功的祕密有幾個相同的元素：政策靈活有彈性、實施快速有效率、注重無形基礎設施（像是教育及人類發展），以及經濟開放的環境，這些元素讓他們得以跟著全球化浪潮起飛。現在，已開發小國是一群最全球化的國家，在國民福祉方面，像是人類發展指數及不平等程度等比較重視平衡的評比，表現也很好。舉例來說，在彭博創新指數（Bloomberg Innovation Index）中，排名前十五名的國家中，就有十個國家是進步的小國（瑞典、新加坡、瑞士、芬蘭、丹麥、以色列、奧地利、愛爾蘭、比利時及挪威）。

這些小國也是世界上最公平的國家之一，且是人類發展最進步的國家，而且多數為最進步的民主國家。經濟學人智庫民主指數（The Economist Intelligence Unit's Democracy Index）衡量五個面向——政治文化、政治參與、政府運作、選舉程序及公民自由，選出了「完全民主」的國家，僅僅十九國通過標準。[11]二〇一七年前五名為挪威、冰島、瑞典、紐西蘭及丹麥，倒數五名則是北韓、查德、敘利亞、剛果民主共和國及中非共和國。這十九個「完全民主」國家中，有十四個小國，而前十名內有八個小國。

上述事實指引出兩到三個方向。

第一個方向是，如同本書前述，這些小國就像是「礦坑中的金絲雀」，他們率先面對及處理大型經濟體中出現的問題，因此，小國的經驗對於大國來說具有意義。也應該說，小國會發展出創新的政策，而且常常比大國更早回應並解決問題。

第二個方向是，由於小國之間面對的問題很相似，他們可能會想聚首討論一些小國視角的主題，並彼此分享解決方式之專業經驗，這樣的需求會越來越強烈。例如：歐元區的財政政策、工業政策研究與發展的角色，以及跨國企業與民族國家之間的連結。歐元區的漢撒聯盟2.0的發展是極佳例證。漢撒聯盟主要是由九個歐元區小國的財政部長所組成，包括愛爾蘭、荷蘭、北歐國家（不包括冰島）及波羅的海三國。藉以強調歐元區小國財政獨立的重要性，他們結合在一起。現在漢撒聯盟在歐盟各國的財政部長之間擁有強大政治影響力，而且影響力可能會再擴大，進而針對其他政策表達意見。

如此看來，上述國家的政府及決策者會越來越認同「小國發聲的概念」，雖然多數可能傾向於非正式的會談，以免上述會談破壞了現在既存的外交關係（不論是與鄰近大國或是與歐盟等組織的外交關係）。[12]

然而，如果強極之間開始建立專屬的政治管道，已開發小國會更容易接受上述概念，認為小國應該團結組成正式團體。如果出現了這樣的團體，更加廣納全球的小國，這個團體可以稱為「g 20」（小寫g），與G 20形成對比。g 20或許會在經濟脈動及政策革新上領先大國，而且整體來說，面對許多議題時，g 20會有比較公正的立場，比如像是環境破壞、貪腐、軍事干預等議題。

從這個角度來看，g 20這樣的團體會有三個共同特質，是所有的世界大國不會具有的特質。首先，小國非常全球化：全球化程度最高的十個國家中，有八個是小國（人口加總高達一千萬人），相較之下，在一百七十四個國家之中，中國的全球化排名是第一百三十二名，印度第一百三十七名，而美國則是第五十七名。隨著全球化浪潮持續改變，小國的全球化經驗將值得其他國家取經效法。第二，小國的高品質體制，其模式值得其他國家追隨。第三，小國多是良好健康的民主國家。

這個世界熱愛分門別類，比如劃分出「新興經濟」或「邊境市場」等分類，所以不難想像，將來也會出現新的地緣政治分類，而這個分類裡充滿了已開發小國，這些小國的關鍵特質是開放的經濟及社會。

可能有人會問，現在的國際關係可是受到強極主導啊，只不過是一個鬆散的小國團體，人口數加起來還比俄羅斯或印尼來得少，對國際關係能起什麼作用？小國們有以下影響力。第一，瑞典及新加坡等國家在國際上獲得的排名美譽，肯定了他們中立公正的立場，也認可他們在透明化及打擊貪腐中的領先地位。因此，已開發小國可以做出的一項貢獻就是起草一份透明化及反貪腐的務實規範，藉此設下比聯合國及經濟合作暨發展組織的相關規定更高的標準。另外，有些科技可以加強透明化程度，例如數位安全、付費系統及會計與金融系統。在這些科技領域，已開發小國也占有領先優勢，會是另一個革新貢獻。

如果把中央、地區及地方的採購與付款都以一份安全的電子列表完成，而政黨資金及政治開支也以電子列表處理，這樣雙管齊下的方式將帶來多大的影響。有些小國已經照著上述方式運作，並且這些小國之間還有共同的標準、科技及系統做法，可以形成一套透明化及反貪腐的黃金標準，而其他國家可以依其意願套用這黃金標準。

國際組織的未來

國際關係的發展將往其他方向前進，我們可以從世界秩序中新起的聯盟與可能形成的分類預見未來。這些可能的分類包括以強極為中心的圈子、野心勃勃又焦慮不已的中型國家，還有民主先進的小國所組成的聯盟。對世界許多地區而言，世界銀行、國際貨幣基金組織與世界貿易組織等國際組織的角色及影響力正快速減少，而經濟合作暨發展組織至少是將自身重新定位為G20的智囊團，保有了影響力。亞洲財富增加，所以世界銀行現在重心放在非洲，而歐元區危機則削弱了國際貨幣基金組織的影響力，貿易爭端（例如鋼鐵關稅）則顯現出，世界貿易組織影響力已經不足。

中東經濟是另一個例子。中東許多發展的資金來自當地望族或是企業家，加上一些美國的專業知識。聯合國過去在中東地區是有實際及道德影響力，但是由於阿拉伯之春的後續影響，以及聯合國針對敘利亞難民危機的處理完全失敗等事件，在在令人認為，聯合國就是二十世紀的組織，不適合二十一世紀。從這個現象可以看出，對世界上許多地區而言，而且可能對強極而言，那些二十世紀建立的組織，像是聯合國、世界銀行與世界貿易組織，都已經失效。強極可能傾向自行解決爭端，而不是向日益分歧的聯合國安理會求助。

隨著多極世界不斷成長並取代今日以美國為中心的世界，因應二十世紀的世界所演化而生的組織可能將因過時而遭淘汰。許多上述組織（世界銀行是最好的例子）十分官僚化又追求建立共識，根據多方說法，這些組織抗拒改變的作風，將使它們遭到取代。確實，在金墉博士（Dr. Jim Yong Kim）成為世界銀行行長之前，他主編了《為成長而死》（*Dying for Growth*），在本書中，他把世界銀行批評得體無完膚。[13]

有幾個新興的趨勢，可能導致了世界銀行及聯合國等組織淪為過時組織。最顯著的趨勢是，這些組織成立當時所要解決的問題，諸如貧窮、發展計畫資金及經濟發展，都已經改善許多，成為比較在地化的問題，而且在許多案例中，各個政府更關注這些問題。第二個趨勢是，在這個多極世界裡，各個極點比較傾向國家之間自行解決問題，貿易就是一個例子；地緣政治則是另一個例子，例如北韓外交政策議題就比較可能是由美國及中國兩個強極協商解決。

在阿拉伯之春之後，敘利亞衝突既可怕又複雜，而聯合國失敗的表現，也無法提升其可信度。地緣政治議題更延伸到非傳統戰爭之興起。非傳統戰爭的作惡者難以辨識，而且非傳統戰爭的完整交戰規則也尚未建立。數位戰及數位犯罪就是非傳統戰爭的例子，而俄羅斯軍隊在烏克蘭及塞爾維亞部分地區採取的曖昧戰略，也是一例。此外，新的國際聯盟可能興起，例如上海合作組織。而新的國際聯盟可能違抗聯合國，或是直接癱瘓其表決體系。

前文曾將政黨比喻為公司，如果將聯合國、世界銀行、國際貨幣基金組織與世界貿易組織也想像成一家家公司，這些公司大概早已經一敗塗地，被收購，或是已經破產了。我們不該過度延伸這個比喻，畢竟這些國際組織一直以來都是珍貴的國際公共財，而且曾多次為國際事務做出重大貢獻。然而，這些組織與現今世界格格不入，需要加以重整，才能服務這個改變後的世界。

世界銀行的規模應該大幅縮減，並且搬遷至非洲，因為這個世界上還需要世界銀行的地區，就是非洲了。世界銀行如果想要變得更具影響力，應該更靠近其應該服務的經濟體及社會，而不是待在華盛頓養尊處優。完成微型貸款任務（micro-finance）之後，世界銀行應該支持已開發國家及新興國家的影響力投資（impact investing），影響力投資是同時具有社會及金融目標的投資。

世界貿易組織也該謝幕退場，因為其表現太差，幾乎無法插手新興貿易戰，而且強極之間越來越傾向自行制定協議。很諷刺的是，如果多運用一點想像力，倫敦也可以取代這些國際組織，成為解決國際爭議及法律問題的城市。

國際貨幣基金組織也同樣需要澈底改造，調整其結構及專業領域。國際貨幣基金組織的許多功能，包括研究、監控經濟、募集資金等，都已經輸給私部門的表現，越來越多中央銀行也開始取代其功能。歐元危機中，對於不同類型的欠債國應該採取什麼樣的政策，都可以讓我們看見國際貨幣基金組織自相矛盾之處。[14]國際貨幣基金組織作為借貸者的角色，已經多少被大型中央銀行、發展機構及私人資金所取代。此外，歐盟將來可能建立歐盟財政部，所以歐盟將來也可能不需要與國際貨幣基金組織合作，以取得金融救援。下一個可能引爆全球金融風暴的地方是中國，但中國大概也不會向國際貨幣基金組織求助。中國不會以傳統方式解決過度舉債，比較可能以其獨特的方式解決金融危機。

實現「班科」

有個領域可以讓國際貨幣基金組織成為特別的債務監督機構，維持其影響力。在這個領域中，至少有一個國際貨幣基金組織政策可能還管用。一九四四年，各國代表在新罕布夏州布列敦森林內非常迷人的華盛頓山旅館（Mount Washington Hotel）聚首，召開布列敦森林會議（Bretton Woods Conference）。當時，經濟學家凱因斯建議創造一個超國家貨幣「班科」（Bancor），他認為在經濟蕭條時，班科可以作為各國貨幣的參考，並協助規範國際貿易失衡，藉此刺激商業發展。最後，布列敦森林會議的決議是參考黃金的價值來決定貨幣價值，或是將貨幣價值與黃金掛勾，儘管這成功地為美元奠定了基礎，讓美元興起成為眾貨幣之首。

國際貨幣基金組織有個功能是特別提款權（Special Drawing Rights），其設計實際上就像跨國貨幣（諷刺的是，以現代術語來說，特別提款權正如一有協調機構的加密虛擬貨幣）。班科的概念在今日可能派上用場，能夠讓特別提款權得以允許已開發或是稍差的國家發行所謂的國際貨幣基金組織或特別提款權債券。[15]上述國家如果發生金融危機，就可以立即這麼做，加速其金融或經濟復甦。這些債券可以用「班科」這一跨國貨幣形式發行，或許可以用優惠條件及條款，而且很重要的是，國際貨幣基金組織可以監控這些債券，就像評級機構或批准機構。這邊可以加上重要的革新：在經濟危機之後，此類債券的發行，可以伴隨與國內生產總值及通貨膨脹程度相連結的息票支付（coupon payment），如此一來，經濟復甦所帶來的好處，就可以讓債券發行國及持有國雨露均霑。

現存的世界組織還有兩個大幅改造的做法。首先，既然平衡化的目標之一，是讓政策更注重人民福祉（例如健康與教育），則世界越來越需要規畫周全且強健可行的國際政策，改善人類發展與無形基礎設施。上述政策將努力設計無形基礎設施框架、針對相關主題進行深入研究，並發展出更仔細的全球標準與衡量方式。最重要的是，這表示世界將發展出實際做法及政策，讓不同發展程度的各國各地區，都可以改善人類發展與無形基礎設施。為了讓上述計畫可行，聯合國部分單位如聯合國開發計畫署（UN Development Program）、世界衛生組織與世界銀行部分部門，以及經濟合作暨發展組織，應該結合成新組織，設置在新的地點，或許可以設置在能作為上述政策之模範的國家，例如丹麥就是很好的選擇。丹麥的無形基礎設施變數，諸如社會凝聚力、教育、財富平等及制度品質等，表現都很好。

國際貨幣基金組織與世界貿易組織失去信譽之後，還導致另一個麻煩：國家之間的衝突將越來越集中在金融上，尤其中央銀行的魔爪可能會更深入地緣政治。我在第七章提過，中央銀行已經變得太過強大，有太多政策因為它們而妥協。中央銀行在市場和經濟中的霸主地位應該要受到制衡，但制衡不會自然出現，而且在多極化的世界中，某些國家可能會有不同看法。中央銀行必須減少干預且降低其獨立性，但有一個層面可能會使整件事更複雜，那就是大型極點想要在金融上支配對方的欲望，而中央銀行可以成為這個目標的重要工具。呼應卡爾・馮・克勞塞維茲（Carl von Clausewitz）「戰爭是政治的延續」的觀點，在多極世界中，中央銀行可能會成為大型地區的戰艦，因為貨幣戰通常緊跟在貿易戰之後出現。[16]二〇一八年，各國流行對彼此進行制裁（例如沙烏地阿拉伯制裁加拿大，而美國制裁土耳其、俄羅斯和中國），在在顯示金融是地緣政治中的重要武器。

在此背景下，比起目前「純粹的」經濟功能，政府可能會想要讓中央銀行承擔更大的戰略或地緣戰略責任。對於美國和歐洲來說，採取上述做法的衝動可能會更強烈。金融是美國在全球化各領域中唯一真正主導的領域，而利用金融體系結構鞏固美國的統治地位，是一個強力的戰略。一種可能的發展是，美國政府可能會促使聯邦準備系統和財政部做以下幾件事。

首先，對使用美元或與美國密不可分的國家加強市場與組織上的連繫，所謂密不可分的國家包括拉丁美洲多數國家、沙烏地阿拉伯和波斯灣沿岸國家。若以經濟學家的話來說，這些國家目前已經成為美國聯邦準備系統政策和其金融資產的「價格接受者」。換句話說，這些國家必須接受給定的美國利率和美元走勢，並設法在這之間操作。若這些國家夠聰明，就會確保自己的經濟不易受到美元急劇波動的影響。最後，美國財政部和聯邦準備系統可能會希望協助與美元相關的國家，幫助它們加深市場並建立政策框架，使這些國家不易受到美國政策變動的影響，並將拉美等地區的大型銀行更緊密地納入美國聯邦準備系統。接著，尤其若中國在未來幾年內，因債務問題而蕭條，美國金融當局可能會尋求方法限制中國金融市場的擴張，使中國的融資成本高於非常開放的全球金融系統。

在國際上，雖然歐洲央行遜於美國聯邦準備系統，與其他中央銀行相比仍然非常巨大。對於歐洲來說，歐洲央行是一個成功、強大的歐洲機構，而這也是其獨特之處。歐洲央行的第一步，是推動整個歐洲的銀行與金融市場進行統一。最簡單的做法是大規模進行銀行的合併和關閉，進而支持少數幾間地區冠軍銀行成立。從確認呆帳和逾期放款等領域進行協調，會是一個很好的開始。

就美國聯邦準備系統和歐洲央行而言，兩個極點之間的緊張關係，可能會使兩者陷入地緣政治的緊張局勢。就像目前正在無聲無息進行的網路戰爭一樣，這兩個大型中央銀行可以作為強大但非致命的武力使用。舉例來說，是否可以透過出售盧布，或者由歐洲央行出售俄羅斯政府及公司的債券，作為俄羅斯對愛沙尼亞進行網路或軍事入侵的懲罰？這是一個極端的建議，但並非完全不可行。

迫在眉睫的氣候問題

許多二十世紀的組織（例如聯合國和世界銀行）成立的目的，是為了解決至少兩個問題：協調各國之間的政策及價值觀，以及發展專業技術。有些領域需要更多的協調和專業知識，而氣候政策就是其中之一。氣候變遷對地球造成的破壞日益明顯，因此，我希望在本書中介紹更多關於氣候的問題。當人們問我世界上最大的危機是什麼（他們通常使用「黑天鵝」這個詞），我通常會回答氣候變遷。緩慢累積的全球暖化證據、可能為世界帶來的風險、許多人拒絕承認這問題存在，以及缺乏真正的政策改變，上述種種狀況都令我聯想起全球金融危機的前兆。在氣候變化造成的人類成本急劇上升之前，我認為較大的工業化國家不會採取極端的行動，協助解決大氣層被破壞的問題。但是，本書目前為止沒有多談氣候變遷的問題，是因為筆者覺得自身缺乏足夠與權威人士就此問題進行交流的氣候變遷專業知識。

然而，若要解決氣候變遷問題，政治、政策制定者的決策方式，以及集體行動等因素，可能比純粹的科學更重要。這樣說來，情勢令人有點悲觀，畢竟二〇一八年是國際秩序瓦解、各種貿易紛爭不斷的一年。宏觀來看，貿易紛爭造成的損失相對較小，但氣候變遷的代價可能非常高。縱觀過去數百年，氣候變遷可能首次使整座城市變得無法為人所居住（若海平面上升），還可能破壞大量的農業用地（這已經在非洲和美國發生）、永久改變國家的財富，並使國家內部的疾病問題惡化（例如癌症和營養不良）。

解決氣候變遷問題的方法，與世界貿易的談判過程相同，甚至可能與第七章中關於國際債務重組的過程相同。各國將被迫意識到氣候變遷對經濟和社會造成的損害，而且會帶來更大的政治壓力。遺憾的是，就氣候變遷而言，大眾似乎只有在親眼目睹氣候變遷帶來的影響，以及害怕這些影響變得更加嚴重後，才會開始做出反應。在美國，儘管已經有十幾個聯邦機構進行了嚴謹的研究，表示現在是當代文明史上最溫暖的時期，而主要原因是溫室氣體，但許多美國人仍然懷疑氣候變遷是有人刻意捏造的問題。[17]舉例來說，只有三〇%的共和黨選民認為氣候變遷是因為人類活動而產生的問題，但根據學術研究顯示，共和黨的選民對氣候變化的看法存在很大的差異。[18]例如：沿海地區，像是加州和佛羅里達州的氣候變遷趨勢日益明顯，這些地區的共和黨員，就有高於平均的人數（與其他共和黨員相較之下）認為氣候變遷正持續發生中。就算已經留意到氣候正在變遷，若要等到地球完全乾涸，才開始說服大眾必須對氣候變遷採取行動，仍然沒有意義。從政治和制度的角度來看，我們有幾個選擇。

比較傳統的做法，是透過一個強硬的國際組織，負責對氣候變遷採取行動。現有的氣候變遷政治框架主要是由《聯合國氣候變遷綱要公約》（UNFCCC）和政府間氣候變遷小組（ＩＰＣＣ）組成（不過ＩＰＣＣ近幾年缺乏可信度和影響力）。另一個要素是二〇一六年四月簽署的《巴黎協定》，但該協定既沒有約束力也沒有執行力，而且美國早已在二〇一七年六月退出。我的初步建議是，成立世界氣候管理局。我用「局」而不是「論壇」或「理事會」的字眼，是因為這樣一個重要的機構，不應該只是一場辯論會或研究小組。這樣的機構應該是一個有權力遏止氣候變遷的組織，而且要能夠解決因為缺乏集體行動而造成阻止全球暖化的成效受損的問題。

世界氣候管理局將負責監測地球的氣候、查明造成氣候暖化的因素，並負責關於罰款、獎勵和配給的制度，以減少對環境有害的活動。它也必須具有一些執行框架，以便政府和地區在鄰國不遵守準則時能夠採取行動。可惜若要讓這樣的組織採取行動，必須先發生大規模的環境災難。

由於聯合國安理會、世界銀行與世界貿易組織等世界組織最近不良紀錄頻頻，因此懷疑論者可能會認為這種方法行不通。更好的解決方案，是將管理重點轉移到更有意義的層級上。一種建議是將關於氣候政策的決策從政府轉移到每個城市，這麼做之所以有其道理，是因為造成氣候變遷的多數（七一％至七六％）汙染都是由城市所產生。（除了城市，造成汙染的另一個主要來源是乳牛，牠們通常透過排氣產生大量甲烷。世界上共有十五億頭乳牛，而每頭乳牛產生的溫室氣體幾乎相當於一輛汽車的排放量。）[19]此外，城市較容易遭受氣候變遷所帶來的影響，例如洪水和極端溫度。雖然各地情況不一，但相較之下，城市在面對氣候變遷的態度，往往比政府還要更與時俱進。美國各大城市的市長對川普總統退出《巴黎協定》的決定所做出的回應，足以支持上述論點。未來，在城市的層級上進行管理可能會變得更加普遍。我和大衛．史基林（David Skilling）在探討小國問題時所研究的主題之一，就是在特定地區或城市的層級上進行治理的新趨勢。氣候政策可能會帶起這種趨勢。

上述城市層級的氣候框架將設定一個氣候稅制，除了防止公司透過城市之間的稅收差異進行套利活動，還可以為城市的稅收和收費提供法律依據（在不同的國家或地區，城市的徵稅能力可能有所不同）。這些稅收將用在與環境相關的技術上，例如建立防洪設施、改善輸水管道和投資環保大眾交通基礎設施。在非洲和亞洲快速都市化之際，基於城市的氣候框架也可以促使民眾更加認識城市管理及綠色智慧城市的基本觀念，以及兩者之間的相互作用。

以城市作為政治和政策實體有很多優點。在大型國家中，市民會對城市抱持強烈的認同感，城市在環保政策上日益進步，而且因為地利之便而有助於資訊和政策的宣傳。與國家政府相較之下，大部分中型至大型城市的政府能夠控制或主導其腹地和周邊的基礎設施，並且會根據合適的方式來規畫發展及減少汙染。

這種方法可能會產生一些正面效果，其中最重要的就是，能夠為城市提供專業知識，引導各城市將地方的稅收、支出和規畫與環境品質更緊密地結合。這種做法最適合的城市，是一個擁有民選的市長和市議會、民主制度相當活躍的城市，而未來各大城市也會朝這樣的趨勢發展。紐約前市長麥克・彭博（Michael Bloomberg）曾經和環保人士卡爾・波普（Carl Pope）一起合著《希望的氣候》（*Climate of Hope*），這本引人入勝的書中，強調了上述觀點，並探討城市在解決氣候變遷問題中的角色。[20]相關的建議是，面對相同環境威脅（例如全球暖化引起海平面上升）的城市之間或許可以展開聯合運動。

網路法

未來重要的一項全球公共財，是在氣候和環境方面達成更佳的國際政策協調。另一項則是網際網路的監督，尤其是在網路戰爭和網路犯罪等領域的管理。就像城市可以在氣候政策中扮演獨特的政策角色，大型科技公司（例如臉書、谷歌和騰訊）是網際網路領域政策制定過程中的重要角色。由於這些公司在平衡的概念中占據了主導地位，加上他們是大型國家和地區的戰略資產，因此將影響政府和管理機構面對它們的方式。

歐洲幾乎沒有大型科技公司，因此歐洲負責監管科技巨頭。在美國，科技公司占股票市場的二五％，在公司所得中占了相當大的比例，也已經獲得技術領域中的關鍵創新族群。它們是美國在海外的文化及戰略觸角。在許多情況下，它們的創新（例如iPhone螢幕）源自與美國軍方的合作。這就是為何美國政府將繼續與科技產業保持密切關係，而不是保持距離。在中國，政府與科技產業之間將維持更緊密的連繫，因為中國科技公司握有大量資訊。與其他大型經濟體相比，中國消費者在社交媒體上最為活躍。此外，他們可以透過一個帳戶使用多種服務（例如多功能應用程式「微信支付」）。因此，大量關於中國人民購物行為的資料，就是中國在人工智慧和應用社會經濟的演算法上取得重大進步的原因之一。中國的科技公司因而具有對政府相當有利的基礎設施。在此背景下，網際網路將會在三個領域中發展出新規則。

首先是個人資料的保護。在這方面，歐盟的《一般資料保護規範》（General Data Protection

Regulation, GDPR）法規可說是第一步。但在未來，不同行業將產生更多關於民眾生活和行為的資料，醫療產業是其中之一。很多人可能不會因為自己的雅虎帳戶遭到駭客入侵而感到過度擔憂，但他們很可能會因為自己的醫療資訊落入他人手中（例如保險公司），或被用於對自己不利的用途而感到非常生氣。這證明了個人資料需要更嚴格的規定來保護，也顯示我們需要諸如區塊鏈（即分散式帳本技術）等新科技來保護資料，並且必須思考如何保護第五代行動通訊技術。區塊鏈可以讓資料更安全，資料所有者也可以明確授予使用的權限（例如僅限醫生或藥劑師用於醫療用途）。區塊鏈的潛在用途——不僅可以更確實地保護個人資料，還可以更輕鬆地驗證個人身分——能夠開啟新的可能性，讓網路用戶可以隨身攜帶某種經過驗證的線上身分證明。一方面，這將使線上活動（例如網路購物）更加順暢，也可能抑制網路上的反社會行為。使用社群媒體的理想準則是，人們在網路上的行為應該和在公共場所的行為相同。經過驗證的社群媒體身分有助於達成這個目標，因為這樣就可以追蹤出現反社會行為者。最後，這種做法可能會產生雙層網路：其中一層是核心層，將由經過身分驗證的消費者和社群媒體使用者組成，因此這層的社群互動會更體貼、更安全、更真實。第二層是外部層，將由未經驗證的用戶組成，這些用戶會以更高的價格進行交易、隱藏真實身分並活躍於免費的社群媒體。

第二個在網路上可以更努力治理的領域，是網路戰爭。目前已經有在討論，是否需要設立數位版的《日內瓦公約》，例如微軟公司已經發布了關於駭客入侵個人資料的政策。[21]目前從軍事角度對網路戰爭的規範則更不明確。雖然大國之間對於網路侵略的定義抱有各自的「理解」，但目前仍未出現關於網路戰爭的《日內瓦公約》。在地緣政治的領域中，這類公約將定義構成侵略或戰爭行為的攻擊類型，並定義可能的應對範圍，包括態勢升級、交由聯合國安理會等世界組織處理、網路反擊，以及透過軍事或金融制裁回擊。舉例來說，一個國家是否可以對網路攻擊發動軍事攻擊？在這方面必須立下明確的規則，詳細規定攻擊來源的舉證責任，以及網路探測器出錯時，握有網路權力的巨頭之間的聯絡管道，還有一系列制裁網路惡棍組織的措施。從地緣政治的角度來看，這種網路條約之所以有必要存在，很可能源自美國和俄羅斯之間的緊張關係。對這兩國來說，網路條約將是外交上重要的一步。

由於驗證網路攻擊的來源極度困難，因此可能需要建立網路犯罪學，或成立某種國際網路警察組織。這個組織可能必須負責以下事務：針對網路惡棍和罪犯發起的網路攻擊和網路犯罪蒐集相關證據，並與政府機關、網路安全和資訊科技公司合作，以限制被列管的恐怖組織利用網路為非作歹的能力。如何採納這類網路證據，以及如何藉此進行可能的後續制裁，將是構成網路安全條約的基礎。這樣的條約也會包含人們在網路上的行為規定，谷歌及騰訊等大型網路公司也將成為這類協議及其實施的一部分。條約中可能會包含各種元素，其中一種可能是如何辨識和起訴被判定為濫用網路或透過網路犯罪的人，另一種可能是如何以更好的方法和技術避免駭客入侵。大型網路公司或社群媒體公司將根據國際準則，被僱用來打擊網路上的濫用和詐欺行為。根據這樣的條約，簽字國將同意使用網路犯罪證據來起訴各國實際管轄範圍內的網路罪犯。

這樣的條約將使以網路和資料為中心的大型公司進入國際公共財、國際組織和地緣政治的領域。許多這類公司已經在技術、經濟和戰略上發揮了巨大的作用。許多大型科技公司的規模和影響力（從亞馬遜到谷歌，再到阿里巴巴集團）都擁有壟斷及主導市場的力量。這些公司以其他方式擴大了這股力量，例如主導創新、研發、收購小型科技公司及影響相關的創業投資市場，導致許多人開始抱怨企業間的不平等現象。

由於越來越多的學者和政策制定者正在呼籲，必須對這些大型科技巨頭進行管制，甚至瓦解它們，因為它們擁有消費者的資訊和控制消費者的能力。從經濟和道德的角度嚴格來說，這樣的呼籲雖然恰當，卻忽視了多極世界的現實：在多極世界中，大型極點變得獨特又強大的方法之一，就是透過網路和資料。我認為大型科技公司不會被瓦解，而是很可能會被大型國家選為戰略合作夥伴。如果這種情況發生，歐洲（如前面提過，歐洲缺乏網路和社群媒體巨頭）可能會受到損害，並且可能會對歐洲以外的網路、資訊科技和社群媒體平臺進行更嚴格的監管。

刪減舊組織和成立新組織，是二十一世紀的重要任務之一。或許這樣說有些過於嚴厲，但目前許多政治人物似乎只想耽溺於現狀，所謂的組織建構者（institution builder）又屈指可數。在這方面，我們可能需要回首過去，向曾經克服過同樣難題的人尋求靈感，這個人就是亞歷山大·漢彌爾頓。

十 漢彌爾頓計畫

漢彌爾頓會怎麼做？

美國在國際社會上扮演的角色已經改變，而這個改變對於全球平衡化的過程影響深遠。美國國力日漸削弱，原因包括美國國際影響力逐漸降低、經濟模式問題重重、社會衰退狀況明顯及公共秩序混亂。此時若想起那些深具智慧的美國開國元勛，目前的發展更是令人倍感神傷。

我最崇敬的兩位開國元勛是班傑明．富蘭克林（Benjamin Franklin）及亞歷山大．漢彌爾頓。這兩位偉人都具有豐沛創意及能量，他們為當今的美國建立了堅實的基礎。富蘭克林的魅力在於其才能與興趣非常廣泛，而漢彌爾頓則運用其建立體制的能力為美國做出偉大貢獻。近年來來，世人對於漢彌爾頓的興趣再起，這部分歸功於那部名為《漢彌爾頓》的百老匯音樂劇，但該劇並未完整呈現漢彌爾頓的偉大成就。[1]若想完整了解漢彌爾頓的貢獻，我推薦羅恩．徹諾（Ron Chernow）為漢彌爾頓所撰寫的傳記，其內容十分詳實。

我認為漢彌爾頓為美國規畫及建立了許多重要的體制。他參與建立貨幣體制、美國財政部、中央銀行的前身、美國海岸防衛隊（Coast Guard）及西點軍校（West Point），還有美國陸軍的架構。漢彌爾頓大大形塑了美國的外交政策，也同時是《聯邦黨人文集》（*Federalist Papers*）的主要作者之一。《聯邦黨人文集》結集了許多文章，目標為解釋、強化並推廣美國憲法。

漢彌爾頓個人對國家的影響如此深遠，少有人能與之相提並論。確實，持平而論，滿難想像當代出現一群政治領袖，願意撰寫一系列如《聯邦黨人文集》那樣的文章，來討論國家未來的結構與發展方向。正因如此，應該由一群積極參與政治的新人來制定現代的《人民協定》，而不是由當代政治老手來研擬。

漢彌爾頓的理念中，另一個有趣的地方是，他跟平衡派一樣，對於民主與共和（也就是制度及法律）的概念很感興趣，而且漢彌爾頓也能清楚辨別，民主與共和兩者之目的有何不同。民主與古典共和（classical republic）兩個概念常常被混為一談，但實際上兩者大不相同。雖然最好的共和國通常是民主國家，但共和國未必是民主國家。

以現代希臘為例。當時，歐元區為希臘降低篩選標準，將希臘納入。這個錯誤其實部分歸因於感性考量。這個感性考量是指，希臘是民主誕生地，所以歐元區不該排除希臘（這個感性考量的聲浪是由弗朗索瓦・密特朗〔François Mitterrand〕帶起）。隨後，雖然希臘順利成為歐元區會員國，但希臘的制度及體制內的人員昏庸腐朽，根本無法好好執行政策，也無能回應市場及經濟壓力。可見，雖然民主制度應當是加入歐盟的必要條件，但民主制度卻不該是成為歐元區一員的主要原因（歐盟會員國並不一定是歐元區一員）。歐元區篩選關鍵應該是國家制度的品質與經濟實力才對。希臘的國家制度過於脆弱，持續傷害其民主精神，而希臘制定及實施政策的表現皆令人搖頭，使人漸漸無法信任其民主運作能力。

漢彌爾頓促成美國民主誕生，又深深了解如何建立共和國，這些都是他的偉大成就之一。他之所以偉大，是因為他不但設計了那些無形基礎設施，還一手建立起這些無形基礎設施，而且這些基礎設施的品質可謂傲視歷史，令人望塵莫及（或許也只有拿破崙可堪比擬）。

在這個章節中，我將以「漢彌爾頓」四個字來概稱，一個國家或地區若要成功，其所需建立的制度、法律及能力組合。而這所謂成功，是指該國家或地區得以享有穩定的經濟成長、高度人類發展，以及穩定的公共生活。對於世界強權而言，可能還要再增加一個目標：設立特殊機構以作為國家武器，讓強權可以在多極世界中屹立不搖。

因此，我們現在面對的現實是，世界三強區域都還有許多面向非常不足：歐洲在地緣政治上需要增加更多力量，領導美洲的美國需要更平衡的社會，中國則是在財政、軍隊及社會等面向上都還未發展成熟。為此，現今的強權可能在未來十年內產生大幅改變，包括社會、對無形基礎建設的投資程度、外交方針都會有所改變。這些變化將會是未來十年，國際關係發展的核心主軸。在全球平衡潮流中，這將是關鍵一步。我認為，未來一個國家實現亞歷山大・漢彌爾頓精神的程度，將直接影響該國在全世界的地位。

如果漢彌爾頓還在世，他將摩拳擦掌，等不及開始重整國家與世界。他會好好打量現今世界的強大地區（多極），還有那些搖搖欲墜、從二十世紀留下的機構，例如世界貿易組織，然後他會想著該怎麼修剪、怎麼重新栽培才好。他大概會列出一份清單，上面滿滿是世界強權該完成的項目。強權國家要完成這份清單，才能澈底發揮潛力。上述這些做法也顯現出漢彌爾頓的天賦，他善於給予世人及國家建議，讓他們知道應該如何發展。漢彌爾頓這種輔助他人、提供建議的精神，也可以在現今西方國家或美國政府的處事方式中觀察到。

歐洲

當漢彌爾頓看見今日歐盟的問題，他大概會覺得似曾相識、見怪不怪吧。十八世紀晚期，那幾個「彼此嫉妒猜忌、任性又小心眼的州」能夠團結在一起，成為現今的美國，漢彌爾頓功不可沒。[2]他當時可是運用了聯邦的力量、資金及軍隊資源來平息威士忌反抗運動（Whiskey Rebellion）❶呢。相較之下，歐元區現在面臨的困境顯得容易解決多了。血液裡流著聯邦主義的漢彌爾頓，可能會很想讓歐洲國家團結在一起。他可能會從憲法跟金融兩大面向著手。

先從憲法的角度來看：在有關歐盟政治的辯論中，常會聽到有人問，有誰真的讀過《歐盟憲法》嗎？很少人真正讀過法條內容。《歐盟憲法》大概有四百多頁（七萬字的長度，也就是法國及荷蘭憲法的七倍長），不太可能有多少歐洲人讀完，或是隨手備一本查閱。《歐洲聯盟基本權利憲章》（Charter for Fundamental Rights）非常重要、篇幅較短，不過歐洲人大概也不太了解其細節。律師與學者會跟我們說，憲法是法律條文，自然是篇幅宏大、複雜難解。雖說如此，但是

❶ 譯注：一七九一年至一七九四年間發生於美國賓夕法尼亞州西部的抗稅運動。時任美國聯邦政府首任財政部長的漢彌爾頓，為了增加財政收入（特別是為了清償獨立戰爭所欠下的債務），由國會通過了一項稅法，對威士忌酒徵收消費稅。作為這項稅法最大的受害者，西部農民開始抵制納稅，並採取了抗議措施。抗議運動在一七九四年達到高潮，該年十月，華盛頓總統親率軍隊前往鎮壓暴亂。

像《歐盟憲法》這樣冗長複雜的條文，是會在人民及其統治者之間架起一道鴻溝的。

許多民眾漠不關心政治，這就是原因之一。在布魯塞爾，有一個主要由律師組成的小團體，他們十分了解《歐盟憲法》的內容，但是，多數歐洲公民對《歐盟憲法》不甚了解。從社會及政治的觀點來看，這個鴻溝令人擔憂，因為歐洲人對歐盟逐漸失去信心。而且，政治因素陸續引發了許多經濟與人權問題，讓歐洲人不再清楚，歐洲代表的價值到底是什麼。

這種問題交給漢彌爾頓就對了。他知道《美國獨立宣言》（US Declaration of Independence）及《權利法案》（Bill of Rights）的文字簡明扼要。而這些簡單有力的文字，也反映出平衡派提出的《人民協定》所重視的價值及建議。[3]身為《聯邦黨人文集》的主要作者，漢彌爾頓當年在紐約州等各州積極倡導批准《美國憲法》，解釋憲法對於美國有哪些實際作用，也告知大家憲法長期能帶來的好處。漢彌爾頓的精神與做法提醒了我們，法律條文或許很崇高，可能對一個國家來說至關重要，但仍然需要以非常簡單易懂的方式，傳達給人民了解。

我常常舉的例子是一九九七年時，厄利垂亞宣導憲法的方式。貝雷克・塞拉西教授（Bereket Selassie）是《厄利垂亞憲法》編撰者之一，據他表示，當時國家電臺以九種不同的當地語言，每日廣播宣導新憲法的重要內容。[4]這就是很好的例子。憲法或是任何法律條文，都應該以這樣親近人民的方式傳達出去。

針對這點，漢彌爾頓可能會採取新的做法。漢彌爾頓可能會用極為先進的方法，也就是利用人工智慧來優化結合歐洲各國的憲法，濃縮成精簡有力的一頁文字。我曾試過這個做法，但目前尚未成功。我之前的想法是，用演算法擷取出不同國家憲法各自的核心信念及原則，然後結合摘要成一頁簡短的文件。另外一個做法則是比較憲法計畫（Comparative Constitutions Project），該團隊的表現就好多了。

漢彌爾頓如果身處現代，可以嘗試一個比較直接的對策，那就是產出一份簡短文件，而這份文件彰顯出歐盟之於其公民的意義與關聯。憲法是法律條文，通常讓大眾覺得艱澀難懂。歐洲現在就是需要提煉出歐盟的共同目標以及歐盟公民的共同特質。歐洲需要一份清單，上面列出歐盟的關鍵元素，這些元素可以在所有歐盟公民身上看見，無論是荷蘭的男子、西西里島的女子、丹麥的孩子還是波蘭的老奶奶都共有的特質及元素。想找到這個共通價值，可以舉辦一些試驗活動，讓各種歐洲公民參加，讓他們討論探索彼此相同與相異之處，並思索什麼樣的政策可以讓大家團結一心、造福歐洲人。我們就結合十七世紀的精神，把上述討論結果稱之為「共識教條」（Doctrine of Common Understanding）吧。而參與試驗活動的人可以參考這樣的組合：葡萄牙的退休教師、波蘭的銀行行員、德國警員、拉脫維亞的學生、義大利領退休年金的老人，以及瑞典的護理師。這群歐洲人的目標是，在僅僅一張紙上回答完下列問題：身為歐洲人，他們彼此有哪些共通之處？又有哪些差異？接著，可以要求這群歐洲人點出他們共同追求的價值及夢想。最後再請他們回答，什麼政策才能夠讓歐洲人團結在一起（我想到的一個方法是：伊拉斯莫斯泛歐交換學生計畫〔Erasmus pan-European student-exchange program〕）。

多數歐洲人擁有共同的歷史，這點可能會是歐盟內部尋找共通之處的起點。歐洲各國都曾經歷戰爭（包括歷史上最慘烈的戰爭）、經歷帝國的起落（除了愛爾蘭，幾乎每個歐洲國家都曾經建立帝國）、為基督教文化所影響、都從君主制走向民主制及專制、學習風氣及文化的崛起，並且在十三世紀之後，開始發展出大城市。這是對於歐洲身分認同比較廣泛的歷史觀點，這樣的觀點還可能會把更多國家納入歐洲一詞之下，比如說俄羅斯等現今不被視為歐洲地區的國家。綜合這些歷史經驗，歐洲公民可能會認為，他們擁有下列共同價值：重視和平（不願再發生歐戰）、深受基督教會影響、重視民主、認同社會民主主義及歐盟公民在歐盟內自由移動（free movement）的好處。

歐盟公民之間沒有一個共通的語言，這點與美國及中國等大經濟體不同。此外，歐盟各國公民之間所接受的教育十分多元，還有很強的城市或地區認同感，從商及制定政策的方式也不同，公共生活的貪腐及透明化程度也相差很大。不過現今歐洲可以觀察到一個趨勢：歐洲（不限歐盟）不同國家的公民會彼此交往及結婚。這群人的孩子自然擁有泛歐洲的身分認同，形成不可小覷的力量。這些孩子將能夠譜寫歐洲的共識教條，賦予其豐富意義。

除此之外，歐盟應該要清楚說明其要求公民負起的責任及行為，讓想成為歐盟公民的人了解細節，同時，歐盟也要清楚敘述其經濟管理原則。這將會是個簡短清單，但清單項目會增加得很快。漢彌爾頓可能會想針對這個主題寫一篇文章，但是在社交媒體的時代，他還是建立一個簡短筆記，列出定義「歐洲公民」的元素，效果會更好。

一旦計畫順利進行之後，漢彌爾頓可能會將注意力轉向歐洲那問題重重的金融系統。在《聯邦黨人文集》（一七八七—一七八八）出版一年後，漢彌爾頓便獲任命為第一任美國財政部部長。漢彌爾頓所形塑的這個機構，至今仍為世界上最有影響力的機構之一。以此類推，我們可以說，歐元區若想要變得完整成熟，就需要有歐盟專屬的財政部長，還要有一位具備漢彌爾頓的才幹的人選，來領導這個財政部門。歐洲央行行長德拉吉是一位不可多得的領導者，能夠為歐洲的機構帶入力量與方向。

二〇二〇年代中期以前，歐盟執行委員會的重要正式目標之一，就是建立數個新機構，而其中一個計畫就是建立一個超級金融部門。[5]這是令人樂見的發展方向，但是這些機構不該淪為政客的手段，讓政客獲取更多、更人的權力。設立新機構，應該是為了讓歐洲的經濟體之間，合作得更為融洽。漢彌爾頓是溝通高手，他可能會建議歐洲的領袖人物，將金融系統視為一系列相連接的管子，並以水流來理解經濟，如此可以讓人直觀了解經濟的運作方式，而且頗能反映真實狀況。

各位讀者可能聽過菲利浦曲線（Phillips Curve）。菲利浦曲線是從紐西蘭經濟學家比爾・菲利浦（Bill Phillips）的研究而來，這份研究的主題是失業及通貨膨脹之間的連結。但其實早在他因為這份研究而受推崇之前，菲利浦就製造了一個非常特別的機器，這臺機器以幫浦驅動有色液體，讓液體在玻璃管中流動，藉以表現金錢是如何在經濟體系中流動。只要操控這臺機器的控制桿，使用者就可以模擬出財政（預算）政策變更時，對整個經濟系統帶來的影響。它能讓人一眼看懂經濟運作方式，而這樣的優點也吸引了哈佛大學及牛津大學購入自己版本的機器。

從當今量化寬鬆政策下的經濟及市場來看，這臺外型特殊的簡單裝置好像派不上用場，但看看歐元區那些層出不窮的危機，漢彌爾頓可能覺得，對布魯塞爾的決策者而言，與其打造歐元區版本的菲利浦機器，還不如直接採用原本的菲利浦機器，狀況可能會好一點。從菲利浦的機器操作結果來看，歐元區極需花一段時間好好檢視歐元的運作情況。歐盟執行委員會曾在二〇一五年發布「五首長報告」（Five Presidents' Report），針對完成歐洲經濟及貨幣聯盟，列出了幾項重要措施，但這份報告乏味無趣。相較之下，菲利浦的機器操作結果可能會讓人清楚看見，其他被歐盟執行委員會忽視的問題。[6]

從菲利浦設計的機器原理來看，我們可以把歐元區想像成一個擁有十九只容器的系統，液體以不同的速度穿過各個容器，對每個容器造成的水壓差距極大。系統中有一些容器可能在經濟上及政治上太弱，無法承受這些壓力，例如希臘就是如此。

從比較宏觀的角度來看，菲利浦的機器也顯示出，如果沒有對抗平衡機制或安全閥，同樣的貨幣政策對於不同的國家會產生不同的影響，比如說，同樣的政策對葡萄牙與芬蘭的經濟會產生不同效果。上述現象在二十一世紀頭十年就發生了：當時德國經濟正在復興，歐元區為德國制定了一個貨幣政策，在這個政策下，愛爾蘭及西班牙能拿到的利率非常低，這兩國的銀行及消費者就開始瘋狂使用廉價資金。漢彌爾頓很熟悉上述現象。美國曾有許多地區性的經濟及貨幣，但在十八世紀末期，這些貨幣都被美元取代，並由中央稅制體系來掌握。漢彌爾頓經歷這一切，他非常了解，不同經濟體面對同一個政策時，會有不同的行為。雖然他也需要面對各地及各州議會，但他並不用像歐盟那樣，必須面對許多不同法律制度、經濟體系、語言及文化例外（cultural exception）。

從這個角度來看，如果要實現歐盟執行委員會關於歐元區的雄心壯志，設計歐元的人需要想辦法套用單一貨幣政策在不同的經濟體及金融系統上。這個貨幣政策必須能在歐元區通用，又必須有足夠的彈性，以順利在各地實施。歐盟執行委員會應該將長期持續的希臘危機視為一種警告。歐盟執行委員會不該再用統一的財政政策來壓抑反對的聲音，而是必須重新設計歐元區運作的方式，讓歐元區的會員經濟體及傳遞機制（transmission mechanisms）得以順利運作。

針對這個部分，主要的建議是修改財政規定的重重限制，把目標放在設計出一個更有彈性的框架，讓各國政府操作財政時更有彈性空間。很重要的一點是，各國將受獨立的財政委員會之建議所約束，並且透過債券發行之限制，受財政政策所約束。上述財政政策是指平衡反景氣循環（countercyclical）及歐元區貨幣之政策（這樣一來，當貨幣政策導致經濟危機惡化時，財政政策可以幫忙滅火）。而上述財政政策的經濟效益會比政治效益來得大。若能透過財政政策來補足貨幣政策不足之處，就可以確保歐元區的經濟體不會變得「過熱」或「過冷」，能像美國柯林頓總統執政時期的金髮女孩經濟一樣。這對歐元區裡較小的經濟體尤其重要。

這表示，實際上，歐盟必須在總體審慎政策方面大舉創新。總體審慎政策是專業策士的說法，簡單來說，就是要努力降低經濟體系面對的金融風險。舉例來說，如果歐元區的利率過低，造成愛爾蘭房地產泡沫化，那麼愛爾蘭的中央銀行就可以提高房屋貸款的存貸比率（deposit-toloan ratio），或是財政部可以提高房地產交易稅，來減少房地產泡沫化的風險。愛爾蘭在十年內發生了兩次房地產泡沫化，看來愛爾蘭還沒有從房地產泡沫化危機中學到教訓。愛爾蘭目前普遍住房負擔能力極低，導致許多人無家可歸，已經是愛爾蘭嚴重的社會問題。

若要讓各國穩定留存在歐元區內，應該要允許、鼓勵及協助各國使用上述政策。此類政策可以由歐盟財政部協調，其部分權力是承認這個事實：歐元區內各個經濟體情況不一，很多經濟體在面對各種狀況時，反應也不同（例如：歐元波動對法國造成的影響較小，對德國造成的影響較大）。如果歐盟財政部可以有個如同漢彌爾頓的人帶領，歐盟的政策會更可靠。其實歐盟並不缺規則、法規及指示，問題在於，很少有足夠的政治能量來執行這些規則、法規及指示。

漢彌爾頓的成就之一，是說服美國各州接受財政部應該要能夠從聯邦層級來發行國債及課稅（尤其要說服當時較富有的州，例如維吉尼亞州，更是不容易）。漢彌爾頓可能會讓歐洲往這個方向發展。這種泛歐盟稅金的概念，一開始將會引來反對聲浪，不過若泛歐洲公共財的需求變強烈時，反對聲浪可能就會減少。有些計畫會讓泛歐洲基金顯得頗具吸引力，像是軍事硬體計畫便是一種可能，包括軍用運輸機或是歐盟網路戰系統（可能需要投入上萬名人員）。

還有另一種方式可以增加稅賦，並讓歐盟整體一起成長。這個方式就是平準稅（stabilization levy），爭議性比較低。這是歐元區所缺乏的元素之一，歐元區內有些國家因為金融市場環境的吸引力，得到過多、不符比例的獲利，歐元區若能將這些國家的獲利分享給其他未因此獲利的國家，這個元素就到位了。例如：歐洲央行的政策讓德國利率降到歷史新低點（二〇一八年時，利率大概維持在僅僅〇・四%），而且其利率有時甚至掉到負值。德國因為歐洲央行的政策大大獲利，幾乎不需要為其債務支付任何利息。

德國可能會說，歐洲央行的可信度是德國給的，所以德國當然有資格享有低利率。若在平準稅框架下，歐盟財政部就可以居中仲裁。以專業術語來說，歐盟財政部可以為德國設定低利率，但是這個利率不會過低，會是中性（neutral）利率，像是將利率設定為一%，而不是三十基點（basis point），而德國將根據其債務規模，向歐盟財政部支付其間差距。

歐盟財政部將為歐元區投資基礎建設，以及其他有意義的投資計畫（並非由各國政府投資）。這些投資計畫將由一個投資委員會或是歐洲投資銀行（European Investment Bank）董事會來監督，並可能讓那些支付較高附加費用的國家，擁有較多主導權，能決定資本要如何投資運用在其他國家。這樣的做法也適用另一種情況。當歐元因為歐洲央行的政策而大幅走弱，因此而獲利的公司，例如大型出口商，就要支付歐盟財政部一筆附加費用，這些附加費用將以上述方式來投資使用。

這樣的做法會有一些好處。首先，這樣的系統能以既透明又具經濟意義的方式使通貨再膨脹（reflate）及重新分配，這能讓危機發生時，歐元區市場的反應不那麼激烈，利率及單一貨幣的波動不那麼大。第二，這樣的做法將有利於歐盟央行政策，這是經濟學家的口吻。講白話一點，就是可以確保量化寬鬆等政策能真正帶來經濟影響（可能的正面影響包括降低貧富差距、加強刺激歐盟周邊國家的財政、更好的基礎建設等等）。第三，這個做法可以控制歐元區資本帳戶

（captial accounts）失衡的程度，而且可以從政治人物手中拿走基礎建設的支出決策權（尤其是周邊國家）。漢彌爾頓可能將此視為一個良好的解決方案，而且還能讓這位歐盟財政部祕書長一上任就拿出好表現。

大部分人想到財政部這種大型組織，不太會聯想到鼓勵創新的精神，但是這類大型組織是可以運用自身力量來支持好點子。這樣的大型組織可以把心力放在統一不同政策以帶來重要影響。比如統一各國的申請流程，尤其是設立公司的相關流程。歐盟可以建立一個歐盟層級的流程，也就是說，企業家可以使用同一種「歐盟設立企業模板」，如此一來，無論在歐盟內任何地方設立企業，所花費的時間都一樣多。這可能是針對英國脫歐的回應之一，而且可能會大舉改變許多政府，讓這些政府對企業的態度變得友善一些，例如法國政府就可能產生這樣的變化。世界銀行針對目前全歐洲「設立公司所需的時間」蒐集了數據。數據顯示，在比利時只需要四天，而在奧地利則要二十一天。當然，設立公司也只是創業過程中相對簡單的第一步。這個歐盟設立企業模板最好可以讓創業初期變得越簡單越好。這樣的做法不但能讓整個歐洲不得不採取企業友善的態度，也可以展現出歐盟財政部的力量，顯現歐盟財政部針對法規、貪腐及成長的議題上，與各國政府合作的能力。如果歐盟真的實施這個企業友善做法，而且獲得成功的話，還可以將這個做法延伸到其他領域，像是法律及司法系統。若比較歐盟各國法律系統容易取得協助的程度、複雜度、透明度，就會發現，從塞爾維亞、義大利、芬蘭到比利時，有很多面向有待統整，比如破產問題、貪腐起訴及勞動法規都可以統整。與其追求在政治上進一步統一，上述改革有意義多了。

中國

歐洲的任務完成後，漢彌爾頓可能會將眼光投向地球另一端，著手改造中國。他將會發現，在他擔任美國財政部部長時，美國還只是個新興經濟體，甚至是拓荒經濟（frontier economy），而當時的中國，可是占了全球經濟四〇%。根據麥迪遜歷史統計（Maddison Historical Statistics）的資料庫顯示，在一九五〇年，也就是一百五十年後，美國經濟占全球的三分之一，而中國則縮水到全球的一〇%。[7]簡單來說，「中國夢」的目標，是讓中國回到那世界強權的寶座，像漢彌爾頓那時代的中國那麼強盛。

因此，在美國的論述中，中國常常被視為威脅，在二〇一七年時，美國還正式在《美國國家安全戰略報告》（National Security Strategy of the United States of America）中提出這樣的觀點。[8]美國大　也越來越意識到中國的崛起，以及中國帶來的策略性威脅。美中之間的貿易糾葛，可說是美國大　意識抬頭的具體表現。[9]二〇一八年十月，美國副總統邁克·彭斯（Mike Pence）強調川普政府對於中國會保持嚴厲且不輕易讓步的態度，而這樣的宣言對將來美中外交發展的影響不容小覷。[10]

若讓漢彌爾頓研究今日的中國，他應該會將中國視為美國的對手。他觀察後可能會發現，中國發展的方式跟他的想法一樣，都考慮到經濟、科技以及軍事硬實力之間的緊密連結。他可能會給中國人一些建議。

先從經濟說起，漢彌爾頓可能會指出，中國未來的經濟要繼續向前，必須先克服一些障礙。首先是要習慣比較低的經濟成長率，並了解，在這樣的經濟成長率下，應該如何調整政府支出、薪資成長及消費者行為。中國如何消化與克服其債務及房地產泡沫等問題，會對於其國內外關於中國未來的想像，有非常巨大的影響。[11]如果中國可以跨過那高築的債臺，將再次充滿自信與能量，登上寶座。如果中國無法克服債臺高築的危機，可能就要面對一大群不滿的國民，如同歐元區危機那樣，在許多國家如義大利、愛爾蘭及希臘等國內，帶來不滿的聲浪。

第二個障礙與人民有關，和中國消費者文化發展帶來的影響相關。雖然中國人民對於政治的敏感度及參政的欲望遭受限制，但由於消費者品味不斷提高，許多浪潮已經難以克制發展：比如中國社會對於性的態度漸趨開放，對西方品牌及媒體也越來越好奇。還有一點值得注意，中國中心化（Chinacentric）的觀點也越來越強勢。

過去八十年以來，西方社會的經濟表現及消費者文化是一同成長的，人們也希望有更開放的社會，並希望政治系統更成熟、整體而言更為開放。西方的消費者文化崛起，也帶來一些反作用，像是更為激進的政黨也因而崛起。尤其像是今日的中國，環境意識越來越受到重視，而這樣的浪潮可以被視為消費者文化崛起及工業化所帶給社會的反應及影響。

中國目前在許多方面都並未遵循西方國家的發展路線，例如中國並未出現類似西方國家景氣循環的高低起伏，兩者的經濟模式可說是差異非常大，而中國的政治發展模式也並不像西方國家的模式。[12]中國的發展可能會繼續讓西方世界的懷疑論者啞口無言，但將來總有一天，中國的高壓控管、經濟成長及社會穩定等面向之間原本就存在的緊張矛盾關係，會變得極為嚴重。所以，中國當局若想要贏得國家良好名譽，其挑戰就在於如何維持社會穩定。從歷史上來看，政治領袖人物及政府會結合民族主義及宗教的力量、經濟發展的美夢及外患威脅，來凝聚社會。對中國來說，潛在的社會、科技及經濟變化可能都太宏大了，並不是任何文字及圖片可以輕易解釋的。中國已經大筆投資，設計出透過科技控制社會的機制系統，這個系統會運用演算法、臉部辨識、模式識別（pattern recognition）來判定哪些人行為不當，或是哪些人有可能做出不當行為。

另外一個方法比較溫和，是推動社會基礎建設。社會基礎建設包含許多無形基礎建設，像是健保支付、教育、退休金計畫，以及更廣泛的金融服務。根據經濟合作暨發展組織的資料顯示，中國的家戶儲蓄比例非常高，占其國內生產總值高達三七％，這樣的比例是許多已開發國家的六倍之高（美國的家戶儲蓄占其國內生產總值的比例是六％）。從這個現象可以看出，中國十分缺乏社會基礎建設。中國的家戶儲蓄高可能表示，中國人民會為未來需求而大量儲蓄，為的是支付將來健康或代理養老金（proxy pension）費用。考慮到中國現今的自負醫療花費占其國內生產總值達七二％（相較之下，法國只占二七％）以及中國的退休金制度，中國與其他主要新興市場相比，其退休金及共同基金占國內生產總值的比例最低（大概只有個位數前段），若與已開發國家比，則是嚴重落後。[13]

等到中國下一次經濟衰退、社會壓力上升的時候，中國就有建立社會基礎建設的壓力了。下一次經濟衰退時，可能會導致房地產價值降低，引起財富管理產品崩毀的爭議，以及失業率上升，因此，許多人會開始懷疑，共產黨政府是否有意願及能力維持中國的秩序及凝聚中國社會。中國國家主席習近平在中國共產黨第十九次全國代表大會（二〇一七年）上呼籲共產黨員，今後的目標是讓人民擁有「美好生活」。這與上述發展方向是一致的。[14]因此，照理來說，中國發展的下一章節，正是上述的方向，而這個方向跟富蘭克林・羅斯福（Franklin D. Roosevelt）的新政（New Deal）並無二致。羅斯福新政是美國發展的重要分水嶺，許多面向都深受影響。而最重要的影響就是，羅斯福新政讓美國從新興國家完整進化成已開發國家。

羅斯福總統政權內閣成員當時提出了一些措施，例如法蘭西斯・帕金斯（Frances Perkins）提出最低薪資及失業補償，[15]而這些措施，現在中國已經施行，或是以「鐵飯碗」*方式在中國實現。但是，跟已開發國家比起來，中國的措施不是那麼完整，或是說沒有那麼慷慨。中國民政部網站顯示，領取到低保補助（大約每個月五十美元）的農村家庭數目相對偏低（大約兩千萬戶）。[16]這樣的福利跟社會經濟模式比較成熟的國家相比（例如丹麥），顯得微不足道。這也突顯出，中國人民會為了保險而存錢，這樣在面對緊急醫療需求及經濟危機時，才有現金可以使用。

在單純及透明的儲蓄與貸款領域（金融科技及傳統銀行業務領域）拓展金融服務、拓展健康照護涵蓋範圍，以及贊助社會安全計畫的進修培訓等等，這些都能為經濟危機或經濟衰退後的中國，刺激新的成長，也能開發出中國經濟的新產業。

上述計畫也有可能應政治影響而生。這些政治影響可能來自中國經濟成長速度放慢，也可能來自共產黨內的想法演變或派系分裂。美國及歐洲都曾經歷過經濟危機，從歐美經驗來看，在經濟衰退時期，照顧社會底層的政策十分適切。中國當局也因此有機會可以調整中國各區及各城市之間的經濟與財富差距問題。

中國還需面對另一個挑戰。近數十年來，中國還有空間可以袖手旁觀，研究其他地區與國家如何介入全球的爭議熱點，像是敘利亞、烏克蘭及伊拉克。中國也曾經建立帝國，但世人已經充分淡忘那段歷史，所以中國與新興國家（尤其是非洲新興國家）之間的關係，（尚）沒有那種帝國從屬的氛圍。（例如將其與比利時及剛果共和國的經濟關係相比較，比利時曾經殖民剛果共和國。）中國現在會比較自信地提出「中國解決方案」來解決其他國家的問題。然而，隨著中國在非洲的經濟影響力持續成長，一帶一路政策持續進行，中國可能會發現，這在許多發展中國家將成為爭執、不滿及債務的焦點。漢彌爾頓曾經大力提升軍事戰略，在美國獨立戰爭期間幫助喬治・華盛頓，並形塑了美國海軍及海岸防衛隊的角色。擁有上述經驗的他，可能會給中國一些建議。

若漢彌爾頓站在中國的立場，並從技術面來看，他會非常樂見中國海軍加速發展的現況：包括針對裝備航空母艦、超高音速反艦導彈、船艦裝設電磁軌道炮以及蜂群無人機等實驗。但他可能同時指出，隨著中國海軍不斷擴大、越來越成熟，也會有風險伴隨產生。現代的全球貿易與十八世紀及十九世紀不同，並不需要海軍提供保護（不過網路安全方面確實需要保護）。

＊終生工作。

雖然中國可能認為，世界其他強權也有強大的海軍戰隊，中國當然也有資格擁有強大海軍。但中國的海軍進步可能導致其他國家也跟進，從越南到印度都包括在內。如前所述，印度現在可是新興同盟「美日印澳四國同盟」的一員。

漢彌爾頓了解這點，而如果北京政權尋求漢彌爾頓的建議，他可能建議兩個相關做法。第一個做法是，中國應該要明確定義其海軍的角色，以及其何時可以運用海軍力量來解決區域的集體行動問題（collective action problem），例如海盜、人權或是環境保護等問題。第二個做法是，中國可以將其國際舞臺上的角色，定位為外交強權。美國建立起外交實力的方式是，支持並打造全球公共財，聯合國等機構就是很好的例子。羅伯特．卡根（Robert Kagan）的著作《美國打造的世界》（*The World America Made*）對此有詳細的討論，描繪出美國所打造的世界秩序，並警告世人，若美國的外交政策轉為比較孤立及保守的態度，對目前的世界秩序及整個世界會帶來許多危險。事實上，卡根認為，美國若從世界外交舞臺撤退，所造成的影響會非常大，就好比當初歐洲國家關係崩裂引起了世界第一次大戰，或甚至是像羅馬帝國內部瓦解造成了最後滅亡，那般嚴重的影響。

美國的強權之路，有著非常不同的開始。一九〇六年，老羅斯福總統（Theodore Roosevelt）獲頒諾貝爾和平獎，這是第一個頒給美國人的諾貝爾獎。老羅斯福總統對和平的貢獻，在於他一九〇五年時，在《朴次茅斯條約》（Treaty of Portsmouth）中所扮演的角色。當時他在日俄戰爭兩方之間運用智慧協調和談。但是，諾貝爾和平獎引發爭議，因為當時美國在世界舞臺的影響力正在擴張（在南美洲尤其如此），而且又有許多人懷疑，挪威政府將這份獎項頒給美國總統，是因為挪威剛脫離瑞典而獨立建國，這樣的頒獎結果有助於鞏固挪威的國際地位。

現在這個時代，非常適合回顧挪威政治家古納爾．克努森（Gunnar Knudsen）在諾貝爾頒獎典禮上的發言（老羅斯福總統一直到一九一〇年才親身至諾貝爾基金會）。他說：「在政治上實際實踐和平概念的，美國是第一個。現在美國及許多國家的政府之間都簽有和平及仲裁協議。」[17]

然而，隨著美國減少其國際主義色彩，像是減少對聯合國的資助、退出《巴黎協定》、幾乎忽視拉丁美洲（像是漠視委內瑞拉的難民危機）、降低與鄰國及貿易夥伴的關係（從加拿大到歐盟皆是如此），白宮與俄羅斯政府則維持著曖昧不明的關係。局面可能演變成由中國負責擔保國際公共財，取代美國一直以來扮演的角色。或者，至少國際關係中會出現沒人填補的空缺，而中國可能選擇填補這個空位。有些專家擔心，若想填補這個大位，中國恐怕還沒有準備好，哈佛大學教授約瑟夫．奈伊也這麼認為。奈伊教授將這個狀況稱為「金德伯格陷阱」（the Kindleberger Trap）。[18]我已經向各位推薦過查爾斯．金德伯格的書《瘋狂、恐慌與崩盤》。金德伯格是馬歇爾計畫的智囊團一員，他十分致力於實現公共財及國際機構等概念。問題就在於，雖然中國非常願意增加其國際影響力，但其軟實力目前仍不足。從這方面看來，一帶一路政策雖然經濟影響力很強大，但可能會是一把雙面刃。例如：對於參與一帶一路計畫的國家（像是巴基斯坦、斯里蘭卡及柬埔寨），其與中國建立的金融對價關係是，必須背負龐大難以負荷的債務來作為建設計畫的資金，因此無法將港口等策略性資產握在自己手中。[19]

最後，漢彌爾頓可能會接受，多極世界內，大國會發展出自己的治理方式，但漢彌爾頓可能也會提醒中國，他所建立的權力制衡系統（checks and balances）及統治美國的機構制度，大多順利通過了時間的考驗。漢彌爾頓將向中國強調，這些制衡系統以及毫無疑問的法治制度，絕對比任何單一統治者來得強大。一旦有統治者開始凌駕於國家體制之上，國家本身可能會遭受危險。

美國

若漢彌爾頓能回到今日的美國，他應該會想先看看，他設計的權力制衡系統是否還在，而他看見今日美國的制衡系統仍然持續運作中，應該會非常開心。當然，他還有許多親手打造的傑作，可以好好欣賞。漢彌爾頓會發現美國在二十世紀躍居全球強權之首，但他大概覺得是預料之中的事。而他也會看見，美國國力的主要元素像是海軍、陸軍及美國財政部，都是他一手打造的，因而感到欣慰。有些人對現今美國政治辯論的基調與激烈衝突感到不滿，漢彌爾頓可能也會表示反對，但他大概也會認為，這個現況跟他那個時代的美國大同小異。

如果他調查今日的世界，他可能會擔心全球貿易之衰退、其所面對的威脅，以及國家增加舉債的現象。他也可能會同意，在今日的世界，移民是保持國際經濟活力的必要一環。他可能還會認可，美國應該重建實體基礎設施（高速鐵路、設計時尚的機場、平穩的道路），但也會看出，要重建這些基礎設施，只是時間早晚的問題。漢彌爾頓可能會感到好奇的是，為了讓美國面對二十一世紀的挑戰，應該要建立的法律及機構。他可能會關注科技相關的法律架構、影響力投資（*impactful investment*）與平等這類議題。

首先，本身是軍人的漢彌爾頓，可能會對美國強大的軍事實力感到十分驚豔，但就像他在《聯邦黨人文集》內曾經寫到的那樣，一位高明的總統應該以外交本事來平衡此等軍事力量，至少在處理傳統類型的敵人時，應該要注意這點。美國在許多面向上傲視群雄，軍事實力是其中之一，雖然在伊拉克及阿富汗衝突中可以看出，對抗軍事力量時，非傳統的戰爭所造成的影響非常巨大。[20]美國軍隊善於訓練其軍人及軍官，讓他們專精策略、歷史、戰略。美國軍方也善於將社會學及經濟學視為重要的元素，他們清楚知道，這些元素是能大大影響現代戰場的。

在美國總統川普的統治下，今日的美國似乎仍然繼續擴張其軍事實力。美國現在的軍力傲視全球，排在後面的是俄羅斯、中國、英國及法國，而美國最後會成為唯一有能力發動「總體戰」的國家。有些國家已經開始練習以「多元方式」發動戰爭，俄羅斯就是如此。所謂的多元方式，是指在傳統軍事武力之外，再結合祕密行動、政治宣傳及假資訊。俄羅斯的情報欺詐術（*maskirovka*）可以溯源至十四世紀的庫利科沃戰役（Battle of Kulikovo），又從第二次世界大戰開始繼續發展。情報欺詐術的應用方式很廣，從假資訊、政治宣傳到政治相關戰略都包含在內，簡而言之，情報欺詐術就是利用騙局及圈套來分散敵人注意力並產生混亂。有一個重要的思考元素可以反映俄羅斯這種新的情報欺詐術，那就是現代戰爭已經不像歷史上的戰爭那樣，僅僅在特定的範圍及時間內發生。[21]看看現代發起數位戰的方式，這表示，戰爭開始時，未必會有正式的宣布，戰爭的角力方式也變得更多元（像是資訊、人道主義、媒體），而且若持續運用傭兵及特種部隊，還可以顛覆敵國政府。美國能夠把這樣的戰術提升到更高的層次，除了其原本就十分強大的軍事實力，再加上金融武器、太空戰爭、私營軍事公司、大規模數位戰，以及軍用機器人。[22]

有些狀況還不是那麼明朗，這也有可能是漢彌爾頓不解之處。那就是新的軍事或策略能力的興起及搭配使用，會如何改變戰爭的規則、貿易的現實以及全球資訊流通的方式。美國身為一個民主國家，擁有這麼強大的能力，就尤其應該負起責任，重新訂定適用於現代的《日內瓦公約》，藉以規範現代戰爭。這個新的公約可以涉及許多主題，例如數位戰可以使用到什麼程度（而一個國家如果遭受數位戰攻擊，它是否有權利發動傳統軍事力量來反擊？）、太空戰的規則，以及管理戰場上機器人部署的法律規定。

同理來看，美國也可以帶領其他國家（或許是歐洲國家）一起建立法律及哲學架構，藉以監督各國使用新科技之浪潮。想想機器人可能帶來的影響：顛覆人類就業形式，或透過讓銀髮族享有舒適的老年生活並長命百歲，來改善人口組成（看看居家照護及無人駕駛的進步），或看看演算法是如何讓不平等的情況變得更加根深蒂固。

也想想脫氧核醣核酸（ＤＮＡ）及基因實驗科學領域的進步，有些人可能因而享有長壽的人生。許多醫療科技進步後，得到好處的是富人，而基因編輯領域的突破也是一樣，基因編輯領域目前的突破是常間回文重複序列叢集關聯蛋白（Clustered Regularly Interspaced Short Palindromic Repeat, CRISPR，基本上是一種透過ＤＮＡ來管理細菌及病毒的方法）、基因體定序（gene sequencing），以及生殖細胞操作等技術。這些技術突破帶來的好處，將由富人享有。更令人擔心的是，上述這些基因工程都還沒有任何國際認可的法律加以規範。有些國家也因而在基因操作（gene manipulation）領域中力求領先，這些國家也可能非常想要投入違反人類道德的基因工程研究，而這些發展可能會激發優生學及自然淘汰等想法。

若能在這個領域建立起各國必須遵守的標準及法律架構，就可以協助預防一些投機取巧的國家，避免他們建立起如同避稅聖地（例如百慕達及開曼群島）一般的不道德天堂。目前已經有相關規範及標準，但並無強制力，主要還是看科學家是否有意願遵守。[23]私營研究機構會與政府研究機構及大學競爭，而政府之間又彼此競爭。從這個現況看來，願意遵守規範的人大概寥寥無幾。這些規範的目的之一，是禁止國家進行或鼓勵進行健康科技、基因組學（genomics）及優生學等領域之實驗，因為這些領域的突破，可能對社會及人類道德造成深遠影響。例如：位於中國上海的中國科學院神經科學研究所（Institute of Neuroscience of the Chinese Academy of Sciences）已經複製了猴子，而且在基因科學領域有所斬獲的中國科學家，還可以獲得大筆獎金。中國有個世界級2.0（World Class 2.0）政策，計畫將其頂尖大學推進世界學術排名前列。就科學研究及發展經費來說，中國的頂尖大學已經快要比肩美國了。若說科學可以延伸及顛覆現行法律架構，或許難以置信，但科學確實丟出了許多人類哲學尚未提供解答的新問題。我們也可以想想另一個領域：太空。現在已經有計畫（例如綜觀機構，the Overview Institute）在設立太空社會的規定。漢彌爾頓可能會非常驚訝，法律竟然可以延伸適用到此等範圍；他可能也會看見，未來需要為全新未知的領域訂立規範。

漢彌爾頓如果還在世，可能也已經跟上世界史的發展了。他可能已經發現，美國就像二十世紀初期的德國一樣，是世界科技及科學龍頭（也是社會科學領域的領頭羊）。漢彌爾頓會強調，這樣的領導地位隨之而來的是種責任，美國有責任要運用其科學來提升全球公共財，並且確保這些科學運用的方式是符合人類道德規範的。面對這不斷持續演化的多極世界體系，美國如果可以領導基因組學領域的道德發展，就可以形塑未來發展的道路。漢彌爾頓也會意識到兩個危險：第一，從德國一九一〇年代的發展來看，此等引領世界的力量也可能導致美國的領導階層發展出傲慢自大的心態，最後自取滅亡。第二個危險是個雙重風險。這般強大的科技會由上層階級所掌握及使用，與此同時，社會金字塔下層的人卻無福享受這些科技進步所帶來的好處。這點只要看看現今癌症及肝炎治療之用藥及療法要價多高，就非常清楚了。

順著這個論點往下走，漢彌爾頓可能會覺得奇怪，「不平等」怎麼成了美國社會的正字標記，而且還表現在社會許多面向，例如心理健康的治療、低收入人民普遍有肥胖問題，以及教育資源不平等的狀況。不平等這個議題，在美國政治主流中並不受太多人重視。漢彌爾頓身為發想並創設美國中央銀行的先驅之一，自己出身背景又清寒，可能會認為決策者忽略此等重要問題，簡直怠忽職守。近來唯一面對並嘗試解決長期失業問題的人，是前美國聯邦準備系統主席珍妮特・葉倫。漢彌爾頓可能認為，不平等議題如此不受重視，是美國的失敗之處。

葉倫在許多政策演說及政策舉措中都顯示出其觀點，她認為需要施行極寬鬆的貨幣政策來減緩長期失業的問題。而許多聯邦準備系統主席經濟學家也倡議，以非常低的利率來刺激經濟，讓現在仍受當年經濟大蕭條影響的美國經濟，可以進一步將其經濟活動拓展到最大。[24]漢彌爾頓對這樣的解決方案可能感到意外。漢彌爾頓的經濟學觀點是，如果要解決長期失業的問題，與其推動貨幣政策，應該要做的是建立機構、頒布聰明的財政政策以及促進人類發展，這也是歐洲常用來面對長期失業的處方。邏輯是這樣的：長期失業是很複雜的社會經濟問題，其解方是耐心安排進修培訓、教育、適度刺激及其他仔細規畫的措施，而不是瘋狂射出貨幣政策大砲。聯邦準備系統主席被情勢所逼，於是選擇極度寬鬆的貨幣政策，這在某種程度上表示，美國為長期失業問題頒布的財政政策是失敗的。從種種跡象看來，目前的美國政府跟漢彌爾頓的想法並不同。想要解決這個問題，不該是透過降低企業稅、減少教育經費及補助；而保護主義及道德施壓（例如在哈雷摩托車公司〔Harley-Davidson Motor Company〕宣布將遷移部分生產至海外時，威脅對他們課以重稅）這類措施，並無助於創造新工作，可能反而導致雪上加霜。

要解決長期失業問題，還有其他做法，而漢彌爾頓可能至少會給兩個建議，一個是與銀行相關，另一個是勞工相關稅賦。第一個建議是設立一間「復興銀行」（Revival Bank），這想法的來源是因為他觀察到，銀行系統現在傾向借錢給那些並非真有急需的人，反而對真正需要資金周轉的人斤斤計較。上述狀況就是歐洲在二〇一一年到二〇一八年所面對的問題，這七年是最好的例子。除此之外，為了達到促進發展，或是說為了「復興」美國的目標，美國需要讓國內各地政府、企業及教育機構攜手合作，藉以協調參與經濟的各方。復興銀行將擔任這個協調角色，像個負責推動由下而上的微觀經濟政策專業機構，從社區及城市向上推動政策。

復興銀行最顯著的元素將是施行長期放款措施。放款條件改為可以結合金錢及回饋社會兩個償還方式（所謂回饋社會是指對改善社會貧窮或環境保護等有助益者）為基礎，而貸款持有人必須嚴格遵守這些條件。如此一來，就可以結合私人及社會利益了。復興銀行的貸款專員不能像其他零售及抵押貸款銀行中那些「一般」貸款專員一樣只會評估房地產，而是要比他們更專精於評估企畫的價值。相應而言，也要有一個與復興銀行相關的組織來引導企業家及商務人士，讓他們了解資金來源以及如何準備補助金企畫。

在許多類型的復興計畫來說，要能夠順利成功，前提還是要提升基礎設施。因此，復興銀行可以認可基礎設施需求、協調相關資金，並正式讓當地政府或企業家參與基礎設施提升計畫。另外，漢彌爾頓可能會觀察到，投入在人類能力的資金不足。而且在許多產業中，年輕人一畢業就投入薪水較高但缺乏社會價值的工作，導致社會生產力不足。針對這些問題，他可能會提出兩個建議做法，來反轉低生產力的問題。

第一個建議的重點在於，為中小企業提供誘因，讓他們有意願為員工提供技能發展機會，原因在於，大公司可以利用其他稅收優惠計畫，而且新創企業中的生產力及獲利能力難以衡量，以及中小企業是經濟活動的關鍵引擎等。就好像公司會以固定資產折舊來減稅一樣，在這個建議的計畫下，員工的中長期發展培訓也將能為公司節稅。

所以，員工能力增加後，其能夠量化的部分（例如是否完成訓練課程、教育及正式進修培訓課程等），公司可以用這些量化的成果，來部分抵銷附加人力成本。這有幾個好處：鼓勵公司及員工之間維持長期僱傭關係。相較於以科技取代人力，這樣的計畫也會鼓勵企業訓練員工，讓員工更善於使用科技，進而變得更有效率。最後，整個工作團隊都能變得更聰明。

第二個建議與收入稅有關，或許比較有爭議。經濟活動跟社會福祉之間之所以有緊張關係，是因為兩者的目標及結果不同，這也是卡爾・波蘭尼（Karl Polyani）的作品中所強調的一點。波蘭尼是一位匈牙利裔的奧地利經濟學家，他在一九四四年出版了《大變革》（*The Great Transformation*），記錄了十九世紀時，市場經濟引進英國後，對英國社會帶來的影響。他的論點基本上就是：市場的發展，應該遵循平衡社會變化的和諧方式前進。現代許多人賺進大把鈔票，但是其工作對社會貢獻甚少，有的甚至對社會造成負面影響。這並不是說，所有工作都必須對社會帶來正面影響，但是想想軍人、警官及醫生等職業，相較於衍生性金融商品交易員及販賣奢侈名牌的人員等職業，我們確實應該找到一些管道來平衡不同工作所獲取的報酬。此外，這些管道還可以協助改善就業市場，讓年輕人覺得，如果選擇成為老師而不是管理顧問，也能得到充分的報酬。如果有個像漢彌爾頓一般的人物，他可能會要求經濟合作暨發展組織或是類似組織負責製作出一個包含廣泛、受國際認可的工作角色編碼，這個編碼將以社會影響力來分類各種職業。接著政府可以依據每份工作的社會貢獻程度，來考慮哪些職業應該加重稅負、哪些應該減稅。在這樣的系統下，整形醫師的稅負可能比較重，而年輕醫師就可能比較有誘因去成為急診醫學專科醫師。

既強大又穩定

把上述建議及措施處理完之後，漢彌爾頓可以好好休息一下。鑑於他在十八世紀晚期為美國做的一切，我借助漢彌爾頓的精神來闡述以上論點，有以下幾個原因。第一個原因是規畫出未來藍圖，預想在全球平衡潮流下，世界秩序走向多極化，美國、歐洲及中國等強極國家會如何發展。第二個原因是想彰顯一個國家或地區的「強盛」未必要以強盛好戰的方式來看待。取而代之的評量角度是，這個國家是否既強大又穩定，維持國家運作的體制及領導人物是否適切有效。第三個元素是指出，當一個強極區域發展越成熟強大、體制越完整，這個區域就越不容易發生衝突，比較不會侵擾地緣政治腹地內較小的國家。這樣一來，這個持續演進、持續平衡的世界秩序，才擁有比較安全良好的基礎。

十一　展望未來

從喧鬧到分裂……未來將會如何？

現在是二〇一八年八月，我剛完成本書的最後校稿。雖然全世界的政治、經濟及地緣政治等變化越來越快，但我誠心希望在本書出版前，世界上不要出現太劇烈的變化。不知道有多少人對我說過：「我們處在一個有趣的時代。」

為了完成這本書，我犧牲許多假日，搜索瀏覽將近十萬字，我多麼想關上筆電休息。但是，有些事情仍在心頭揮之不去。

第一件事情是，我在本書第一段提到幾個全球注目的焦點事件，像是川普選舉、英國脫歐、墨西哥及義大利新政府上任。很快地大家會明白，這個世界有些長期潛在議題，對全球影響很深，是我們將來必須面對的。我們需要減輕全球債務失衡狀況、需要終止中央銀行的巨大權力、解決貧富不均現象、重新定義女性在經濟中扮演的角色、尋找新的經濟發展模式，我們還要面對新興強權（如中國）與現今世界強權（如美國）對抗的局勢。

因此，我將在最後一章摘要重述本書的目標及論點。第一點是讓讀者以及更多人了解到，現今發生的種種世界大事，都是典範轉移過程的一部分。這個典範轉移是指，過去四十年來，世界秩序是由全球化浪潮所驅動，但是，新的驅動力正在逐漸取代全球化，而我將這個過程稱為平衡化。我們正身處平衡化的最初階段，這個階段的世界嘈雜紛擾、混亂失序。

在迎來比較穩定的新局面之前，有數個不可避免的挑戰。第一個挑戰是，地緣政治將改變：世界將變得比較不緊密相連，進入更多極的局面，在這個新局勢中，會有三個強極或強權地區，分別是以美國為首的美洲、歐盟、以中國為中心的亞洲。印度有能力成為全球強極之一，但目前尚未成氣候。因此，中等國家必須在新世界中奮力找出自己的位置，像是俄羅斯、英國、澳洲及日本都在中等國家之列。一些為二十世紀局勢所建立的世界組織，像是國際貨幣基金組織、世界銀行、世界貿易組織，都會失去影響力，慢慢消失於背景之中，甚至聯合國也多少會遭遇類似命運。新的國際結盟形式會變得更具影響力，美日印澳四國同盟及上海合作組織會越來越常出現在國際新聞中。小而強大的經濟體會形成政策相關組織，這個組織或許可稱作g20（小寫g），並成為穩定經濟成長及民主的政策模範。

全球平衡化這條路，在經濟上會遇到一些考驗（而我們的世界是由經濟力量所主導）。第一個考驗是，二〇二〇年初，由於美國及中國經濟蕭條，經濟衰退有可能會發生，進而導致各國及國際間的政治動盪加劇。

第二，為了減緩許多極端經濟問題，需要採取比較激進的行動，而下列兩個極端問題尤其需要各國展現空前的合作與協調才能解決。這兩個問題，分別是史上未見的全球高負債，以及各經濟體中央銀行的巨大影響力。上述所謂空前的國際合作，必須要等到局勢更為惡劣，或是試過各種溫和措施通通無效之後，才可能成功。我提議在二〇二四年時舉辦國際債務會議，削減國際債務，並簽署風險相關協議來約束，只有在萬不得已時，才可以頒布特殊的貨幣政策。

第三點是最重要的經濟議題。我們需要接受現實，將來十至二十年，全球的經濟成長程度會比過去四十年來得低。一旦能順利修正預期，各國就會開始尋找長期穩定成長的模型。我在此提議，將來國家強盛程度（亦即經濟體的穩定性及恢復力）以及無形基礎設施等概念，應該以長期穩定成長的模型框架為核心。

無形基礎建設的設計，應該面向那些對人類發展顯得重要的事物：健康照護、教育、法律、制度。我深深相信，全球政治之所以失序，非常重要的一個原因是無形基礎建設並未受到重視，比如說缺乏清楚而公平的法律、難以取得高品質的教育資源等，而美國就是一個例子。美國投注大量政治資源來削減企業稅，但教育支出卻減少，學貸負擔越來越沉重。我們可以在小而強大的經濟體中看到，他們的國家強盛程度及無形基礎設施等特色十分顯著，這是其他國家可以參考的。脫歐後的「全球化英國」可以參考、後普丁時代的俄羅斯可以參考（普丁預計二〇二四年卸任），最後，許多較小的新興經濟體也可以參考，好讓國家發展再向前邁進一步。

如果我說，政治人物應該重視人類發展，或許很像老生常談吧。不過，在現實世界中，政治人物並未好好關心人類發展，政治人物及選民之間的距離，這是因素之一。而最後這個距離會變成更強大的決裂，或許這樣的決裂可以改變政治環境，讓新政黨如雨後春筍般出現。這些新政黨將更有效地代表二十一世紀的人民，為我們的需求及渴望發聲。寫到這裡，美國的自由黨及共和黨可能有不同意見，英國的保守黨及工黨也可能意見分歧。而我的觀點是，在政治發展成熟的過程中，新政黨必然會出現，而我在這邊簡單舉出一些可能的例子。

公共生活的復興有兩個其他元素。第一，政壇要注入新血，讓政策決策更受重視，而這個目標所面臨的其中一個挑戰是，如何讓更多人（比如說家庭主婦或與政治關聯不深的工作者）認為，政治遊戲也不是那麼無趣。未來的重大政治議題及論戰將更關注環境問題及其他新興政治議題，像是心理健康及人類與科技的互動關係。

將來，國際政治將繞著一個軸心運轉，這個軸心是兩種世界觀之間的對立緊張關係。一個世界觀是平衡派（民主開放的社會、重視法治、其體制以及對人民的投資是其經濟成長的支柱），而另一個是利維坦派（犧牲自由、換取社會秩序及國家繁榮的願景）。

平衡化的最後一個元素，是我給所有投票者的挑戰。今日的政治已失去許多人的尊重及信任、政治辯論醜陋不已、政治發展結果也越來越負面且傷人。我給各位的挑戰是，請各位思考自己想從政治之中獲得什麼，並且以邏輯清晰、具建設性的語言表達意見。這件事，我們做得到。平衡派曾提出的《人民協定》就是個例證。現在，我們應該重新發掘《人民協定》這塊珍寶，並重新打造一份屬於二十一世紀的《人民協定》。

謝辭

在第十一章中我提到，《多極世界衝擊》是利用假日寫成的。能完成本書，我最感謝的就是家人，謝謝他們支持我寫完這本書。數年前，在阿基爾島（Achill Island）上偏遠一角的梅奧郡（County Mayo），我開始動筆寫作《多極世界衝擊》；而在科西嘉島（Corsica）上，我寫完這本書。科西嘉島跟梅奧郡比起來，稍微沒那麼遙遠，但它的美與梅奧郡不相上下，天氣甚至更好。

二〇一七年四月，我就「寫完」這本書了，或是說，我以為這本書已經完成了。等到我將書稿寄給幾間出版社後，我得知一件令人失望的事情：現在許多出版社都要求作家必須透過版權代理人交付書稿。這又是另一個需要克服的困難，但現在我很慶幸當時有堅持跨越這個障礙。

我非常幸運可以有唐・費爾（Don Fehr）相助，他很有禮貌地點出，本書的初稿邏輯不夠清晰，而我自己多少也有察覺這個問題。後續幾個月，唐傾力相助，幫忙改善這本書的架構，讓內容想法更為清楚易懂。

本書後來透過唐而獲得公共事務出版社（PublicAffairs）青睞。公共事務出版社出版的作品多為富含重要思想的書籍，在業界享有聲譽，所以，能由公共事務出版社出版本書，我非常開心。本書曾提及一些重要著作，其中數本是由公共事務出版社的編輯約翰・馬哈尼（John Mahaney）所編輯處理。擁有豐富經驗的他，也給本書批評指教，令我非常振奮感動。馬哈尼的建議提升了這本書、強化其論點邏輯，更讓來自世界各地、有著不同政治理念的讀者，都能相信本書所述之趨勢是真實存在，且與自身相關。本書經過凱西・德佛希（Kathy Delfosse）編輯後，增色許多，我非常感謝她的耐心與細心的編校。

本書多數內容是經歷數年的寫作、思考、研究後所得的結晶。大衛・斯基林（David Skilling）是我重要的合作夥伴，我們兩人研究小而強大的經濟體，像是愛爾蘭、瑞士、紐西蘭及新加坡等，試圖了解為何這些國家的經濟表現可以既穩定又強大，我們一起合作撰寫了許多相關內容。而我與好友尼可拉斯・貝納奇（Nicholas Benachi）之間，針對書籍與時事的討論及對話，也給予我許多想法和靈感。

van Reybrouck, D. *Against Elections: The Case for Democracy.* Penguin, 2017.

volo, J. *The Boston Tea Party: Foundations of Revolution.* Praeger, 2012.

von Beyme, K. "Right-Wing Extremism in Post-War Europe." *West European Politics* 11, no. 2 (1988): 1–18.

von Clausewitz, C. *On War.* Wordsworth Editions, 1997.

Wattenburg, B. *Fewer: How the New Demography of Depopulation Will Shape Our Future.* Ivan R. Dee, 2004.

West, G. *Scale: The Universal Laws of Growth, Innovation, Sustainability, and the Pace of Life in Organisms, Cities, Economies, and Companies.* Penguin, 2017.

Williamson, S. "Current Federal Reserve Policy under the Lens of Economic History: A Review Essay." Federal Reserve Bank of St. Louis Working Paper 2015015A, 2015.

Woetzel, J., N. Garemo, J. Mischke, M. Hjerpe, and R. Palter. "Bridging Global Infrastructure Gaps." McKinsey Global Institute. June 2016. https://www.mckinsey.com/industries/capital-projects-and-infrastructure/our-insights / bridging-global-infrastructure-gaps.

Woodford, M. "Quantitative Easing and Financial Stability." National Bureau of Economics Research (NBER) Working Paper 22285, 2016.

Woodhouse, A. S. P. *Puritanism and Liberty.* Dent and Sons, 1974.

Wright, T. "Trump's 19th-Century Foreign Policy." *Politico,* January 20, 2016.

https://www.politico.eu/article/donald-trump-19th-century-foreign-policy-presidential-campaign/.

Zemmour, E. *Le suicide français.* Albin Michel, 2014.

Soros, G. *The Tragedy of the European Union.* Public Affairs, 2014.

Spengler, O. *The Decline of the West.* Oxford University Press, 1991.

Spiegel, M. "Did Quantitative Easing by the Bank of Japan Work?" Federal Reserve Bank San Francisco, economic letters, October 20, 2006.

Steil, B. *The Marshall Plan.* Simon and Schuster, 2018.

Stiglitz, J. *The Euro: How a Common Currency Threatens the Future of Europe.* W. W. Norton, 2016.

———. *Globalization and Its Discontents.* W. W. Norton, 2003.

Strauss, W., and N. Howe. *The Fourth Turning: An American Prophecy.* Broadway Books, 1997.

Subramanian, A., and M. Kessler. "The Hyperglobalization of Trade and Its Future." Peterson Institute for International Economics, Working Paper 13-6, 2013.

Sullivan, A. "Democracies End When They Are Too Democratic." *New York Magazine,* May 1, 2016. http://nymag.com/daily/intelligencer/2016/04/america -tyranny-donald-trump.html.

Taroor, S. *Inglorious Empire: What the British Did to India.* Hurst Books, 2016.

Taylor, J. "The Financial Crisis and the Policy Responses: An Empirical Analysis of What Went Wrong." National Bureau of Economics Research (NBER) Working Paper 14631, 2009.

Ther, P. *Europe since 1989: A History.* Princeton University Press, 2016.

Thornton, D. "Evidence on the Portfolio Balance Channel of Quantitative Easing." Federal Reserve Bank of St. Louis Working Paper Series 2012-015A, 2012.

Toffler, A. *The Third Wave: The Classic Study of Tomorrow.* Bantam Books, 1989.

Tucker, P. *Unelected Power: The Quest for Legitimacy in Central Banking and the Regulatory State.* Princeton University Press, 2018.

vance, J. D. *Hillbilly Elegy: A Memoir of a Family and Culture in Crisis.* HarperCollins, 2016.

van Creveld, M. *More on War.* Oxford University Press, 2017.

diss., Goldsmiths, University of London, 2014.

———. *The Leveller Revolution.* verso Books, 2016.

Rodrik, D. "The Inescapable Trilemma of the World Economy." *Dani Rodrik's Weblog,* June 27, 2007. https://rodrik.typepad.com/dani_rodriks_weblog/2007/06/the -inescapable.html.

Rodrik, D., and M. Rosenzweig, eds. *Handbook of Development Economics.* vol. 5. North Holland, 2009.

Rostow, W. *The Stages of Economic Growth.* Cambridge University Press, 1999.

Rovny, R. "Where Do Radical Right Parties Stand? Position Blurring in Multidimensional Competition." *Central European Political Science Review* 5, no. 1 (2013): 1–26.

Santolaria, N. *Comment j'ai sous-traité ma vie.* Allary Editions, 2017.

Sarrazin, T. *Deutschland schafft sich ab.* Deutsche verlags-Anstalt, 2010.

Schell, O., and J. Delury. *Wealth and Power.* Little, Brown, 2013.

Schneider, W. *The Great Leveller: Violence and the History of Inequality from the Stone Age to the Twenty-First Century.* Princeton University Press, 2017.

Schwab, K. *The Fourth Industrial Revolution.* Crown Business, 2016.

Shorrocks, T., and J. Davies. *Personal Wealth from a Global Perspective.* Oxford University Press, 2008.

Simms, B. *Britain's Europe: A Thousand Years of Conflict and Cooperation.* Allen Lane, 2017.

———. *Europe: The Struggle for Supremacy.* Allen Lane, 2013.

Sinn, H.-W. *The Euro Trap: On Bursting Bubbles, Budgets, and Beliefs.* Oxford University Press, 2014.

Solow, R. M. "Growth Theory and After." *American Economic Review* 78, no. 3 (June 1988): 307–317.

———. "The Last 50 Years in Growth Theory and the Next 10." *Oxford Review of Economic Policy* 23, no. 1 (Spring 2007): 3–14.

Farrar, Straus, Giroux, 2014.

O'Sullivan, M. *Ireland and the Global Question.* Cork University Press, 2006.

Otto, M. *Teeth: The Story of Beauty, Inequality, and the Struggle for Oral Health in America.* New Press, 2016.

Perkins, F. *The Roosevelt I Knew.* Penguin Classics, 2011.

Pettit, P. *Republicanism: A Theory of Freedom and Government.* Oxford University Press, 1997.

Pew Research Center, Global Attitudes and Trends Survey. 2017. http://www.pewglobal.org/database/.

Piketty, T. *Capital in the 21st Century.* Harvard University Press, 2014.

Piketty, T., L. Yang, and G. Zucman. "Capital Accumulation, Private Property, and Inequality in China, 1978–2015." vOX CEPR Policy Portal, July 20, 2017. https://voxeu.org/article/capital-accumulation-private-property-and-inequality-china-1978-2015.

Piris, J. C. *The Future of Europe.* Cambridge University Press, 2012.

Polyani, K. *The Great Transformation: The Economic and Political Origins of Our Time.* Beacon Press, 2001.

Popper, K. *The Open Society and Its Enemies.* vol. 1, *Hegel and Marx.* Routledge, 1995.

Quah, D. "The Global Economy's Shifting Centre of Gravity." *Global Policy* 2, no. 1 (January 2011): 3–9.

Rachman, G. *Easternisation: War and Peace in the Chinese Century.* Bodley Head, 2016.

Rajan, R. *Faultlines.* Oxford University Press, 2010.

Rajan, R., and L. Zingales. "The Great Reversals: The Politics of Financial Development in the Twentieth Century." *Journal of Financial Economics* 69, no. 1 (2003): 5–50.

Rees, J. "Leveller Organization and the Dynamic of the English Revolution." PhD

Mair, P. *Ruling the Void: The Hollowing of Western Democracy.* verso Books, 2013.

Mallaby, S. *The Man Who Knew.* CFR Books, Penguin, 2016.

Marshall, T. *Prisoners of Geography.* Elliott and Thompson, 2015.

McCarthy, M. *The Moth Snowstorm: Nature and Joy.* John Murray, 2015.

Meiksins Wood, E. "Why It Matters." *London Review of Books,* September 2008, 3–6.

Mendle, M. *The Putney Debates of 1647.* Cambridge University Press, 2010.

Mian, A., and A. Sufi. *House of Debt.* University of Chicago Press, 2014.

Mian, A., A. Sufi, and E. verner. "Household Debt and Business Cycles Worldwide." *Quarterly Journal of Economics* 132, no. 4 (November 2017): 1755–1817.

Milanovic, B. "Global Income Inequality by the Numbers: In History and Now." World Bank: Development Research Group, Policy Research Working Paper 6259, 2012.

———. *Global Inequality: A New Approach in the Age of Globalization.* Harvard University Press, 2016.

Miller, R., and M. O'Sullivan. *What Did We Do Right?* Blackhall, 2011.

Morris, I. *Why the West Rules—for Now: The Patterns of History, and What They Reveal about the Future.* Profile Books, 2010.

Mounk, Y. *The People vs. Democracy.* Harvard University Press, 2018.

Mudde, C. "The Populist Zeitgeist," *Government and Opposition* 39, no. 4 (2004): 542–563.

———. "The Study of Populist Radical Right Parties: Towards a Fourth Wave." C-REX Working Paper Series 1, 2016.

Mulford, D. *Packing for India.* University of Nebraska Press, 2014.

Müller, J. W. *What Is Populism?* University of Pennsylvania Press, 2016.

Nye, J. *Soft Power: The Means to Success in World Politics.* Public Affairs, 2004.

Orwell, G. *1984.* Penguin, 2003.

Osnos, E. *Age of Ambition: Chasing Fortune, Truth and Faith in the New China.*

2015.

Keynes, J. M. *The Economic Consequences of the Peace.* Dover, 2004.

Kierzkowski, H., ed. *Europe and Globalization.* Palgrave Macmillan, 2002.

Kiley, M., and J. Roberts. "Monetary Policy in a Low Rate World." Brookings Papers on Economic Activity (BPEA), BPEA Conference Drafts, March 23–24, 2017.

Kim, J., and J. Millen. *Dying for Growth: Global Inequality and the Health of the Poor.* Common Courage, 2002.

Kindleberger, C., and R. Aliber. *Manias, Panics, and Crashes.* 7th ed. Palgrave Macmillan, 2015.

King, A., and I. Crewe. *The Blunders of Our Governments.* Oneworld, 2013.

King, M. *The End of Alchemy.* Little, Brown, 2016.

Kotlikoff, L., and S. Burns. *The Coming Generational Storm.* MIT Press, 2004.

Krishnamurthy, A., and A. vissing-Jorgensen. "The Effects of Quantitative Easing on Interest Rates: Channels and Implications for Policy." National Bureau of Economics Research (NBER) Working Paper 17555, October 2011.

Krugman, P. *Geography and Trade.* MIT Press, 1991.

Kuhn, T. *The Structure of Scientific Revolutions.* University of Chicago Press, 1996.

Lang, v. F., and M. Mendes Tavares. "The Distribution of Gains from Globalization." IMF Working Paper 18/54, March 2018.

Loughlin, L. "Towards a Republican Revival?" *Oxford Journal of Legal Studies* 26, no. 2 (2006): 425–437.

Loughlin, M. "The Constitutional Thought of the Levellers." *Current Legal Problems 2007,* ed. C. O'Cinneide and J. Holder, 60 (2007): 1–39.

Maestas, N., K. Mulle, and D. Powell. "The Effect of Population Ageing on Economic Growth, the Labor Force and Productivity." National Bureau of Economics Research (NBER) Working Paper 22452, 2016.

Mahbubani, K. *The New Asian Hemisphere.* Public Affairs, 2008.

Hamilton, A., J. Jay, and J. Madison. *The Federalist Papers.* Wider Publications, 2008.

Harmel, R., and J. D. Robertson. "Formation and Success of New Parties." *International Political Science Review* 6, no. 4 (1985): 501–523.

Harris, J. A. *Hume: An Intellectual Biography.* Cambridge University Press, 2016.

Heisbourg, F. *La fin du rêve européen.* Stock, 2013.

Hill, C. *The World Turned Upside Down: Radical Ideas during the English Revolution.* Temple Smith, 1972.

Hobbes, T. *Leviathan.* Penguin Classics, 2001.

Hopkirk, P. *The Great Game: On Secret Service in High Asia.* Oxford University Press, 2001.

Houellebecq, M. *Soumission.* Flammarion, 2015.

Howe, N., and W. Strauss. *The Fourth Turning.* Broadway Books, 1998.

Hu, G., J. Pan, and J. Wang. "The Chinese Capital Market: An Empirical Overview." National Bureau of Economics Research (NBER) Working Paper 24346, February 2018.

Inglehart, R., and P. Norris. "Trump, Brexit and the Rise of Populism." Kennedy School of Government, Harvard University, Working Paper Series, August 2016.

International Monetary Fund (IMF). "Neoliberalism: Oversold?" Finance and Development, June 2016.

Israel, J. *A Revolution of the Mind.* Princeton University Press, 2010.

Johnson, I. *The Souls of China: The Return of Religion after Mao.* Allen Lane, 2017.

Kagan, R. *The World America Made.* vintage Books, 2013.

Kanter, R. M. *Move: How to Rebuild and Reinvent America's Infrastructure.* W. W. Norton, 2016.

———. *Move: Putting America's Infrastructure Back in the Lead.* W. W. Norton,

Friedman, B. *The Moral Consequences of Economic Growth.* vintage Books, 2015.

Fukuyama, F. *Political Order and Political Decay.* Profile Books, 2014.

Funke, M., M. Schularick, and C. Trebesch. "Going to Extremes: Politics after the Financial Crisis, 1870–2014." CESifo Working Paper 5553, 2015.

Gagnon, E., B. K. Johannsen, and D. Lopez-Salido. "Understanding the New Normal: The Role of Demographics." Finance and Economics Discussion Series 2016-080, 2016. Washington: Board of Governors of the Federal Reserve System. http://dx.doi.org/10.17016/FEDS.2016.080.

Galbraith, J. K. *The Affluent Society.* Penguin, 1998.

———. *The Great Crash 1929.* Mariner Books, 1997.

Gibbon, E. *The History of the Decline and Fall of the Roman Empire.* Delmarva, 2013.

Gillingham, J. R. *The EU: An Obituary.* verso Books, 2016.

Goldin, I., and C. Kutarna. *Age of Discovery.* Bloomsbury, 2016.

Goodhart, D. *The Road to Somewhere: The Populist Revolt and the Future of Politics.* C. Hurst, 2017.

Gordon, R. "Is U.S. Economic Growth Over? Faltering Innovation Confronts the Six Headwinds." National Bureau of Economic Research (NBER) Working Paper 18315, August 2012. http://www.nber.org/papers/w18315.

———. *The Rise and Fall of American Growth: The US Standard of Living since the Civil War.* Princeton University Press, 2016.

Gorton, G., and G. Ordonez. "Fighting Crises." National Bureau of Economics Research (NBER) Working Paper 22787, 2016.

Graves, R. *Goodbye to All That.* Anchor Books, 1957.

Grayling, A. C. *War: An Enquiry.* Yale University Press, 2017.

Greenwood, R., A. Shleifer, and Y. Yang. "Bubbles for Fama." Harvard University Working Paper, February 2017.

Guilluy, C. *La France périphérique.* Champs/Flammarion, 2014.

Working Class. Oxford University Press, 2016.

Easterlin, R. "Explaining Happiness." *Proceedings of the National Academy of Sciences* 100, no. 19 (September 16, 2003): 11176–11183.

Eichengreen, B., A. J. Mehl, and L. Chitu. "Mars or Mercury? The Geopolitics of International Currency Choice." National Bureau of Economics Research (NBER) Working Paper 24145, 2017.

Eichengren, B., D. Park, and K. Shin. "The Global Productivity Slump." National Bureau of Economics Research (NBER) Working Paper 21556, 2015.

Eisinger, J. *The Chickenshit Club: Why the Justice Department Fails to Prosecute Executives.* Simon and Schuster, 2017.

Engen, E., T. Laubach, and D. Reifschneider. "The Macroeconomic Effects of the Federal Reserve's Unconventional Monetary Policies." Finance and Economic Discussion Series 2015-005, 2015.

Eubanks, v. *Automating Inequality: How High-Tech Tools Profile, Police, and Punish the Poor.* St. Martin's Press, 2017.

Ferrie, J., C. Massey, and J. Rothbaum. "Do Grandparents and Great-Grandparents Matter? Multigenerational Mobility in the US, 1910–2013." National Bureau of Economics Research (NBER) Working Paper 22635, 2016.

Findlay, R., and K. O'Rourke. *Power and Plenty.* Princeton University Press, 2007.

Foreign Affairs. *The Clash of Ideas: The Ideological Battles That Made the Modern World—and Will Shape the Future.* Edited by G. Rose and J. Tepperman. Foreign Affairs, 2012.

Foreign Affairs. "Out of Order: The Future of the International System." *Foreign Affairs,* January–February 2017.

Freedland, J. "US Politics: As Low as It Gets." *New York Review of Books,* September 9, 2016. https://www.nybooks.com/articles/2016/09/29/us-politics-as -low-as-it-gets/.

Freedman, L. *The Future of War.* Allen Lane, 2018.

Chernow, R. *Alexander Hamilton.* Penguin, 2004.

Conconi, P., G. Facchini, and M. Zanardi. “Policy Makers Horizon and Trade votes.” CEPR Discussion Paper DP 8561, September 2011.

Corsetti, G., L. Feld, R. Koijen, L. Reichlin, R. Reis, H. Rey, and B. Weder di Mauro. “Reinforcing the Euro-Zone and Protecting an Open Society.” vOX CEPR Policy Portal. May 27, 2016. https://voxeu.org/article/reinforcing-eurozone-and-protecting-open-society.

Crabtree, J. *The Billionaire Raj: A Journey through India's New Gilded Age.* OneWorld, 2018.

Cragg, R. *The Demographic Investor.* Pearson Education, 1998.

Currie, J., H. Schwandt, and J. Thuilliez. “When Social Policy Saves Lives: Analysing Trends in Mortality Inequality in the US and France.” vOX CEPR Policy Portal. August 10, 2018. https://voxeu.org/article/trends-mortality-inequality -us-and-france.

De Burca, G., and J. H. H. Weiler. *The Worlds of European Constitutionalism.* Cambridge University Press, 2012.

Deschouwer, K., ed. *New Parties in Government: In Power for the First Time.* Routledge, 2008.

Diamond, L. “Facing Up to the Democratic Recession.” *Journal of Democracy* 26, no. 1 (January 2015): 141–155.

Dobbs, R., A. Madgavkar, J. Manyika, J. Woetzel, J. Bughin, E. Labaye, and P. Kashyap. “Poorer Than Their Parents? A New Perspective on Income Inequality.” Mc Kinsey Global Institute. July 2016. https://www.mckinsey.com/featured -insights/employment-and-growth/poorer-than-their-parents-a-new -perspective-on-income-inequality.

Downing, T. *1983: The World at the Brink.* Little, Brown, 2018.

Drezner, D. *The Ideas Industry.* Oxford University Press, 2017.

Eagleton, T. *The New Politics of Class: The Political Exclusion of the British* in Advanced Democracies." *European Journal of Political Research* 52, no. 6 (2013): 773–796.

Borio, C. "Secular Stagnation or Financial Cycle Drag." *Business Economics,* Palgrave Macmillan, National Association for Business Economics, 52, no. 2 (April 2017): 87–98.

Buchholz, T. *The Price of Prosperity.* HarperCollins, 2016.

Buckles, K., D. Hungermann, and S. Lugauer. "Is Fertility a Leading Economic Indicator?" National Bureau of Economics Research (NBER) Working Paper 24355, 2018.

Buera, F., and E. Oberfield. "The Global Diffusion of Ideas and Its Impact on Productivity and Growth." vOX CEPR Policy Portal. June 12, 2016. https://voxeu .org/article/global-diffusion-ideas.

Campbell, K. *The Pivot.* Twelve/Hachette Book Group, 2016.

Case, A., and A. Deaton. "Rising Morbidity and Mortality in Midlife among White Non-Hispanic Americans in the 21st Century." *Proceedings of the National Academy of Sciences* 112, no. 49 (December 8, 2015): 15078–15083.

Case, S. *The Third Wave.* Simon and Schuster, 2016.

Chambers, D., E. Dimson, and J. Foo. "Keynes the Stock Market Investor." *Journal of Financial and Quantitative Analysis (JFQA)* 50, no. 4 (2015): 431–449.

Che, Y., Y. Lu, J. Pierce, and P. Schott. "Does Trade Liberalization with China Affect US Elections?" Finance and Economics Discussion Series, Divisions of Research and Statistics and Monetary Affairs, 2016-039, Federal Reserve Board, Washington, DC, 2016.

Chen, S., and J. S. Kang. "Credit Booms: Is China Different?" IMF Working Paper 18/2, January 2018. https://www.imf.org/en/Publications/WP/Issues /2018/01/05/Credit-Booms-Is-China-Different-45537.

Chen, S., L. Ratnovski, and P. H. Tsai. "Credit and Fiscal Multipliers in China." IMF Working Paper, December 12, 2017.

2017.

Autor, D., D. Dorn, and G. Hanson. "The China Syndrome: Local Labor Market Effects of Import Competition in the United States." *American Economic Review* 103, no. 6 (2012): 2121–2168.

Autor, D., D. Dorn, G. Hanson, and K. Majlesi. "Importing Political Polarization? The Electoral Consequences of Rising Trade Exposure." National Bureau of Economics Research (NBER) Working Paper 22637, 2017.

Bagehot, W. *Lombard Street: A Description of the Money Market.* Wiley, 1999.

Baker, P., and E. vernon. *The Agreements of the People, the Levellers and the Constitutional Crisis of the English Revolution.* Palgrave Macmillan, 2012.

Barrone, G., and S. Mocetti. "What's Your (Sur)Name? Intergenerational Mobility over Six Centuries." vOX CEPR Policy Portal. May 17, 2016. https://voxeu.org /article/what-s-your-surname-intergenerational-mobility-over-six-centuries.

Baverez, N. *Chroniques du déni français.* Albin Michel, 2017.

Beeman, R. *The Varieties of Political Experience in Eighteenth-Century America.* University of Pennsylvania Press, 2006.

Berlin, I. *The Power of Ideas.* Pimlico Press, 2001.

Bernanke, B. *Essays on the Great Depression.* Princeton University Press, 2000.

———. "The Macroeconomics of the Great Depression." National Bureau of Economics Research (NBER) Working Paper 4814, 1994.

Bhagwat, J. *In Defence of Globalization.* Oxford University Press, 2004.

Bickerton, C. *The European Union: A Citizen's Guide.* Pelican, 2016.

Bingham, T. *The Rule of Law.* Allen Lane, 2011.

Bloom, N., C. Jones, J. van Reenen, and M. Webb. "Are Ideas Getting Harder to Find?" Stanford University Working Paper, version 0.62, February 2017.

Bocola, L., and A. Dovis. "Self-Fulfilling Debt Crises: A Quantitative Analysis." National Bureau of Economics Research (NBER) Working Paper 22694, 2016.

Bolleyer, N., and E. Bytzek. "Origins of Party Formation and New Party Success

參考書目

Acemoglu, D., and P. Restrepo. "Secular Stagnation? The Effect of Aging on Economic Growth in the Age of Automation," National Bureau of Economics Research (NBER) Working Paper 23077, January 2017.

Acemoglu, D., and J. Robinson. *Why Nations Fail: The Origins of Power, Prosperity, and Poverty.* Crown Business, 2012.

Achen, C. H., and L. M. Bartels. *Democracy for Realists.* Princeton University Press, 2016.

Ahamed, L. *Lords of Finance.* Windmill Books, 2010.

Albright, M. *Fascism: A Warning.* HarperCollins, 2018.

Alesina, A., and E. Spolare. *The Size of Nations.* MIT Press, 2005.

Alletzhauser, A. *The House of Nomura.* Arcade, 1990.

Allison, G. *Destined for War: Can America and China Escape Thucydides's Trap?* Houghton Mifflin, 2017.

Amromin, G., M. De Nardi, and K. Schulze. "Inequality and Recessions." Chicago Fed Letter 392, 2018.

Angell, N. *The Great Illusion.* Cosimo Classics, 2007.

Ansar, A., B. Flyvbjerg, A. Budzier, and D. Lunn. "Does Infrastructure Lead to Economic Growth or Economic Fragility? Evidence from China." *Oxford Review of Economic Policy* 32, no. 3 (2016): 360–390.

Auer, R., C. Borio, and A. Filardo. "The Globalisation of Inflation: The Growing Importance of Global value Chains." Bank for International Settlements (BIS) Working Papers, Monetary and Economic Department, Working Paper 602,

24. J. L. Yellen, "Labor Market Dynamics and Monetary Policy," speech at the Federal Reserve Bank of Kansas City Economic Symposium, Jackson Hole, Wyoming, August 22, 2014, https://www.federalreserve.gov/newsevents/speech/yellen20140822a.htm; D. Yagan, "Is the Great Recession Really Over? Longitudinal Evidence of Enduring Employment Impacts," UC Berkley Working Paper, November 2016, https://eml.berkeley.edu/~yagan/GreatRecessionScars.pdf; G. D. Rudebusch and J. C. Williams, "A Wedge in the Dual Mandate: Monetary Policy and Long-Term Unemployment," Federal Reserve Bank of San Francisco Working Paper 2014-14, May 2014, http://www.frbsf.org/economic-research/files/wp2014-14.pdf.

的分析，http://www.stats.gov.cn/english/; Ministry of Civil Affairs of the People's Republic of China, http://english.gov.cn/state_council/2014/09/09/content_281474986284128.htm.

17. G. Knudsen, "Award Ceremony Speech," December 10, 1906, The Nobel Prize, https://www.nobelprize.org/prizes/peace/1906/ceremony-speech/.
18. J. S. Nye Jr., "The Kindleberger Trap," *Project Syndicate*, January 9, 2017, https://www.project-syndicate.org/commentary/trump-china-kindleberger-trap-by-joseph-s--nye-2017-01?barrier=accesspaylog.
19. M. Abi-Habib, "How China Got Sri Lanka to Cough Up a Port," *New York Times*, June 25, 2018, https://www.nytimes.com/2018/06/25/world/asia/china-sri-lanka-port.html.
20. van Creveld, *More on War*; Grayling, *War*.
21. 請見General Gerasimov的文章：G. Valery, "The value of Science in Foresight," *Military Industrial Courier*, February 26, 2013, https://www.vpk-news.ru/articles/14632; 也可見：H. Foy, "Valery Gerasimov, the General with a Doctrine for Russia," *Financial Times*, September 15, 2017, https://www.ft.com/content/7e14a438-989b-11e7-a652-cde3f882dd7b.
22. 在諸如城鎮戰（urban-based war）這種新型態戰事中，位於美國德州奧斯汀的美國陸軍未來司令部（The US Army Futures Command），具有思維領導之地位。
23. 目前已經有數個道德規範框架得以遵循：聯合國教科文組織之《世界人類基因組暨人權宣言》（Universal Declaration on the Human Genome and Human Rights，1997年11月）、聯合國教科文組織之《人類基因資料國際宣言》（International Declaration on Human Genetic Data，2005年10月），以及歐盟之《歐洲人權與為健康目的執行基因檢測之生物醫學公約補充議定書》（Additional Protocol to the Convention on Human Rights and Biomedicine Concerning Genetic Testing for Health Purposes，2008年11月）。

Presidents' Report: Completing Europe's Economic and Monetary Union," European Commission, June 22, 2015, https://ec.europa.eu/commission/publications/five-presidents-report-completing-europes-economic-and-monetary-union_en.

7. Maddison Historical Statistics, Groningen Growth and Development Centre, Historical National Accounts database, University of Groningen, https://www.rug.nl/ggdc/historicaldevelopment/na/.

8. "National Security Strategy of the United States of America," Office of the President of the United States, December 2017, https://www.whitehouse.gov/wp-content/uploads/2017/12/NSS-Final-12-18-2017-0905.pdf.

9. E. Osnos, "Making China Great Again," *New Yorker*, January 3, 2018; E. Wong, "A Chinese Empire Reborn," *New York Times*, January 5, 2018.

10. "vice President Mike Pence's Remarks on the Administration's Policy towards China," Hudson Institute, October 4, 2018, https://www.hudson.org/events/1610-vice-president-mike-pence-s-remarks-on-the-administration-s-policy-towards-china102018.

11. Claessens and Kose, "Financial Crises."

12. P. Pan, "China Rules," part 1, "The Land That Failed to Fail," *New York Times*, November 18, 2018, https://www.nytimes.com/interactive/2018/11/18/world/asia/china-rules.html.

13. 根據世界銀行開放資料網站（World Bank Open Data）的數據所做的分析，https://data.worldbank.org/; Investment Company Institute, "Research and Statistics," https:// www.ici.org/research/stats.

14. "Foreign Observers Comment on Xi's Report to CPC Congress," *China Daily*, October 18, 2018, http://www.chinadaily.com.cn/china/19thcpcnationalcongress/2017-10/18/content_33419856.htm.

15. Perkins, *The Roosevelt I Knew*.

16. 根據中國國家統計局（National Bureau of Statistics of China）的數據所做

Agriculture Organization of the United Nations, "Livestock a Major Threat to Environment," November 29, 2006, FAONewsroom, http://www.fao.org/newsroom/en/news/2006/1000448/index.html.

20. M. Bloomberg and C. Pope, *Climate of Hope* (St. Martin's Press, 2017).
21. "A Digital Geneva Convention to Protect Cyberspace," Microsoft Policy Papers, https://query.prod.cms.rt.microsoft.com/cms/api/am/binary/RW67QH.

十、漢彌爾頓計畫

1. 在1990年代早期，美國政策圈也崇尚漢彌爾頓的精神，當時的漢彌爾頓計畫是由羅伯特・魯賓（Robert Rubin）等人所規畫；請見http://www.hamiltonproject.org/.
2. A. Hamilton, "The Continentalist, No. vI, [4 July 1782]," *Founders Online*, National Archives, https://founders.archives.gov/documents/Hamilton/01-03-02-0031.
3. M. K. Curtis, "In Pursuit of Liberty: The Levellers and the American Bill of Rights," 1991, *Constitutional Commentary*, 737, https://scholarship.law.umn.edu/concomm/737.
4. Credit Suisse Research Institute, *From Spring to Revival: Regime Changes and Economic Transformation*, November 2011, p.15, https://publications.credit-suisse.com/tasks/render/file/index.cfm?fileid=88E49EF1-83E8-EB92-9D5152FC5FD1076F.
5. A European Minister of Economy and Finance, "Communication from the Commission to the European Parliament, the European Council, the Council and the European Central Bank," European Commission, December 6, 2017, https://ec.europa.eu/info/sites/info/files/economy-finance/com_823_0.pdf.
6. 歐盟二十週年會議的會議過程也值得注意，請見："The Euro at 20," IMF Conference, Dublin, Ireland, June 25-26, 2018, https://www.imf.org/en/News/Seminars/Conferences/2018/05/17/the-euro-at-20-dublin. 以及"The Five

Under Attack," January 31, 2018, www.eiu.com/public/topical_report.aspx?campaignid=DemocracyIndex2017.

12. 舉例來說，許多北歐小國已針對歐洲經濟重組一事發表共同聲明，請參考：Ministry of Finance, "European Finance Ministers' Joint Statement on the Development of the Economic and Monetary Union," http://vm.fi/article/-/asset_publisher/valtiovarainministerien-yhteiskannanotto-euroopan-talous-ja-rahaliiton-kehittamisesta.
13. Kim and Millen, *Dying for Growth*.
14. C. Wyplosz, "When the IMF Evaluates the IMF," VOX CEPR Policy Portal, February 17, 2017, http://voxeu.org/article/when-imf-evaluates-imf.
15. "Recommendations by the Commission of Experts of the President of the General Assembly on Reforms of the International Monetary and Financial System," March 19, 2009, https://www.un.org/ga/president/63/letters/recommendationExperts200309.pdf.
16. C. von Clausewitz, *On War* (Barnes and Noble, 2004), xv.
17. 請參考由能源局和美國太空總署等單位共同撰寫之報告：US Global Change Research Program, *Climate Science Special Report: Fourth National Climate Assessment*, vol. 1, edited by D. J. Wuebbles, D. W. Fahey, K. A. Hibbard, et al., 2017, https://science2017.globalchange.gov/.
18. M. Mildenberger, J. Marlon, P. Howe, and A. Leiserowitz, "The Spatial Distribution of Republican and Democratic Climate Opinions at State and Local Scales," *Climatic Change* 145, nos. 3-4 (December 2017), https://link.springer.com/article/10.1007%2Fs10584-017-2103-0.
19. K. C. Seto, S. Dhakal, et al., "Human Settlements, Infrastructure and Spatial Planning," in *AR5 Climate Change 2014: Mitigation of Climate Change*, contribution of Working Group III to the Fifth Assessment Report of the Intergovernmental Panel on Climate Change, p. 927, https://www.ipcc.ch/pdf/assessment-report/ar5/wg3/ipcc_wg3_ar5_chapter12.pdf; Food and

5. J. Sawyers, "Britain on Its Own Will Count for Little on the World Stage," *Financial Times*, June 20, 2017.
6. 請參見M. O'Sullivan and D. Skilling, "From Great Britain to Little England," *Project Syndicate*, March 29, 2017; 也可見M. O'Sullivan and D. Skilling, "Britain Needs to Find a New Role," *London Times*, February 6, 2018.
7. 我曾在《外交事務》期刊的以下文章中，和大衛．斯基林一同闡述這些國家面臨的一些選擇：M. O'Sullivan and D. Skilling, "The Lessons of Little States: Small Countries Show the Way Through Brexit," *Foreign Affairs*, June 8, 2017, https://www.foreignaffairs.com/articles/ireland/2017-06-08/lessons-little-states.
8. "Housing Should Be for Living In, Not for Speculation, Xi Says," *Bloomberg News*, October 18, 2017, https://www.bloomberg.com/news/articles/2017-10-18/xi-renews-call-housing-should-be-for-living-in-not-speculation.
9. 歷史學家尼可拉斯．曼賽（Nicholas Mansergh）將印度的發展過程記錄在他的著作中，請見*Independence Years: The Selected Indian and Commonwealth Papers of Nicholas Mansergh* (Oxford University Press, 2000). 夏希．塔魯爾（Shashi Taroor）的相關著作《不光彩的帝國》（*Inglorious Empire*）也非常值得一讀。
10. 我曾與大衛．史基林一同撰寫許多關於這些主題的文章，請參考：M. O'Sullivan and D. Skilling, "At the G20, Look Beyond the Usual Suspects," *Wall Street Journal*, September 2, 2016; D. Skilling and M. O'Sullivan, "Small Nations—Not the G-20—Lead the Way," *Wall Street Journal*, November 1, 2018, http://www.wsj.com/articles/small-nationsnot-the-g-20lead-the-way-1472771969; D. Skilling and M. O'Sullivan, "Small Countries Are the Canaries in the Coalmine of the World's Economies," *Irish Times*, March 17, 2015, http://www.irishtimes.com/opinion/small-countries-are-the-canaries-in-the-coalmine-of-the-world-s-economies-1.2141952.
11. The Economist Intelligence Unit, "Democracy Index 2017: Free Speech

Continent from 1876 to 1912 (Random House, 1990).

28. "Cooperation between China and Central and Eastern European Countries," http://www.china-ceec.org/eng/.
29. 關於宗教在中國的處境，請參考Johnson, *The Souls of China.*
30. E. Feng, "Security Spending Ramped Up in China's Restive Xinjiang Region," *Financial Times,* March 12, 2016.
31. World Bank Data Catalog,"Population Estimates and Projections," https://datacatalog.worldbank.org/dataset/population-estimates-and-projections??xyzallow.
32. T. G. Ash,"Is Europe Disintegrating?," *New York Review of Books,* January 19, 2017, http://www.nybooks.com/articles/2017/01/19/is-europe-disintegrating/.
33. G. Chazan, "Germany Calls for Global Payments System Free of US," *Financial Times,* August 21, 2018, https://www.ft.com/content/23ca2986-a569-11e8-8ecf-a7ae1beff35b.
34. Rodrik,"The Inescapable Trilemma of the World Economy."
35. "Out of Order: The Future of the International System," special issue, *Foreign Affairs,* January–February 2017.

九、全新的世界秩序

1. M. O'Sullivan and D. Skilling, "Hanseatic League 2.0 Reflects Changing Shape of EU," *Irish Times*, January 4, 2019, https://www.irishtimes.com/opinion/hanseatic-league-2-0-reflects-changing-shape-of-eu-1.3746896?mode=amp.
2. G. Orwell, "Boy's Weeklies," Orwell Foundation, https://www.orwellfoundation.com/the-orwell-foundation/orwell/essays-and-other-works/boys-weeklies/.
3. J. C. Humes, *Churchill: The Prophetic Statesman* (Regnery History, 2012), 101.
4. L. H. Officer, "Dollar-Pound Exchange Rate from 1791," MeasuringWorth, 2018, http://www.measuringworth.com/exchangepound/.

21. 有趣的是，在平衡派的時代後不久，詹姆斯·哈靈頓就在1656年的《大洋洲的共同財富》（*The Common Wealth of Oceana*）書中，提出了一個類似的術語「Oceana」。這本書中闡述的烏托邦共和國，很可能受到了平衡派、普特尼辯論，以及前克倫威爾時代的政治氛圍所影響。
22. Stiglitz, *Globalization and Its Discontents.* 例如，他在頁xiv指出：「對於國際貨幣基金組織的計畫常帶來的痛苦，沒有人為此感到高興。在國際貨幣基金組織內部，大家都只是認為所有的問題是各國必須經歷的苦難。」國際貨幣基金組織的執行董事湯瑪士·道森（Thomas Dawson）則如此回應史迪格里茲的書：「〔經濟學人雜誌〕曾在訪談中表示，那本書更準確的標題應該是『國際貨幣基金組織，以及我感到不滿的地方』。」此外，他表示在史迪格里茲的書中，全球化只被提到64次，國際貨幣基金組織卻被提到了340次。請參考Dawson,"Stiglitz, the IMF and Globalization," speech to the MIT Club of Washington, June 12, 2002, http://www.imf.org/external/np/speeches/2002/061302.htm.
23. H. Chisholm, ed., *Encyclopædia Britannica* 10, 11th ed. (Cambridge University Press, 1910–1911), 869-921.
24. Winston Churchill, "The Russia Enigma," broadcast, October 1, 1939, The Churchill Society, http://www.churchill-society-london.org.uk/RusnEnig.html.
25. Credit Suisse Research Institute, "Global Wealth Report 2018," https://www.credit-suisse.com/corporate/en/research/research-institute/global-wealth-report.html.
26. 全國人民代表大會外事委員會副主任委員傅瑩曾說過：「舊方式已行不通。」請參考：Fu Ying, "Quo vadis," valdai Club, October 25, 2016. 她在西方的傳媒上也曾發表過類似的言論，例如："The US World Order Is a Suit That No Longer Fits," op-ed, *Financial Times,* January 6, 2016, https://www.ft.com/content/c09cbcb6-b3cb-11e5-b147-e5e5bba42e51.
27. T. Pakenham, *The Scramble for Africa: The White Man's Conquest of the Dark*

of Foreign Exchange and OTC Derivatives Markets in 2016," Bank for International Settlements (BIS), December 2016, https://www.bis.org/publ/rpfx16.htm.

11. T. Taussig, "The Rise of Personalist Rule," *Order from Chaos* (blog), Brookings, March 23, 2017, www.brookings.edu.
12. A. H. Cordesman, "Estimates of Chinese Military Spending," Center for Strategic and International Studies, Working draft, September 21, 2016, https://csis-prod.s3.amazonaws.com/s3fs-public/publication/160928_AHC_Estimates _Chinese_Military_Spending.pdf.
13. 例如《太空發射報告》(*The Space Launch Report*)強調了近年來中國、印度和日本向太空發射的次數有所增加。*Space Launch Report* (news digest), http://www.spacelaunchreport.com/.
14. J. S. Nye Jr., *Soft Power: The Means to Success in World Politics* (Public Affairs, 2004).
15. J. Desjardins, "The World's Most Respected 'Made In' Labels," October 20, 2017, Visual Capitalist, http://www.visualcapitalist.com/respected-made-in-labels-country/.
16. J. G. Castaneda, "The Forgotten Relationship," *Foreign Affairs,* May–June 2003, 67-81.
17. Xi Jinping, "Address," 12th National People's Congress, March 17, 2013.
18. 世界銀行遵循的管理指標包括言論自由及問責度、政治穩定及暴力行為不存在、政府效力、管理品質、法治,以及貪汙管制。
19. Allison, *Destined for War: Can America and China Escape Thucydides's Trap?*
20. 舉例來說,可參考由中國軍方主辦的北京香山論壇:http://www.xiangshanforum.cn/; L. Lucas and E. Feng, "China's Push to Become a Tech Superpower Triggers Alarms Abroad," *Financial Times*, March 19, 2017, https://www.ft.com/content/1d815944-f1da-11e6-8758-6876151821a6.

4. World Bank, *Multipolarity: The New Global Economy* (Global Development Horizons 2011).
5. 彼得森國際經濟研究所（Peterson Institute）在全球化方面擁有非常實用的資源，可以用來研究貿易、供應鏈和全球化的其他面向；請參考 "What Is Globalization? And How Has the Global Economy Shaped the United States?," Peterson Institute for International Economics (PIIE), https://piie.com/microsites/globalization/what-is-globalization.html.
6. Australian Government, Department of Foreign Affairs and Trade, "Statistics on Who Invests in Australia," https://dfat.gov.au/trade/resources/investment-statistics/Pages/statistics-on-who-invests-in-australia.aspx.
7. United Nations, "International Migration Report 2017: Highlights," p. 14, http://www.un.org/en/development/desa/population/migration/publications/migrationreport/docs/MigrationReport2017_Highlights.pdf.
8. Max Galka Metrocosm data maps: "All the World's Immigration visualized in 1 Map," June 29, 2016, Metrocosm, http://metrocosm.com/global-immigration-map/; 亦可參考 "Here's Everyone Who's Immigrated to the U.S. Since 1820," May 3, 2016, Metrocosm, http://metrocosm.com/animated-immigration-map/.
9. UN Refugee Agency, UNHCR, "Number of Refugees and Migrants from venezuela Reaches 3 Million," November 8, 2018, https://www.unhcr.org/news/press/2018/11/5be4192b4/number-refugees-migrants-venezuela-reaches-3-million.html.
10. 根據渣打銀行（Standard Chartered Bank）的人民幣全球化指標，近年來人民幣在國際上的使用情形有顯著下降。Standard Chartered, "Renminbi Tracker: How Global Is the Renminbi?," October 10, 2018, https://www.sc.com/en/trade-beyond-borders/renminbi-globalisation-index/. Estimates provided in the Triennial Central Bank Survey of foreign exchange turnover in April 2016, released in September 2016. " Triennial Central Bank Survey

business/economy-business/boj-chief-faces-tougher-second-term-reality-easing-program-sinks/#.Wp7F2_nyubh.

36. 經濟合作暨發展組織制定了嚴謹的全球治理標準，寫得非常棒。參見他們的企業治理聲明：http://www.oecd.org/corporate/.
37. Eisinger, *The Chickenshit Club.*
38. B. McLean and P. Elkind, *The Smartest Guys in the Room: The Amazing Rise and Scandalous Fall of Enron* (Penguin Books, 2003).
39. Committee on the Financial Aspects of Corporate Governance, “The Financial Aspects of Corporate Governance,” December 1, 1992, https://www.icaew.com/-/media/corporate/files/library/subjects/corporate-governance/financial-aspects-of-corporate-governance.ashx?la=en.
40. “The Agreement of the People,” October 28, 1647, Constitution Society, http://www.constitution.org/eng/conpur074.htm.
41. OECD, Toolkit for Risk Governance, https://www.oecd.org/governance/toolkit-on-risk-governance/home/.

八、多極世界

1. Rachman, *Easternisation;* Quah, “The Global Economy's Shifting Centre of Gravity.”
2. D. Furceri et al., “Gone with the Headwinds: Global Productivity,” International Monetary Fund Staff Discussion Notes 17/04, April 3, 2017.
3. T. Sablik, “Are Markets Too Concentrated?,” Richmond Federal Reserve, Economic Focus, First Quarter 2018, https://www.richmondfed.org/-/media/richmondfedorg/publications/research/econ_focus/2018/q1/pdf/cover _story.pdf; G. Grullon, Y. Larkin, and R. Michaely, “Are US Industries Becoming More Concentrated?,” last revised May 31, 2015, *Review of Finance,* October 2018, (forthcoming), https://papers.ssrn.com/sol3/papers.cfm?abstract_id=2612047.

and Busts," April 11–12, 2011, http://www.imf.org/external/np/res/seminars/2011/bok/041111.pdf.

25. Chen and Kang, "Credit Booms."
26. Chen, Ratnovski, and Tsai, "Credit and Fiscal Multipliers in China."
27. Mian, Sufi, and Verner, "Household Debt and Business Cycles Worldwide."
28. Congressional Budget Office, "The 2018 Long-Term Budget Outlook," June 26, 2018, https://www.cbo.gov/publication/53919.
29. 參見Mulford, *Packing for India*. Mulford was also US ambassador to India from 2004 to 2009.
30. 關於如何降低既有債務，可參見IMF, "Fiscal Monitor: Debt. Use It Wisely," World Economic and Financial Surveys, October 2016, https://www.imf.org/external/pubs/ft/fm/2016/02/pdf/fm1602.pdf. 解決歐元危機的最初建議之一，就是Jakob von Weizsäcker和Jacques Delpla在2010年5月提出的「藍色債券」（Blue Bond）。參見J. Weizsäcker and J. Delpla, "The Blue Bond Proposal," policy brief, May 5, 2010, http://bruegel.org/2010/05/the-blue-bond-proposal/.
31. W. Maliszewski, S. Arslanalp, J. Caparusso, et al., "Resolving China's Corporate Debt Problem," IMF Working Paper WP/16/203, October 2016, https://www.imf.org/external/pubs/ft/wp/2016/wp16203.pdf.
32. Chen and Kang, "Credit Booms: Is China Different?"
33. J. R. Franks and C. Mayer, "Ownership and Control of German Corporations," September 25, 2000, posted December 29, 2000, SSRN, https://ssrn.com/abstract=247501 or http://dx.doi.org/10.2139/ssrn.247501.
34. Alletzhauser, *The House of Nomura*.
35. 有一、兩位日本央行的董事曾異議警告，量化寬鬆具有風險，其中最有名的就是木內登英。參見R. Yoshida and C. Baird, "BOJ Chief Faces Tougher Second Term as Reality of Monetary Easing Program Sinks In," *Japan Times*, March 5, 2018, https://www.japantimes.co.jp/news/2018/03/05/

oecdecoscope.blog/2017/12/06/zombie-firms-and-weak-productivity-what-role-for-policy/.

16. 各國央行開始努力跟社會溝通。英國央行開始派官員到各城市解釋政策，並開始嘗試把新聞稿寫得「更親民」。
17. 這篇由芝加哥聯邦準備銀行（Chicago Federal Reserve）工作人員撰寫的論文指出，如果人們獲取金融流動性的機會並不平等，之後可能就會造成財富不平等。參見Amromin, De Nardi, and Schulze, "Inequality and Recessions."
18. B. M. Smith, *The Equity Culture: The Story of the Global Stock Market* (Farrar, Straus and Giroux, 2003), 5.
19. J. Carville, "The Bond Vigilantes," *Wall Street Journal*, February 25, 1993, A1.
20. M. Fox, "'Bond Vigilantes' Are Saddled Up and Ready to Push Rates Higher, Says Economist Who Coined the Term," February 9, 2018, US Markets, CNBC, https://www.cnbc.com/2018/02/09/bond-vigilantes-saddled-up-and-ready-to-make-a-comeback-ed-yardeni.html.
21. 其中一項提議源自羅斯福研究所（Roosevelt Institute）的兩位研究員（Mike Konczal and J. W. Mason）：Konczal and Mason, "A New Direction for the Federal Reserve: Expanding the Monetary Toolkit," November 30, 2017, http://rooseveltinstitute.org/expanding-monetary-policy-toolkit/.
22. 這種思維的一個例子可以參見：Kiley and Roberts, "Monetary Policy in a Low Rate World."
23. R. Wrigglesworth, "US Student Debt Balloons Past $1.5tn," *Financial Times*, August 26, 2018, https://www.ft.com/content/18530da6-a637-11e8-926a-7342fe5e173f; S. Claessens and M. A. Kose, "Financial Crises: Explanations, Types, and Implications," IMF Working Paper WP/13/28, January 2013, https://www.imf.org/external/pubs/ft/wp/2013/wp1328.pdf.
24. Claessens and Kose, "Financial Crises: Explanations, Types, and Implications"; Bank of Korea–IMF Workshop, "Managing Real Estate Booms

Dictum in Practice: Formulating and Implementing Policies to Combat the Financial Crisis," 全球央行年會（Federal Reserve Bank of Kansas City Annual Economic Symposium, Jackson Hole）演講，2009年8月21日，https://www.federalreserve.gov/newsevents/speech/madigan20090821a.htm.

11. 1999年2月15日的《時代雜誌》以〈救世委員會〉（Committee to Save the World）為頭版標題，以葛林斯潘作為封面人物。http://content.time.com/time/magazine/0,9263,7601990215,00.html.

12. Greenwood, Shleifer, and Yang, "Bubbles for Fama." See also B. Jones, "Asset Bubbles: Re-thinking Policy for the Age of Asset Management," International Monetary Fund Working Paper WP/15/27, February 2015, https://www.imf.org/external/pubs/ft/wp/2015/wp1527.pdf.

13. 雖然日本央行在2003年推出量化寬鬆，但量化寬鬆支配市場的浪潮，卻始於美國聯邦準備系統在2008年11月推出的量化寬鬆，它在這波量化寬鬆中購買了近6億美元的房貸擠壓證券。之後2010年11月出現了第二波量化寬鬆，最後第三波則始於2012年9月。在那之後，量化寬鬆開始逐漸退潮或「縮減」。英國的量化寬鬆始於2009年3月，歐洲央行則在大約5年後的2011年也開始購買擔保債券。要了解量化寬鬆，可以參考里奇蒙聯邦準備銀行（Federal Reserve Bank of Richmond）的這篇經濟簡報：R. Haltom and A. L. Wolman, "A Citizen's Guide to Unconventional Monetary Policy," economic brief, December 2012, https://www.richmondfed.org/~/media/richmondfedorg/publications/research/economic_brief/2012/pdf/eb_12-12.pdf.

14. D. Greenlaw, J. Hamilton, E. Harris, and K. West, "A Skeptical View of the Impact of the Fed's Balance Sheet," Chicago Booth Working Paper, February 2018, https://research.chicagobooth.edu/igm/usmpf/usmpf-paper.

15. D. Andrews, M. A. McGowan, and V. Millot, "Zombie Firms and Weak Productivity: What Role for Policy?," OECD Ecoscope (blog), Organization for Economic Cooperation and Development, December 6, 2017, https://

（Entrepreneur Summit）。

38. Harvard Law School, Access to Justice Lab, "Spotlight: Drug Courts" (blog), February 6, 2018, http://a2jlab.org/spotlight-drug-courts/; P. Waldmeir, "None of These People Ever Gave Up on Me: America's Drug Courts," *Financial Times Magazine*, August 24, 2018, https://www.ft.com/content/8a1ee8f0-a593-11e8-926a-7342fe5e173f.

七、金融界的西發里亞合約

1. US Securities and Exchange Commission, *A Plain English Handbook: How to Create Clear SEC Disclosure Documents*, August 1998, https://www.sec.gov/pdf/handbook.pdf.
2. Meiksins WoodWood, "Why It Matters."
3. M. El-Erian, *The Only Game in Town: Central Banks, Instability and Avoiding the Next Collapse* (Yale University Press, 2016).
4. Mallaby, *The Man Who Knew*.
5. "What's in Greenspan's Briefcase?," Fall 2000, Inside the Vault, Federal Reserve Bank of St. Louis, https://www.stlouisfed.org/publications/inside-the-vault/fall-2000/whats-in-greenspans-briefcase.
6. "Verbatim of the Remarks Made by Mario Draghi," speech at the Global Investment Conference in London, July 26, 2012, European Central Bank, https://www.ecb.europa.eu/press/key/date/2012/html/sp120726.en.html.
7. P. L. Siklos, *Central Banks into the Breach: From Triumph to Crisis and the Road Ahead* (Oxford University Press, 2017), 188.
8. J. Bhagwati, In *Defense of Globalization* (Oxford University Press, 2007), 4.
9. 就連瑞典央行近年也舉步維艱。參見M. Goodfriend and M. King, "Review of the Riksbank's Monetary Policy, 2010–2015," http://data.riksdagen.se/dokument/RFR-201516-RFR7.pdf.
10. 有人以當代的方式詮釋了這句格言。參見B. F. Madigan, "Bagehot's

opinion/the-future-of-small-economies-in-a-changed-world.

30. Credit Suisse Research Institute, "Getting Over Globalization," 2017, https://www.credit-suisse.com/ch/en/about-us/research/research-institute/publications.html.
31. 資料來源："2018 Key Findings: Prosperity Is Growing, but Not Equally," Legatum Prosperity Index 2018, www.prosperity.com.
32. 無形基礎建設包括以下元素。教育方面：中學與大學就學率。衛生保健方面：嬰兒死亡率、人民預期壽命、人均保健支出。科技方面：手機持有率、電話使用率、網路使用率（以上三者都是每一百人中有幾人使用）、安全的伺服器數量（每百萬人有幾臺）、研發支出占國內生產總值的比例。金融服務方面：金融信用得分、法律權利評分、貸款風險溢價、資本化的股權占國內生產總值的比例。商業服務方面：經商便利度、進口延誤時程、平均關稅稅率、登記公司需要的程序。
33. Diamond, "Facing Up to the Democratic Recession."
34. 資料來自世界銀行「全球治理指標」（World Bank World Governance Indicators），http://info.worldbank.org/governance/wgi/?xyzallow#home.
35. 聯合國開發總署（United Nations Development Programme）的「人類發展報告」（Human Development Reports，http://hdr.undp.org/en/composite/HDI）有解釋人類發展指數。其中的治理品質（Quality of governance）是由國際透明組織（Transparency International）的清廉印象指數（Corruption Perceptions Index），跟系統性和平中心（Systemic Peace）的國家脆弱度指數（State Fragility Index）平均而成。至於評估經濟體的總體經濟波動時，則將世界銀行從1960年代以來蒐集的國內生產總值成長率標準差，以及通膨率標準差當成重要因子。參見世界銀行開放資料，https://data.worldbank.org/?xyzallow.
36. Fukuyama, *Political Order and Political Decay*, 14.（法蘭西斯・福山，《政治秩序的起源》，中文版由時報出版。）
37. 這個小型會議是瑞士信貸集團在2017年6月舉行的企業家高峰會

蕭條，1919-1939》（*Golden Fetters: The Gold Standard and the Great Depression*, 1919–1939, Oxford University Press, 1992）與《囂張的特權：美元的興衰》（*Exorbitant Privilege: The Rise and Fall of the Dollar*, Oxford University Press, 2012）都值得一讀。

25. A. Velasco在〈經濟民粹主義是怎麼回事〉（*How Economic Populism Works*）中引述了裴隆的論點，見《評論彙編》（*Project Syndicate*），2017年2月7日，https://www.project-syndicate.org/commentary/economic-populism-temporary-success-by-andres-velasco-2017-02?referrer=/FzT7pl2CCa.

26. 例如理查・伊斯特林（Richard Easterlin）早期討論幸福的作品就引起了經濟學家的興趣。“Life events in the non-pecuniary domain, such as marriage, divorce and serious disability, have a lasting effect on happiness” and “an increase in income, and thus in the goods at one's disposal, does not bring with it a lasting increase in happiness.” Easterlin, “Explaining Happiness,” 11177.

27. 萊亞德（R. Layard）在《我們能用社會科學了解幸福嗎？》（*Happiness: Has Social Science a Clue?*）中引述了馬克思的論點。Lionel Robbins Memorial Lectures (London School of Economics, 2003), lecture 1, p. 13. 萊亞德也寫了《快樂經濟學》（*Happiness: Lessons from a new science*，中文由經濟新潮社出版）一書。

28. 世界銀行最近有一項研究和此有點相關。它將人力資本、環境資源、國家財政都納入考量，以更廣的視角去思考國家繁榮一事。G.-M. Lange, Q. Wodon, and K. Carey, eds., *The Changing Wealth of Nations, 2018: Building a Sustainable Future* (World Bank Group, 2018), https://openknowledge.worldbank.org/bitstream/handle/10986/29001/9781464810466.pdf?sequence=2&isAllowed=y.

29. 參見David Skilling's article “The Future of Small Economies in a Changed World,” *Straits Times*, September 26, 2017, https://www.straitstimes.com/

14. 資料來源：Overview of BLS Productivity Statistics, Bureau of Labor Statistics, http://www.bls.gov/bls/productivity.htm.
15. 摘自經濟合作暨發展組織資料網站：https://data.oecd.org.
16. Maestas, Mulle, and Powell, "The Effect of Population Ageing on Economic Growth, the Labor Force and Productivity."
17. Gagnon, Johannsen, and Lopez-Salido, "Understanding the New Normal."
18. IMF World Economic Outlook, "Too Slow for Too Long," International Monetary Fund, April 2016, http://www.imf.org/external/pubs/ft/weo/2016/01/; "GDP Long-Term Forecast," OECD Data, https://data.oecd.org/gdp/gdp-long-term-forecast.htm.
19. 這份國際貨幣基金組織內部成員討論報告值得一看：V. Gaspar, M. Obstfeld, R. Sahay, et al., "Macroeconomic Management When Policy Space Is Constrained: A Comprehensive, Consistent, and Coordinated Approach to Economic Policy," September 2016, http://www.imf.org/external/pubs/ft/sdn/2016/sdn1609.pdf.
20. Elizabeth Drew, "A Country Breaking Down," New York Review of Books, February 25, 2016, http://www.nybooks.com/articles/2016/02/25/infrastructure-country-breaking-down/; Woetzel, Garemo, Mischke, et al., "Bridging Global Infrastructure Gaps."
21. Ansar, Flyvbjerg, Budzier, and Lunn, "Does Infrastructure Lead to Economic Growth or Economic Fragility?," 360-390.
22. 例如英國國家基礎建設委員會（National Infrastructure Commission）的網站：www.nic.org.uk.
23. Credit Suisse Research Institute, *Global Investment Returns Yearbook 2018*, https://www.credit-suisse.com/corporate/en/research/research-institute/publications.html.
24. Eichengreen, Mehl, and Chitu, "Mars or Mercury?" 艾肯格林寫了十幾本關於貨幣的精采著作，是該領域公認的專家。其中《金腳鐐：金本位與大

（Tracking Indices for the Global Economic Recovery, TIGER）在這種時候很有用。www.brookings.edu.

4. World Bank, "Global Economic Prospects: The Turning of the Tide?," World Bank Flagship Report, June 2018, http://www.worldbank.org/en/publication/global-economic-prospects.
5. National Bureau of Economic Research, "US Business Cycle Expansions and Contractions," http://www.nber.org/cycles.html.
6. L. Summers, "The Age of Secular Stagnation: What It Is and What to Do About It," *Foreign Affairs*, March–April, 2016, https://www.foreignaffairs.com/articles/united-states/2016-02-15/age-secular-stagnation. 此外，國際結算銀行首席經濟學家克勞迪奧・波利歐（Claudio Borio）在演講中探討了一些與低利率和低成長相干的金融與貨幣因素，參見Borio, "Secular Stagnation or Financial Cycle Drag."
7. Gordon, "Is U.S. Economic Growth Over?"
8. Bloom, Jones, van Reenen, and Webb, "Are Ideas Getting Harder to Find?," 1.
9. 這種時候，法國央行的長期生產力資料庫（Long-Term Productivity database）很有用。參見"About the Database," http://www.longtermproductivity.com/about.html.
10. Eichengren, Park, and Shin, "The Global Productivity Slump," 1-8.
11. 哲學家麥可・桑德爾（Michael Sandel）討論機器人如何影響工作的論述很值得一聽。參見Sandel, "Would Life Be Better if Robots Did All the Work," *The Public Philosopher*, BBC Radio 4 program, broadcast March 7, 2017, http://www.bbc.co.uk/programmes/b08gxndc.
12. A. Haldane, "Work, Wages and Monetary Policy," speech at National Science and Media Museum Bradford, June 21, 2017, https://www.bankofengland.co.uk/speech/2017/work-wages-and-monetary-policy.
13. 最初的波士頓茶黨中，有很多成員都是平衡派的後繼者，有些人是家庭淵源，有些人是受思想影響。參見Volo, *The Boston Tea Party*.

Research & Politics 4: 1-9, https://doi.org/10.1177/2053168016686915.

8. Mair, *Ruling the Void*, 67.
9. A. Blinder, "Is Government Too Political?" *Foreign Affairs*, November–December 1997, 115-126.
10. Van Reybrouck, *Against Elections*, 12.
11. Van Reybrouck, *Against Elections*, 43.
12. Deschouwer, *New Parties in Government*; Bolleyer and Bytzek, "Origins of Party Formation and New Party Success in Advanced Democracies"; Harmel and Robertson, "Formation and Success of New Parties."
13. "2018 Edelman Trust Barometer," February 2018, p. 16, https://www.edelman.com/sites/g/files/aatuss191/files/2018-10/2018_Edelman_Trust_Barometer_Global_Report_FEB.pdf.
14. Credit Suisse Research Institute, "Emerging Consumer Survey 2018," March 2018, https://www.credit-suisse.com/media/assets/corporate/docs/about-us/research/publications/ecs-2018.pdf.
15. R. B. Reich, *Locked in the Cabinet* (vintage, 1998), 28.

六、當大國還是當強國？

1. 凱瑟琳・奇德利這個角色其實源自歷史上的一個真實人物。她出生於1616年，是最重要的平衡派女性運動者之一，可能也是17世紀中葉英國公領域最雄辯、最傑出的女性之一。她是最早開始討論女性應該獨立自主的人之一，當時女性根本還沒有權利。她寫了大量文章討論宗教，也為了支持平衡派的立場寫過請願書。她還經營一家企業向軍隊供應襪子，並育有七名子女。
2. 這是2016年杭州高峰會上發表的聲明。參見日本外務省〈G20杭州高峰會〉文件，2016年9月5日更新。www.mofa.go.jp/ecm/ec/page3e_000583.html.
3. 布魯金斯研究院（The Brookings Institution）的全球經濟復甦追蹤指數

34. L. S. Feuer, *Spinoza and the Rise of Liberalism* (Transaction, 1987).
35. M. Loughlin, "The Constitutional Thought of the Levellers," 2.
36. 內戰的另一個有趣的觀點來自法蘭西斯・福山（Francis Fukuyama）從英國歷史來闡述對內戰的迴響。他的論點可以為英國脫歐的辯論提供參考。他的論點是英國在光榮革命後的17世紀晚期停止內戰，因為人們從那個時候開始相信法律，法治開始盛行。See Fukuyama, "The Last English Civil War," *Daedalus* 147,no.1 (Winter 2018): 15-24, https://www.amacad.org/multimedia/pdfs/publications/daedalus/winter2018/18_Winter_Daedalus_03_Fukuyama.pdf.
37. J. W. Müller, *What Is Populism?*, 3.

五、他們做得到嗎？

1. 例如參見Mudde, "The Study of Populist Radical Right Partics."
2. Funke, Schularick, and Trebesch, "Going to Extremes."
3. 分析數據來源：National Consortium for the Study of Terrorism and Responses to Terrorism, University of Maryland, https://www.start.umd.edu/.
4. The Economist Intelligence Unit, "Democracy Index 2017: Free Speech Under Attack," January 31, 2018, www.eiu.com/public/topical_report.aspx?camp aignid=DemocracyIndex2017.
5. "BTI 2018: Global Findings," Transformation Index BTI, Bertelsmann Stiftung, accessed February 13, 2019, www.bti-project.org/en/key-findings/global/.
6. Rovny, "Where Do Radical Right Parties Stand?," 1-26.
7. 資料來源：2019年2月13日查詢Chesdata之「2014年教堂山專家調查資料」（2014 Chapel Hill Expert Survey），www.chesdata.eu/2014-chapel-hill-expert-survey/。參見波克（J. Polk）等人於2017年1月1日發表之分析："Explaining the Salience of Anti-elitism and Reducing Political Corruption for Political Parties in Europe with the 2014 Chapel Hill Expert Survey Data,"

23. "The Petition of 11 Sept. 1648: Anon, The Petition of 11 September 1648," An Anthology of Leveller Tracts: Agreements of the People, Petitions, Remonstrances, and Declarations (1646–1659), July 14, 2016, Online Library of Liberty, https://oll.libertyfund.org/pages/leveller-anthology-agreements.

24. "Third Agreement of the People."

25. Daniel Rolph, "'Levellers' in American Politics," *History Hits* (blog), Historical Society of Pennsylvania, May 6, 2013, https://hsp.org/blogs/history-hits/levellers-in-american-politics.

26. Woodhouse, *Puritanism and Liberty*, 335.

27. 分析數據來自："Religion," Gallup, http://www.gallup.com/poll/1690/religion.aspx; "Religion and Public Life," Pew Research Center, http:// www.pewforum.org/; "The Future of World Religions," Pew-Templeton Global Religious Futures Project, http://www.globalreligiousfutures.org/.

28. Paraphrase of Giuseppe Tomasi di Lampedusa, *The Leopard*, translated by Archibald Colquhoun (Pantheon Books, 1960), 40. 確切的英文翻譯是：「如果我們希望事物維持不變，那麼事物就需要改變。」（If we want things to stay as they are, things will have to change.）

29. Hill, *The World Turned Upside Down*, 361.

30. Overton, quoted in Rees, "Leveller Organization and the Dynamic of the English Revolution," 177.

31. Inglehart and Norris, "Trump, Brexit and the Rise of Populism"; Mudde, "The Populist Zeitgeist."

32. K. Popper, "The Open Society and Its Enemies Revisited," *Economist*, April 23, 1988, as reprinted at "From the Archives: The Open Society and Its Enemies Revisited," Democracy in America, *Economist*, January 31, 2016, https:// www.economist.com/democracy-in-america/2016/01/31/from-the-archives-the-open-society-and-its-enemies-revisited.

33. Lindsay, quoted in Mendle, *The Putney Debates of 1647*, 245.

8. Overton, *Remonstrance of Many Thousand Citizens*, 3.
9. Overton, *Remonstrance of Many Thousand Citizens*, 5.
10. Overton, *Remonstrance of Many Thousand Citizens*, 5.
11. Overton, *Remonstrance of Many Thousand Citizens*, 6.
12. Pettit, *Republicanism*.
13. Overton, *Remonstrance of Many Thousand Citizens*, 12.
14. Overton, *Remonstrance of Many Thousand Citizens*, 14.
15. "An Agreement of the People for a Firm and Present Peace upon Grounds of Common Right and Freedom," October 28, 1647, Constitution Society, http://www.constitution.org/lev/eng_lev_07.htm.
16. Woodhouse, *Puritanism and Liberty*, 444.
17. "An Agreement of the Free People of England" (third agreement), May 1, 1649, Constitution Society, http://www.constitution.org/eng/agreepeo.htm. Hereafter "Third Agreement of the People."
18. "Third Agreement of the People."
19. "Third Agreement of the People."
20. 舉例來說，理查・比曼（Richard Beeman）寫道：平衡派不希望廢除社會上的所有區別，只希望廢除世襲的政治制度，從而使國會議員更具代表性，並且對選民和法治更為負責。Beeman, *The Varieties of Political Experience in Eighteenth Century America*, 16.
21. "Third Agreement of the People."
22. 關於任職的誠實守信，協定中明文：「下一任代表和所有將來的代表應完全遵守公眾信仰，並清楚公共財政庫房的抵押品、債權、欠款或損害賠償（應收取的費用），並應確認且履行所有已經執行或即將執行之公共採購與合約；讓下一任民意代表可確認或廢除（一部或全部）現任國會議員對外贈出的各種禮品、金錢、職位或答應的任何允諾。此致下議院的所有議員、上議院的所有議員，以及他們的所有從屬人員。」"Third Agreement of the People."

學家，每天都可以自由地互動，針對大大小小的問題進行交談、推測、胡扯及認真地合作。」West, *Scale*, 433.

26. N. Wade, *A Troublesome Inheritance: Genes, Race, and Human History* (Penguin, 2014). This debate may have already begun; see G. Coop, M. Eisen, R. Nielsen, et al., letter to the editor, *New York Times*, August 8, 2014, https://www.nytimes.com/2014/08/10/books/review/letters-a-troublesome-inheritance.html?

四、平衡派

1. Rees, *The Leveller Revolution*, 210. 完整的引文是：「我真心認為英國最貧窮的人過著最偉大的生活，因此，先生，我確實認為，如果任何人要在政府底下生活，應該要先同意將自己放在這個政府底下；而且我也確實認為，英國最貧窮的人，在嚴格意義上不應該受到政府的束縛，因為他沒有將自己放在政府底下的發言權。」
2. Rees, *The Leveller Revolution*, 37.
3. 參見 Rees,“Leveller Organization and the Dynamic of the English Revolution.”
4. 伍德豪斯（A. S. P. Woodhouse）版的謄本列出平衡派的許多辯論和請願書。參見 Woodhouse, *Puritanism and Liberty*.
5. Le Claire, cited in Mendle, *The Putney Debates of 1647*, 19-35.
6. Mendle, *The Putney Debates of 1647*, 268.
7. 奧弗頓的長篇手冊《反對所有暴君之箭》（*An Arrow Against All Tyrants*）也值得一讀。奧弗頓特別表達一種關於自導權利與個人責任的學說：「對每個自然人而言，都有其天生的個人資產，任何人都不得侵犯或篡改：對每個人而言，他就是他，他有自尊，否則就不能成為他自己。」《數千位公民的抗議書》與《反對所有暴君之箭》都可以在憲法學會的網站上找到：《數千位公民的抗議書》：http://www.constitution.org/lev/eng_lev_04.htm；《反對所有暴君之箭》：http://www.constitution.org/lev/eng_lev_05.htm。

Expectations and Monetary Policy," *Journal of International Economics* 6 (1976): 231-244.

18. A. Pierce, "The Queen Asks Why No One Saw the Credit Crunch Coming," *Daily Telegraph*, November 5, 2008.
19. P. Krugman, "How Did Economists Get It So Wrong?," *New York Times Magazine*, September 2, 2009, http://www.nytimes.com/2009/09/06/magazine/06Economic-t.html.
20. P. Romer, "The Trouble with Macroeconomics," working paper, September 14, 2016, 15, https://paulromer.net/wp-content/uploads/2016/09/WP-Trouble.pdf; N. Taleb, "The Intellectual Yet Idiot," *Incerto* (blog), *Medium*, September 16, 2018, https://medium.com/@nntaleb/the-intellectual-yet-idiot-13211e2d0577#.hicytcdpb; K. Warsh, "The Federal Reserve Needs New Thinking," *Wall Street Journal*, August 24, 2016, http://www.wsj.com/articles/the-federal-reserve-needs-new-thinking-1472076212.
21. D. vines and S. Willis, "The Rebuilding Macroeconomic Theory Project: An Analytical Assessment," *Oxford Review of Economic Policy* 34, nos. 1-2 (January 5, 2018): 1-42.
22. 《金融時報》的吉莉安·泰特（Gillian Tett）針對相關主題撰寫的多篇文章都很有用。舉例來說，可參閱《金融時報》2017年4月21日刊登之〈董事會的人類學家〉（An Anthropologist in the Boardroom）。
23. 關於發展經濟學，可參閱羅德里克（Rodrik）和羅森茨威格（Rosenzweig）的《發展經濟學手冊》（*Handbook of Development Economics*）。湯瑪斯·賓漢姆爵士（Sir Thomas Bingham）的《法治》（*The Rule of Law*）也值得一讀。
24. Berlin, *The Power of Ideas*.
25. 聖塔非研究所的首席學者之一，傑佛瑞·韋斯特，說明了該機構的優點：「這裡是很棒的熔爐，幾乎沒有等級制度，而且規模很小，因此每個人都彼此認識。考古學家、經濟學家、社會科學家、生態學家與物理

三、下一步該怎麼走？

1. Keynes, *The Economic Consequences of the Peace*, 4.
2. Chambers, Dimson, and Foo, "Keynes the Stock Market Investor," 431-449.
3. K. O'Rourke, "Europe and the Causes of Globalization, 1790 to 2000," in *Europe and Globalization*, ed. H. Kierzkowski, 64-86.
4. Findlay and O'Rourke, *Power and Plenty*, 405.
5. Findlay and O'Rourke, *Power and Plenty*, 3.
6. Findlay and O'Rourke, *Power and Plenty*, 381.
7. D. Rodrik, *Has Globalization Gone Too Far?* (Institute for International Economics, 1997), 7.
8. Rajan and Zingales, "The Great Reversals."
9. Credit Suisse Research Institute, *Credit Suisse Investment Returns Yearbook 2018*, https://www.credit-suisse.com/corporate/en/research/research-institute/publications.html.
10. 美國全國經濟研究所由Grace Xing Hu、Jun Pan及Jang Wang發表之工作論文，清楚概述出中國資本市場的發展。Hu, Pan, and Wang, "The Chinese Capital Market."
11. "Trump's Trade Folly," editorial, *Wall Street Journal*, March 1, 2018.
12. 根據羅伯特・希勒之股票市場歷史數據所得出的分析結果。資料來源：http://www.econ.yale.edu/~shiller/data.htm.
13. 例如可參見Bernanke, "The Macroeconomics of the Great Depression."
14. 班・柏南克的專長領域之一，就是大蕭條。可參見其所著之《大蕭條》（*Essays on the Great Depression*）。
15. Buckles, Hungermann, and Lugauer, "Is Fertility a Leading Economic Indicator?."
16. Freedman, *The Future of War*, 264.
17. R. Dornbusch, "Expectations and Exchange Rate Dynamics," *Journal of Political Economy* 84 (1976): 1161-1176; R. Dornbusch, "Exchange Rate

40. Statista: The Statistics Portal, "Mobile Social Media Usage in the United States—Statistics & Facts," https://www.statista.com/topics/4689/mobile-social-media-usage-in-the-united-states/.
41. P. Hergovich and J. Ortega, "The Strength of Absent Ties: Social Integration via Online Dating," research paper, September 17, 2018, https://arxiv.org/pdf/1709.10478.pdf.
42. Bureau of Labor Statistics, "American Time Use Survey—2017 Results," news release, June 28, 2018, https://www.bls.gov/news.release/pdf/atus.pdf.
43. C. Kobayashi and R. Evans, "No Sex, Please," BBC Radio 4, broadcast July 13, 2018, https://www.bbc.co.uk/programmes/b0b01vgv.
44. M. Brenan, "Nurses Keep Healthy Lead as Most Honest, Ethical Profession," Gallup News, December 26, 2017, https://news.gallup.com/poll/224639/nurses-keep-healthy-lead-honest-ethical-profession.aspx.
45. Mair, *Ruling the Void*, 105.
46. European Commission, Standard Eurobarometer, 89, Spring 2018, Public Opinion, http://ec.europa.eu/commfrontoffice/publicopinion/index.cfm.
47. Edelman, "2018 Edelman Trust Barometer," January 21, 2018, https:// www.edelman.com/research/2018-edelman-trust-barometer.
48. Institute for Democracy and Electoral Assistance, voter Turnout Data- base, https://www.idea.int/data-tools.
49. MEPs," European Parliament, updated February 11, 2019, www.europarl.europa.eu/meps/en/search/chamber.
50. R. Dalio, Bridgewater Daily Observations (非公開資訊), March 22, 2017.
51. 根據安格斯・麥迪遜（Angus Maddison）資料庫的數據，1600年印度與中國在世界生產總值中分別占22.4%與29%，到1700年時分別占24.4%與22%。Maddison Historical Statistics, University of Gronigen, Gronigen Growth and Development Centre, https://www.rug.nl/ggdc/historicaldevelopment/maddison/.

Statistics, https://www.cdc.gov/datastatistics/index.html.

28. Currie, Schwandt, and Thuilliez,"When Social Policy Saves Lives."
29. Council of Economic Advisers, "The Underestimated Cost of the Opioid Crisis," November 2017, https://www.whitehouse.gov/sites/whitehouse.gov/files/images/The%20Underestimated%20Cost%20of%20the%20Opioid%20Crisis.pdf.
30. Add Health: The National Longitudinal Study of Adolescent to Adult Health, UNC Carolina Population Center, http://www.cpc.unc.edu/projects/addhealth.
31. Ferrie, Massey, and Rothbaum, "Do Grandparents and Great-Grandparents Matter?"
32. Barrone, and Mocetti, "What's Your (Sur)Name?"
33. Data collected at CHNS: China Health and Nutritional Survey, UNC Carolina Population Center, https://www.cpc.unc.edu/projects/china.
34. T. Marshall, "Physical Activity: Policy Statement," Arthritis Research UK, March 2018, www.versusarthritis.org/media/2075/physical-activity-policy-statement-march-2018.pdf.
35. 疾病控制和預防中心「關節炎：數據和統計」之分析結果，https://www.cdc.gov/arthritis/data_statistics/index.htm?CDC_AA_refval= https%3A%2F%2Fwww.cdc.gov%2Farthritis%2Fdata_statistics.htm.
36. M. Rodell, J. S. Famiglietti, D. N. Wiese, et al., "Emerging Trends in Global Freshwater Availability," *Nature* 557 (2018): 651-659, https://www.nature.com/articles/s41586-018-0123-1.
37. NASA, "NASA Satellites Reveal Major Shifts in Global Freshwater," press release 18-008, May 16, 2018, https://www.nasa.gov/press-release/nasa-satellites-reveal-major-shifts-in-global-freshwater.
38. McCarthy, *The Moth Snowstorm*.
39. US Postal Service, A Decade of Facts and Figures, https://facts.usps.com/table-facts/.

19. World Bank Group, *Poverty and Shared Prosperity 2016: Taking on Inequality*, World Bank, October 2, 2016, https://openknowledge.worldbank.org/handle/10986/25078.
20. 修羅克斯教授和戴維斯教授的著作《從全球觀點看個人財富》(*Personal Wealth from a Global Perspective*)是財富相關資料的重要文獻。他們關於財富的資料集如今會在《瑞士信貸財富報告》(Credit Suisse Wealth Report)中每年定期更新與分析，請參見https://www.credit-suisse.com/corporate/en/research/research-institute/global-wealth-report.html.
21. Credit Suisse Research Institute, "Global Wealth Report 2018," https://www.credit-suisse.com/corporate/en/research/research-institute/global-wealth-report.html.
22. Pew Research Center, "The American Middle Class Is Losing Ground," December 9, 2015, http://www.pewsocialtrends.org/2015/12/09/the-american-middle-class-is-losing-ground/.
23. Credit Suisse Research Institute, "Global Wealth Report 2015," October 18, 2015, www.credit-suisse.com/media/assets/corporate/docs/about-us/research/publications/global-wealth-report-2015.pdf.
24. Engen, Laubach, and Reifschneider, "The Macroeconomic Effects of the Federal Reserve's Unconventional Monetary Policies."
25. Kate Versho-Downing, "Letter of Resignation from the Palo Alto Planning and Transportation Commission," *NewCo Shift*, August 10, 2016, https://shift.newco.co/letter-of-resignation-from-the-palo-alto-planning-and-transportation-commission-f7b6facd94f5#.sw0wd0p1f.
26. Khatya Chhor, "French Students Most Affected by Social Inequality, OECD Finds," *France* 24, December 14, 2016, https://www.france24.com/en/20161207-french-students-most-affected-socioeconomic-disadvantages-oecd-pisa-study.
27. Data collected at Centers for Disease Control and Prevention, Data &

votes," CEPR Discussion Paper DP 8561, September 2011.

8. S. J. Evenett and J. Fritz, "Global Trade Plateaus," Nineteenth Global Trade Alert Report, July 13, 2016, Global Trade Alert, https://www.globaltradealert.org/reports/15.
9. Autor, Dorn, Hanson, and Majlesi,"Importing Political Polarization?"
10. Che, Lu, Pierce, and Schott,"Does Trade Liberalization with China Affect US Elections?"
11. Lang and Mendes, "The Distribution of Gains from Globalization."
12. R. Dobbs, A. Madgavkar, J. Manyika et al., "Poorer Than Their Parents?"
13. Jeff Desjardins and visual Capitalist, "This Is What Countries around the World Think about Globalization," World Economic Forum, November 13, 2017, https://www.weforum.org/agenda/2017/11/what-your-country-thinks-of-globalization.
14. Pew Research Center, Global Indicators Database, http://www.pewglobal.org/database/indicator/5/.
15. 華特・施耐德（Walter Schneider）的著作《偉大的平衡派》（*The Great Leveller*）中有另一個有趣的觀點。該書指出，改變社會政治格局通常需要危機或政權的改變。
16. 皮凱提和他的同事所發表的論文表示，中國的不平等程度可能超出人們的想像。參見Piketty, Yang, and Zucman, "Capital Accumulation, Private Property, and Inequality in China, 1978–2015."
17. World Bank, visualize Inequality, http://www1.worldbank.org/poverty/visualizeinequality/; OECD Data, Income Inequality, https://data.oecd.org/inequality/income-inequality.htm; Milanovic, *Global Inequality*.
18. E. Sommellier and M. Price, "The New Gilded Age—Income Inequality in the USA by State, Metropolitan Area and County," Economic Policy Institute, July 19, 2018, www.epi.org/publication/the-new-gilded-age-income-inequality-in-the-u-s-by-state-metropolitan-area-and-county/.

6. Diamond, "Facing Up to the Democratic Recession."
7. R. Miller and M. O'Sullivan, *What Did We Do Right?* (Blackhall, 2011), 7.
8. The World University Rankings, *Times Higher Education*, October 17, 2018. https://www.timeshighereducation.com/.

二、潮流漸退

1. Guterres, "An Alert for the World," 2018 New Year video Message, http://webtv.un.org/watch/sg-new-year-vm-en/5693250482001.
2. R. Foroohar, "The Dangers of Digital Democracy," *Financial Times*, January 28, 2018.
3. Victor Lukerson, "Fear, Misinformation, and Social Media Complicate Ebola Fight," *Time*, October 8, 2015, http://time.com/3479254/ebola-social-media.
4. 資料來源：世界銀行區域合計貧困數據，PovcalNet，http:// iresearch.worldbank.org/PovcalNet/povDuplicateWB.aspx.
5. 一般而言，全球化的定義、反對和觀點涵蓋許多領域。我們通常不太容易確定某些問題的出現是不是全球化所導致，抑或全球化只是讓那些問題惡化的原因。測量全球化很困難，尤其是測量其影響的因果關係，但或許最不具問題的面向，是衡量全球化的經濟影響。經濟學家經常檢測的指標，是一個國家的儲蓄與其投資活動之間的關聯性、其與產出有關的現金帳戶（國際支付平衡表的一部分，用來衡量一個國家的貿易與收入流動），以及其外國直接投資（FDI）水準。還可以檢測其他更具特色的基準，例如一個國家裡的外國公司數量變化、國內生產總值與國民生產總值之間的差異，以及外國公司與本土公司研發活動之間的差異。測量移民也很有用，儘管全球化第一波的勞動力流動散布得比現在更廣。
6. Organisation for Economic Cooperation and Development (OECD),"G20 International Merchandise Trade Statistics," news release, August 29, 2018, http://www.oecd.org/sdd/its/OECD-G20-Trade-Q22018.pdf.
7. P. Conconi, G. Facchini, and M. Zanardi, "Policy Makers Horizon and Trade

注釋

一、平衡

1. Christian Hacke, "Eine Nuklearmacht Deutschland stärkt die Sicherheit des Westens" [A nuclear Germany strengthens the security of the West], *Die Welt*, July 29, 2018, https://www.welt.de/politik/deutschland/plus180136274/Eine-Nuklearmacht-Deutschland-staerkt-die-Sicherheit-des-Westens.html.
2. Swedish Civil Contingencies Agency, *If Crisis or War Comes*, May 21, 2018, https://www.msb.se/Forebyggande/Krisberedskap/MSBs-krisberedskapsvecka/Fakta-om-broschyren-Om-krisen-eller-kriget-kommer-/.
3. 泰勒・唐寧（Taylor Downing）所著之《1983：瀕於滅絕的世界》（*1983: The World at the Brink*），講述俄羅斯對北約戰爭遊戲（NATO war game）背後意圖的誤解，這個誤解幾乎引發戰爭。
4. 影片《神奇的中國》（*Amazing China*）就帶出了這樣的氛圍，以及未來的發展。CCTv video News Agency, Amazing China, October 22, 2017, https://www.youtube.com/watch?v=tYjozY41OnM. 更正式的描述，為中國國家主席於2012年11月接任總書記時，曾經訪問中國國家博物館並發表其對於中國夢的願景。"Full Text: China's New Party Chief XI Jinping's Speech," *BBC News*, broadcast November 15, 2012, https://www.bbc.com/news/world-asia-china-20338586.
5. Marie Ng, Tom Fleming, Margaret Robinson, et al., "Global, Regional, and National Prevalence of Overweight and Obesity in Children and Adults during 1980–2013: A Systematic Analysis for the Global Burden of Disease Study 2013," *Lancet*, August 30, 2014.

Big Ideas

多極世界衝擊：終結全球化，改變世界金融與權力中心的新變局

2020年2月初版　定價：新臺幣450元

著　者　Michael O'Sullivan
譯　者　李斯毅、劉維人、廖崇佑、楊文斌
叢書編輯　張彤華
特約編輯　王靖婷
封面設計　許晉維
編輯主任　陳逸華

出版者　聯經出版事業股份有限公司
地址　新北市汐止區大同路一段369號1樓
編輯部地址　新北市汐止區大同路一段369號1樓
叢書編輯電話　(02)86925588轉5306
台北聯經書房　台北市新生南路三段94號
電話　(02)23620308
台中分公司　台中市北區崇德路一段198號
暨門市電話　(04)22312023
台中電子信箱　e-mail：linking2@ms42.hinet.net
郵政劃撥帳戶第0100559-3號
郵撥電話　(02)23620308
印刷者　文聯彩色製版印刷有限公司
總經銷　聯合發行股份有限公司
發行所　新北市新店區寶橋路235巷6弄6號2樓
電話　(02)29178022

總編輯　胡金倫
總經理　陳芝宇
社長　羅國俊
發行人　林載爵

行政院新聞局出版事業登記證局版臺業字第0130號

本書如有缺頁，破損，倒裝請寄回台北聯經書房更換。　ISBN 978-957-08-5466-4（平裝）
聯經網址：www.linkingbooks.com.tw
電子信箱：linking@udngroup.com

國家圖書館出版品預行編目資料

多極世界衝擊：終結全球化，改變世界金融與權力中心的新變局/ Michael O'Sullivan著．李斯毅、劉維人、廖崇佑、楊文斌譯．初版．新北市．聯經．2020年2月．400面．14.8×21公分（Big Ideas）
譯自：The levelling: what's next after globalization
ISBN 978-957-08-5466-4（平裝）

1.社會平衡 2.社會階層 3.民粹主義

541.46 108023412